Rundbögen, Pergolen & Spaliere selbst bauen

Rundbögen, Pergolen & Spaliere selbst bauen

Marcianne Miller & Olivier Rollin

Weltbild

Widmung

Den schreibenden Holzhandwerkern
von David und Lillian Vowells
Saturday Lunch Bunch in Studio City,
Kalifornien, besonders Kazu Yamamoto
und Richard Oliver.

Marcianne Miller

Für John und Anne Quigley aus
Asheville, North Carolina, deren
Verblüffung über den Umstand, dass
ich als Mitautor dieses Buches erscheine,
nur von der beständigen Wärme ihrer
Freundschaft übertroffen werden wird.

Olivier Rollin

Fotos:
Antique Rose Emporium: S. 36, 54 – 59,
  81, 93 (links)
Evan Bracken: S. 30, 48, 95, 98, 105,
  108, 126, 136, 141
Diana Leis Dietrich: S. 92
Dick Dietrich: S. 84
Robin Dyer: S. 10
Derek Fell: S. 7, 12, 18, 32, 43, 79, 83,
  109
Richard Hasselberg: S. 47, 75, 106
Horticultural Photography: S. 41
Dency Kane: S. 35
Charles Mann: S. 8, 39
Sandra Stambaugh, S. 121, 123
Mark Turner: S. 20, 61, 101, 118, 128,
  132, 135
Deidra Walpole: S. 11, 16, 27, 29, 65,
  66, 70, 73, 115

Titel der Originalausgabe
Making Arbors & Trellises
Zuerst veröffentlicht 2002 in den USA
von Lark Books, ein Imprint von Sterling Publishing Co.,
Inc., 387 Park Avenue South, New York, N.Y. 10016

Copyright © 2002 by Lark Books

Deutsche Erstausgabe

Copyright © 2003 der deutschen Übersetzung by
Verlagsgruppe Weltbild GmbH, Steinerne Furt 67, 86167 Augsburg

Layout und Design: Celia Naranjo
Lektorat: Veronika Alice Gunter, Dana Lade, Rain Newcomb,
Anne Wolff Hollyfield, Nathalie Mornu
Illustrationen: Olivier Rollin
Koordination und Bearbeitung der deutschen Ausgabe:
Neumann & Nürnberger, Leipzig
Übertragung ins Deutsche: Regina van Treeck, Leipzig
Umschlaggestaltung: Lydia Koch, Augsburg
Umschlagmotiv: Dick Dietrich
Gesamtherstellung: aprinta Druck GmbH & Co. KG,
Senefelderstraße 3–11, 86650 Wemding

Printed in Germany

ISBN 3-8289-2440-9

Wichtiger Hinweis
Der Verlag hat größte Mühe darauf verwandt, dass alle Angaben in diesem
Buch richtig sind. Verlag und Autor können keinerlei Haftung für Verletzungen, Verluste oder andere Schäden übernehmen, die aufgrund abwei-
chender Ausgangssituationen, durch das Werkzeug oder aufgrund indivi-
duellen Verhaltens aus den Informationen dieses Buches entstanden sind.

Einkaufen im Internet: *www.weltbild.de*

INHALT

Einführung

WAS TUN, wenn Sie hinterm Haus einen großen Garten haben, um den Sie die Nachbarn beneiden, der aber flach wie ein Eierkuchen ist und genauso langweilig aussieht? Vielleicht haben Sie kein Fleckchen Erde mehr frei und wollen in diesem Jahr unbedingt frisches Gemüse ernten und außerdem Ihre Lieblingsblumen – Ihren ganzen Stolz – einmal anders zur Schau stellen? Die Lösung liegt nahe: Lassen Sie die Pflanzen nach *oben* wachsen und nutzen Sie die reizvollen Möglichkeiten, die Ihnen die Gartengestaltung mit hoch aufragenden Rundbögen, Pergolen und Spalieren bietet. Dieses Buch zeigt Ihnen, wie die schönen und zugleich nützlichen Rankhilfen gebaut werden, mit denen Sie Ihr Gartenuniversum mit seinen Bodendeckern und Hecken um die herrliche Gruppe der Kletterpflanzen erweitern können.

Die nach oben strebenden Konstruktionen, angefangen von einfachen Stangengerüsten im Küchengarten bis zu prächtigen rosenüberdeckten Pergolen und eleganten Torbögen, verdeutlichen eine ganz bestimmte, zweckvolle Absicht. Sie verkünden allein durch ihr Vorhandensein, dass der Garten längere Zeit bestehen bleiben soll. Auf den folgenden Seiten finden Sie für die unterschiedlichsten Gärten eine Vielzahl von Projekten, die auch Hobbyhandwerker bauen und dann mit Stolz präsentieren können. Der Bau eines solchen Projekts vermittelt Ihnen Kenntnisse über verschiedene Bautechniken wie beispielsweise das Formen frischen Holzes, das Arbeiten mit Gitterwerk, das Benutzen von Schablonen und das Bauen von Bogenformen – Fertigkeiten, die Sie bei vielen anderen Bauvorhaben im Garten wie auch im Haus anwenden können.

Rundbögen, Pergolen und Spaliere zu planen, zu bauen, zu bepflanzen und in Stand zu halten, ist eine faszinierende Aufgabe, denn diese Tätigkeiten verlangen etwas Geschick und Erfahrung auf mehreren Gebieten. Sie müssen Gärtner *und* Gestalter sein, denn Sie arbeiten auch mit Maurerkelle und Säge. Sie müssen peinlich genau arbeiten und dabei die Unberechenbarkeit der Natur und die Wirkung der Pflanzen berücksichtigen, die Ihre Schöpfung verschönern sollen. Das gewisse Überraschungsmoment, das sich daraus ergibt, macht den Bau eines Rankgerüstes zu einer spannenden Unternehmung.

Rundbögen, Pergolen und Spaliere selbst bauen ist eine Kollektion von Projekten aus Holz. Um die Sache zu vereinfachen und dennoch interessant zu machen, haben wir das Ganze in Projekte aus Schnittholz (das Sie in jedem Bau- oder Holzmarkt finden) und in Projekte aus rustikalem, d. h. unbearbeitetem Material wie Baumstämmen, Ästen, Jungbäumen und Bambus vorgenommen.

Das Buch zu schreiben war ein Abenteuer für uns – das hieß Theorien erproben, Entwürfe überarbeiten, Fachleute zu Rate ziehen, Erfahrungen mit Witterung und Pflanzen sammeln sowie die Natur des Holzes und seine Beständigkeit erkunden. Wir hoffen, dass Ihnen die Lektüre dieses Buches und die Bauarbeiten genau so viel Vergnügen bereiten wie wir es beim Zusammenstellen der Projekte für Sie erlebt haben.

Rankgerüste lassen Pflanzen in die Höhe wachsen und verwandeln so das Aussehen eines jeden Gartens.

GRUNDLAGEN

Rankhilfen wie das traditionelle Fächerspalier können an einem Wochenende fertig gestellt werden.

Über die Arbeit mit diesem Buch

IN DIESEM BUCH gibt es neben Gartenbauten für Anfänger, die einmal ein freies Wochenende für eine solche Arbeit nutzen wollen, vor allem Entwürfe, für die man mehr Zeit braucht; darunter sind auch einige regelrecht ehrgeizige Projekte. Haben Sie bisher noch nie etwas für einen Garten gebaut, beginnen Sie am besten mit einem Rundbogen, einer Pergola oder einem Spalier. Diese Konstruktionen erfordern Arbeitsgänge, die sich wiederholen, wie es beispielsweise beim Bau von Gitterwänden der Fall ist, und die etwas komplizierteren Projekte können mitunter auch zeitraubend sein, doch man braucht dafür keine modernen Holzbearbei-

tungsverfahren und muss sich auch keine umfangreiche Ausrüstung anschaffen.

Unabhängig von Ihrer praktischen Erfahrung können Sie aus diesem Buch mehr Nutzen ziehen, wenn Sie sich an einige Ratschläge halten. Lesen Sie diesen Abschnitt über die Grundlagen des Baus von Rundbögen, Pergolen und Spalieren von Anfang bis Ende, damit Sie den gesamten Bauablauf verfolgen und verstehen können. Besonders für Hobbyhandwerker ist es wichtig zu erkennen, dass der Bau einer Pergola mehr ist als nur das Anfertigen eines etwas größeren Holzobjekts. Der Schlüssel zum Gelingen des Vorhabens ist die richtige Einteilung Ihrer Zeit für die Planung, den Bau und die Bepflanzung des Rankgerüstes.

Wir haben für Sie 25 klassische Rundbögen, Pergolen und Spaliere ausgesucht, die eine Vielzahl von Formen, Materialien und Baumethoden veranschaulichen, und die Anleitungen durch Fotos der fertigen Objekte vor einem schönen Gartenhintergrund ergänzt. Dann haben wir einige Entwürfe abgewandelt, d. h. ihre Konstruktion vereinfacht oder anderes, ohne weiteres erhältliches Material eingesetzt. In diesen Fällen sind für den Bau des Projekts die Maßangaben und Hinweise in den großen Ausführungszeichnungen verbindlich. Das fertige Rankgerüst wird dann natürlich etwas anders als das Original auf dem Foto aussehen. Zu jedem Projekt gehört eine in Arbeitsschritte gegliederte, ausführliche Bauanleitung.

Sie finden in diesem Buch Rankgerüste aus Schnittholz sowie aus unbearbeitetem Holz. Die beiden entsprechenden Kapitel beginnen jeweils mit einfacheren Projekten – den Spalieren –, denen die komplexeren Konstruktionen folgen. Der Schwierigkeitsgrad reicht von simplen Projekten, die wohl jedem gelingen, bis zu komplizierteren Bauten, die Ihren Garten zur schönsten Anlage in der Umgebung machen. Damit hier auch die Wochenendhandwerker mithalten können, haben wir viele Entwürfe vereinfacht.

Ehe Sie sich für ein bestimmtes Projekt entscheiden, sollten Sie die Anleitung gründlich durchlesen und Ihre eigenen praktischen Erfahrungen mit dem Niveau der für den Bau erforderlichen Fertigkeiten vergleichen. Besorgen Sie bereits vor Beginn der Arbeiten sämtliche Werkzeuge und Materialien. In den Bauanleitungen finden Sie alles, was Sie benötigen sowie Verweise auf diesen Abschnitt über die Grundlagen des Baus von Rankgerüsten, damit Sie nötigenfalls noch einmal nachschlagen und sich eingehender informieren können. Als Mahnung und Gedächtnisstütze gibt es Hinweise zum Arbeitsschutz sowie eine Menge Tipps, die wir damals selbst gern von jemandem bekommen hätten, anstatt jede Menge Lehrgeld zu zahlen.

Die Schnittlisten für die einzelnen Projekte enthalten folgende Angaben: Der in der Bauzeichnung verwendete Buchstabe und die konkrete Bezeichnung des Bauteils; die Menge, in der ein Bauteil zuzuschneiden ist; die Abmessungen, auf die das Bauteil exakt zugeschnitten werden muss bzw. die Abmessungen der rustikalen Holzteile, die Sie für das Projekt benötigen. Dort, wo Sie aus den Abmessungen der fertig zugeschnittenen Einzelteile nicht ohne weiteres auf die Menge des einzukaufenden Materials schließen können, finden Sie auch entsprechende Angaben. Bei allen Projekten gilt: Lieber etwas mehr als zu wenig Material besorgen. Die Reste lassen sich später immer irgendwie verwenden.

Die Schnittholzabmessungen sind in der Reihenfolge Stärke, Breite, Länge und in Millimetern angegeben. Für rustikale Projekte aus unbearbeitetem Holz gibt es Sammellisten, in denen der Durchmesser und die Länge der zu beschaffenden Stücke (z. B. Äste) angegeben ist.

Zu vielen Projekten gehören detaillierte Illustrationen. Der Verlag gestattet Ihnen die Zeichnungen in diesem Buch zu kopieren (natürlich nur zu Ihrer eigenen Verwendung und nicht für kommerzielle Zwecke). Legen oder hängen Sie die Kopien gut sichtbar in die Nähe Ihres Arbeitsplatzes, damit Sie immer wieder darauf schauen können.

Allein die Beschaffenheit der meisten Bauprojekte für den Garten macht es unmöglich ohne Unterstützung zu arbeiten. Suchen Sie sich also Helfer für Ihr Vorhaben, denn die werden Sie beim Sammeln von rustikalen Holzstücken, beim Ausmessen großer Abstände, beim Heben, Tragen, Halten und Ausrichten schwerer Holzteile oder beim Ausheben von Löchern brauchen. Dort, wo es uns geraten scheint, empfehlen wir Ihnen zwar sich von jemandem helfen zu lassen, doch letzten Endes hat Ihr gesunder Menschenverstand das Sagen. Mit Ausnahme des Materialeinkaufs, bei dem man am besten allein zurechtkommt, sollten Sie jedoch eher übervorsichtig sein und lieber einen Helfer mehr als einen zu wenig zur Seite haben.

Arbeitsschutz hat Vorrang

DIE ÜBLICHEN ARBEITSSCHUTZBESTIMMUN-GEN für den Bereich der Holzbearbeitung gelten auch hier für sämtliche Projekte aus Schnittholz. Gehen Sie vorsichtig mit Elektrowerkzeugen um, sorgen Sie für ausreichende Belüftung und arbeiten Sie bei guter Beleuchtung. Tragen Sie eine Schutzbrille; am besten geeignet ist ein Modell, das die Augen auch seitlich schützt und mit „Gläsern" aus hochfestem Polykarbonat ausgestattet ist. Denken Sie auch an Ihre Ohren; Elektrowerkzeuge können dauernde Gehörschäden verursachen. Tragen Sie deshalb Ohrstöpsel oder Ohrenschützer, wenn Sie mit einem lärmintensiven Gerät arbeiten. Vielleicht können Sie auch dafür sorgen, dass Kinder, andere Personen und auch Haustiere Ihrem Arbeitsbereich fern bleiben.

Tragen Sie beim Sägen und Schleifen stets eine Staubschutzmaske, damit Sie keinen Holzstaub oder andere Partikel einatmen. Arbeiten Sie mit druckimprägniertem Material, brauchen Sie einen besseren Schutz. Benutzen Sie deshalb eine Atemschutzmaske, wie sie professionelle Holzbearbeiter haben, oder eine nicht ganz so teure, die Sie nach Gebrauch wegwerfen.

Kleiden Sie sich so, dass Sie sicher arbeiten können, und sorgen Sie dafür, dass auch Ihre Helfer zweckmäßige Arbeitssachen wie z.B. lederne Schutzhandschuhe tragen und Ihre Füße mit festen Schuhen oder Schaftstiefeln (noch besser sind Arbeitsschuhe mit Metallkappen) vor eigensinnigen Pergolapfosten schützen. Selbst im Sommer ist es im Interesse Ihrer Sicherheit besser, ein langärmeliges Hemd und lange Hosen zu tragen, wenn Sie in der Natur Baumaterial sammeln und transportieren.

Denken Sie bei der Suche nach geeignetem Material an die Sammelregel Nummer 1: Das Sammeln dauert stets länger als man denkt. Tragen Sie also Schutzkleidung, angemessenes Schuhwerk sowie einen Sonnenschutz und schützen Sie sich vor Insekten. Nehmen Sie auf Ihre Sammeltour ausreichend Essen und viel Wasser mit. Achten Sie auf wild lebende Tiere wie Schlangen, Insekten, Spinnen und sonstige Lebewesen, die sich durch Ihr Herumstöbern möglicherweise gestört oder bedroht fühlen.

Nicht zuletzt ein Wort an jene, denen das Wochenende so viel bedeutet, dass sie an diesen Tagen möglichst viel schaffen wollen. Sie lassen dabei Schnelligkeit statt Vorsicht walten und riskieren Unfälle und Verletzungen. *Nehmen Sie sich Zeit!* Es gehört zu den schönen Seiten all der Rundbögen, Pergolen und Spaliere, dass die Pflanzen eine Weile brauchen, bis sie sich richtig in die Höhe gerankt haben. Sie haben keine Eile „fertig" zu werden. Weshalb also sollten Sie es eilig haben?

Viel Sonne, etwas Regen – man braucht nicht viel um mit ein paar einfachen pflanzenumrankten Stangen einen schönen Akzent im Garten zu setzen.

Die Wahl des Projekts

Das einfachste Projekt zur vertikalen Gartengestaltung ist ein Spalier. Es ist im Grunde genommen eine Konstruktion aus senkrechten Stützen und einer Menge Gitterwerk oder Teilen, die auf unterschiedliche Weise über Kreuz liegen.

Anfänger bevorzugen Spaliere, weil man bei diesen Rankgerüsten eigentlich nicht viel falsch machen kann. Die meisten Spaliere sind einfach nur zweckmäßige Gebilde, und als solche verkraften sie durchaus auch Anfängerfehler. Verbergen Sie eventuelle Mängel unter einer rasch wachsenden Pflanze, und so wird keiner außer den neugierigen Holzprofis unter Ihren Bekannten etwas davon merken. Ideal als erstes Bauvorhaben sind rustikale Spaliere, denn diese müssen nicht einmal exakt zugeschnitten werden, was besonders günstig ist, wenn Ihre Kinder beim Bau helfen wollen.

Viele Spaliere können einfach an einem bereits vorhandenen Hintergrund befestigt werden; Mauern oder dichte Zäune bieten sich dafür geradezu an. Doch auch sonstige, eigentlich für andere Zwecke gedachte Dinge wie die alte Schaukel, auf der sich die Kinder schon längst nicht mehr in die Lüfte schwingen, Laternenpfähle oder eine Briefkastensäule lassen sich als Kletterhilfe für Pflanzen nutzen. Lassen Sie Ihre Phantasie bis in die höchsten Höhen fliegen!

Spaliere kommen aber auch ohne „Rückendeckung" aus, können also genauso gut frei stehen. Die Varianten reichen von zusammengestellten Tipi-Stangen bis zu sorgfältig geplanten und ausgeführten Konstruktionen, die sich wie das Pyramidenspalier (siehe S. 34) an jeden beliebigen Standort im Garten tragen lassen.

Anders verhält es sich mit Rundbögen und Pergolen. Sie sind eigentlich nichts weiter als Spaliere mit einer Dachkonstruktion, doch zum Bauen gehört sehr viel mehr als: „Guck mal, tolles Foto...und die Blumen! Das bauen wir!" In ein solches Rankgerüst, das größer, solider und dauerhafter als ein Spa-

Rankhilfen aus rustikalen Holzstangen sind ideale Projekte für den Anfänger.

lier ist und eine stabile Konstruktion verlangt, müssen Sie deutlich mehr Zeit und Geld investieren. Auch eine ordentliche Planung ist hier unumgänglich.

Kontrollliste zur Projektplanung

Wie soll man sich bei so vielen reizvollen Projekten für eines entscheiden? Gehen Sie einfach die folgende Liste all jener Faktoren durch, die bei der Auswahl zu beachten sind, ehe Sie Zeit und Geld in ein Vorhaben stecken.

Standort: Legen Sie einen Standort fest, an dem das Rankgerüst die gewünschte Aufgabe erfüllen kann. Soll es, verborgen hinter einer Wegbiegung, Ihre Besucher mit seinem Anblick überraschen oder soll es sich offen präsentieren und eine ganze Mauer bedecken, damit im Sommer Ihr Haus schön kühl bleibt? Haben sonnenliebende Pflanzen an dem Standort ausreichend Licht? Steht das Gerüst fest und geschützt, so dass es nicht vom Wind umgeworfen werden kann? Können Sie seine Schönheit auch von einem Fenster Ihres Hauses aus bewundern oder soll das Rankgerüst etwas entfernt an

Diese Spalierwand hat gleich mehrere Vorteile. Sie ist Sichtschutz und Schattenspender, bildet den Rahmen für eine schöne Aussicht und lässt auch einen kühlen Windhauch durch die Veranda wehen.

einem Ort stehen, der Ihr Refugium werden soll?

Größe: Hat das Rankgerüst die richtige Größe für seinen Standort? Ein kleiner Garten verkraftet nicht mehr als einen Rundbogen oder eine Pergola, mit mehreren Spalieren hingegen kann er gut aussehen. In einem großen Garten können Sie mehrere Rundbögen oder Pergolen aufstellen und sogar in Gruppen zusammensetzen um eine bestimmte Wirkung zu erzielen, so wie es auf Seite 65 zu sehen ist. Auch kann jedes Rankgerüst für sich an seinem Standort eine ganz spezielle Funktion erfüllen. Schauen Sie sich dazu den Großen Torbogen auf Seite 72 an, der den Übergang von einem Gartenabschnitt in einen anderen andeutet,

oder auch die Pergola für die Ewigkeit auf Seite 78, die den Rahmen für eine ganz bestimmte Aussicht bildet.

Stil: Ein elegantes Haus auf einem Hügel verlangt natürlich auch eine elegante Gartengestaltung. Für einen kleinen Bauerngarten hingegen eignet sich besser ein Rankgerüst aus rustikalem Holz. In einem großen Grundstück können Sie unterschiedliche Stilrichtungen mischen und jedem „Gartenzimmer" ein anderes Aussehen geben. In einem kleineren Garten empfiehlt sich ein einheitlicher Stil.

Zeitplan: Wann haben Sie genügend Zeit ein Rankgerüst zu bauen, die Löcher zum Verankern der Pfosten auszuheben und einige Helfer zusammenzutrommeln, die Sie bei Ihrem Vorhaben unterstützen? Planen Sie auch die Zeit ein, die Sie später für das Verschneiden der Kletterpflanzen, für das Erziehen der Gewächse und das alljährliche Düngen brauchen.

Pflege und Instandhaltung: Welche Art Holzschutzmittel, Beize oder Farbe wollen Sie verwenden? Werden Sie auch in Zukunft die Zeit für die Pflege- und Instandhaltungsarbeiten aufbringen können (siehe S. 29, Oberflächenbehandlung)?

Auswahl der Pflanzen: Hier spielen für Sie sicherlich Duft, Farben, Wuchseigenschaften und auch die wild lebenden Tiere eine Rolle, die von bestimmten Pflanzen angelockt werden. Schmetterlinge, die die Blüten umflattern, sind ein schöner Anblick. Aber wer mag schon unter einer Früchte tragenden Kletterpflanze sitzen, die ein Anziehungspunkt für Vögel oder Bienen ist? Reservieren Sie ein oder mehrere Spaliere für Rankgewächse, an deren Blüten und Früchten sich diese Tiere gütlich tun können und setzen Sie an Rundbögen oder Pergolen Pflanzen mit duftenden Blüten, die die Menschen anlocken. Mehr darüber erfahren Sie auf Seite 32 im Abschnitt *Die Auswahl der Pflanzen.*

Projekte aus Schnittholz

DIE ERSTEN PERGOLEN, die es gab, waren aus Ziegeln und Natursteinen gebaut. Inzwischen jedoch ist Holz der Favorit unter den Baumaterialien für Rankgerüste, was sicher daran liegt, dass man Konstruktionen aus Holz einfacher bauen kann. Die Frage ist, ob sich alle Holzarten dafür eignen. Sie können natürlich eine beliebige Art verwenden, doch viele Hölzer verderben im Freien innerhalb von drei bis fünf Jahren, wenn man sie unbehandelt lässt; manche Arten halten nicht einmal so lange. Beabsichtigen Sie ein Rankgerüst aus handelsüblicher Schnittware zu bauen, haben Sie die Wahl zwischen Holzarten, die von Natur aus fäulnisbeständig sind oder Hölzern, die mit chemischen Schutzmitteln behandelt worden sind.

Holz mit natürlichem Fäulnisschutz

Von Natur aus fäulnisresistente Hölzer sind ein wahrer Schatz. Sie überdauern viele Jahre im Freien, ohne Schaden zu nehmen, und lassen sich ohne große Vorbereitung oberflächenbehandeln. Am liebsten würden wir unsere Garteneinrichtungen nur noch aus diesem Material bauen. Nicht wenige Umstände, darunter auch unsere immer kleiner werdenden Wälder, lassen diese begehrten Hölzer jedoch immer seltener und kostspieliger werden. Im Folgenden werden einige Holzarten aufgeführt, die sich für den Außenbau eignen:

Zeder: Haltbar und widerstandsfähig gegen Feuchtigkeit und Pilzbefall. Kann durch Behandlung insektenresistent gemacht werden. Verwittert zu schöner Oberfläche.

Redwood: Von Natur aus fäulnisbeständig und termitenfest. Bei verwittertem Holz schöne Textur und Farbe. Teuer.

Zypresse: Sehr beständig gegen Insektenbefall und Fäulnis. Leicht zu bearbeiten. Schraub- oder Nagellöcher vorbohren, damit das Holz nicht reißt. Beim Bearbeiten des Holzes Schutzhandschuhe tragen.

Weißeiche: Hart und dauerhaft. Holz in größerer Materialstärke eventuell schwierig zu beschaffen.

Robinie: Extrem fäulnisbeständig, gut geeignet für Pfosten, die in den Boden eingelassen werden. Sehr hart, deshalb nur mit gut geschärften Werkzeugen bearbeiten.

Südamerikanisches Mahagoni: Fäulnisbeständig und leicht zu bearbeiten. Verwittert sehr gut. Sehr teuer.

Entschließen Sie sich für eine von Natur aus fäulnisbeständige Holzart, halten Sie Ausschau nach luft- oder kammergetrockneter Ware. Sie sollten jedoch wissen, dass selbst getrocknetes Holz im Freien, wo es Sonne, Regen und Temperaturschwankungen ausgesetzt ist, quillt und schwindet. Um die Folgen möglichst gering zu halten, behandeln Sie Ihre Holzkonstruktionen für den Garten mit Hydrophobierungsmitteln oder holzfestigenden Anstrichen. Lesen Sie dazu das Kapitel zur Oberflächenbehandlung (siehe S. 29) nach.

Druckimprägniertes Holz

Da natürlich fäulnisbeständiges Holz teuer und oftmals schwer zu beschaffen ist, greift man bei den meisten Holzkonstruktionen für den Garten auf das weniger kostspielige druckimprägnierte Bauholz zurück. Wir sind deshalb bei den meisten Schnittholz-Projekten in diesem Buch davon ausgegangen,

Das Gütezeichen RAL-GZ 411

Laien können bei druckimprägnierten Holzerzeugnissen für den Außenbau nicht ohne weiteres erkennen, ob die Imprägnierqualität auch wirklich eine hohe Lebensdauer des Holzes garantiert. Richtlinie für die Kaufentscheidung ist dann oftmals nur der Preis. So kommt es vor, dass der Käufer ungewollt minderwertige Ware erwirbt, die ihre Funktion schon nach wenigen Jahren nicht mehr erfüllt. Um sich davor zu schützen, sollten Sie beim Kauf auf das RAL-Gütezeichen achten, denn auf druckimprägniertes Holz mit dem Gütezeichen RAL-GZ 411 gewährt der Hersteller eine Garantie von zehn Jahren.

dass sie aus druckimprägniertem Material gebaut werden.

Beim Druckimprägnieren wird Holz mit Wasser behandelt, das Holzschutzmittel in seine Poren treibt und auf der den Kern umgebenden Holzschicht eine dünne Hülle aus konzentriertem Konservierungsmittel entstehen lässt. Die Art des Schutzmittels, die im Holz verbleibende Menge und die Eindringtiefe variieren dabei. Achten Sie beim Kauf von druckimprägniertem Bauholz auf das Gütezeichen RAL-GZ 411 um sicherzugehen, dass Sie kontrollierte Qualität erwerben.

Holzschutzmittel machen das Holz nicht wasserdicht; sie machen das Holz für jene Organismen, die sich gern davon ernähren, nur ungenießbar. Solange die Konservierungsschicht heil bleibt, ist der Kern geschützt. Die ins Holz gepressten Chemikalien lagern sich vor allem unter der Oberfläche des Holzes ab. Da Sie Ihr Baumaterial aber zurechtsägen müssen, ist der weniger stark imprägnierte Kern an den Schnittflächen später Wind und Wetter ausgesetzt, wenn Sie nichts dagegen unternehmen. Behandeln Sie deshalb alle Schnittflächen, insbesondere die Hirnholzflächen, zusätzlich mit einem Konservierungsmittel,

das in Spezialgeschäften oder in Baumärkten zu haben ist.

Beim Verarbeiten druckimprägnierter Hölzer sollten Sie im Interesse Ihrer Gesundheit bestimmte Dinge beachten. Arbeiten Sie stets in einem gut belüfteten Bereich, wenn möglich im Freien. Tragen Sie beim Sägen oder Schleifen des Holzes eine Atemschutzmaske, die verhindert, dass Sie den chemikalienhaltigen Holzstaub einatmen. Druckimprägniertes Holz sollte genau wie Sperrholz und andere Holzerzeugnisse, die verleimt oder mit Chemikalien imprägniert sind, nicht verbrannt werden. Entsorgen Sie diese Materialien und den Holzstaub an einem geeigneten Sperrmüllplatz.

Tragen Sie beim Arbeiten mit chemisch behandeltem Holz Schutzhandschuhe aus Leder um Hautreizungen zu vermeiden. Wollen Sie während der Arbeit einen Bissen zu sich nehmen, waschen Sie sich zuvor die Hände, und säubern und behandeln Sie alle Kratzer, die Sie vielleicht abbekommen haben. Waschen Sie Ihre Arbeitskleidung getrennt von anderen Sachen und lassen Sie sie möglichst im Freien trocknen. Da es immer wieder neue, aktuelle Forschungs- und Untersuchungsergebnisse zu druckimprägniertem Holz gibt, sollten Sie sich in Ihrer Holzhandlung oder im Baumarkt über spezielle Empfehlungen zum Arbeitsschutz und zum Umgang mit chemisch konservierten Hölzern informieren.

Ist eine Konstruktion aus druckimprägniertem Holz fertig aufgebaut und Wind und Wetter ausgesetzt, dauert es etwa ein Jahr, bis das Material seine Restfeuchte abgegeben hat und vollständig getrocknet ist. Das heißt, dass Sie Ihr fertiges Rankgerüst ein Jahr lang weder farbig anstreichen noch beizen dürfen. Sollten Sie ungeduldig werden und vorzeitig einen Anstrich auftragen, verschwenden Sie Zeit und Geld, denn Farbe oder Beize werfen dann Blasen und blättern wieder ab. Warten Sie also lieber ab.

Ein neuer Holzwerkstoff

Auf dem Gebiet der Holzwerkstoffe gibt es ein neuartiges Produkt. Es wird in Deutschland unter der Bezeichnung „Kovalex" hergestellt und im Holzhandel vertrieben. „Kovalex" besteht aus einem Gemisch aus Holz und Kunststoffen, das je nach Verwendungszweck zusammengesetzt und durch ein spezielles Extrudierverfahren geformt wird. Es ist wasserresistent, sehr stark belastbar, gegen Pilz- und Insektenbefall geschützt, so gut wie verzugsfrei und eignet sich sowohl für den Innen- als auch für den Außenbau. „Kovalex" lässt sich mit handelsüblichen Werkzeugen ohne Schwierigkeiten bohren, sägen, schleifen und fräsen. Auch mit Lacken und Lasuren ist das Material problemlos zu behandeln. „Kovalex" ist vollständig wiederverwendbar.

Werkzeuge

Die meisten Werkzeuge, die Sie zum Bau von Projekten aus Schnittholz brauchen, besitzen Sie wahrscheinlich schon. Ist das nicht der Fall, sehen Sie sich die Liste zur Grundausrüstung weiter unten an, in der wir wichtige Werkzeuge aufgeführt haben. Den Stangenzirkel können Sie ohne weiteres selbst anfertigen (siehe S. 16). Werden für ein bestimmtes Projekt zusätzliche Arbeitsgeräte benötigt, finden Sie diese in der jeweiligen Werkzeugliste, wo sie, vom kleinsten angefangen, der Größe nach genannt sind. Es empfiehlt sich die kleineren Werkzeuge in einem Kasten aufzubewahren, damit Sie sie ohne großen Aufwand an Ihren Arbeitsplatz tragen können und dort immer gleich zur Hand haben.

Grundausrüstung

- Zimmermannsbleistift
- Filzstift
- Kreide
- Bandmaß, Länge 5 m
- Mehrzweckmesser mit Abbrechklinge
- Tischlerbeitel, Klingenbreite 1,3 – 2,5 cm
- Holzraspel
- Sandpapier, Körnung 100
- Schnur
- Bügelzwingen, Länge 15 cm
- Parallelschraubzwingen, Länge 60 cm
- Bogenzirkel mit Bleistifthalter oder Schnurzirkel (siehe S. 16)
- selbst gefertigter Stangenzirkel (siehe S. 16)
- Zeichendreieck
- Universalwinkel, 30 cm
- Zimmermannswinkel
- Klauenhammer, 500 g
- Nageltreiber
- Zangen
- Satz Ringschlüssel
- Laubsäge mit fein gezahntem Blatt
- Querschnittsäge
- Schnurwasserwaage
- Wasserwaage, Länge 1,20 m
- Richtscheit (oder gerades Stück Schnittholz, besonders gut eignet sich Sperrholz), Länge 2,40 m
- Bohrmaschine mit einem Satz Bohrer und einem Schraubendrehereinsatz (siehe S. 16f)
- zwei Sägeböcke
- Stufenleiter, Länge 1,80 m

> ### Wie umweltfreundlich ist druckimprägniertes Holz
>
> Wie andere moderne Annehmlichkeiten hat auch druckimprägniertes Holz Vor- und Nachteile. Es enthält einerseits toxische Konservierungsstoffe, die das Material haltbar machen. Viele Experten halten die Menge dieser chemischen Stoffe, die an den Boden abgegeben werden, zwar für außerordentlich gering, doch würde niemand, der organischen Gartenbau betreibt, die Hochbeete für sein Gemüse aus druckimprägniertem Holz bauen. Da solcherart behandeltes Holz andererseits jedoch so lange haltbar ist, wird es weltweit bevorzugt als Baumaterial in Parks und anderen Erholungseinrichtungen sowie für Schutzeinrichtungen für wild lebende Tiere genutzt. Durch die Verarbeitung druckimprägnierten Materials kann man dazu beitragen, dass das Abholzen ganzer Wälder reduziert wird und die wertvolleren Hölzer ihr volles Wachstum erreichen.

Diese Arbeitsgeräte sowie Schutzmaske und Filter (siehe S. 14) bilden Ihre Werkzeug-Grundausrüstung.

Bau und Benutzung eines Stangenzirkels

Runde Formen sind wichtige Bestandteile vieler Rankgerüste. Sie zu bauen ist nicht schwierig.

In diesem Buch gibt es mehrere Projekte, die runde Formen aufweisen. Kleine Kreise lassen sich problemlos mit einem Zirkel oder einem *Schnurzirkel* (Schnur mit einem am Ende festgebundenen Bleistift) markieren, doch größere Teile wie z. B. der obere Abschluss der Königsblauen Rundbögen (siehe S. 65) kann man mit einem normalen Zirkel natürlich nicht mehr zeichnen. Dazu brauchen Sie einen Stangenzirkel, der ganz einfach anzufertigen ist.

Ein selbst gebauter *Stangenzirkel* besteht aus einer Holzleiste mit einer Schraube an dem einen und einem Bleistift am anderen Ende (siehe Abb. 1). Der Abstand von der Schraube zum Bleistift ist gleich dem gewünschten Radius. Mit dieser Art Zirkel können Sie Bögen praktisch jeder Größe zeichnen, indem Sie die Holzlatte um die Schraubenspitze drehen. Außerdem bleibt Ihnen das Spannen und Entwirren der Schnur erspart, mit dem man sich bei einem Schnurzirkel oftmals herumplagen muss.

Der Stangenzirkel wird folgendermaßen angefertigt: Nehmen Sie eine Holzleiste mit einem Querschnitt von etwa 5×1,5 cm, die einige Zentimeter länger als der größte gewünschte Radius ist. Drehen Sie an einem Leistenende eine Schraube so weit ein, dass deren Spitze auf der Rückseite der Leiste etwa 6 mm herausschaut. Messen Sie danach von der Schraubenspitze aus den gewünschten Radius ab und sägen Sie an der Stelle eine Kerbe für den Zimmermannsbleistift in die Leiste. (Ein Zimmermannsbleistift nutzt sich nicht so rasch ab und zerbricht auch nicht so leicht wie ein „normaler" Bleistift.) Eine 4 mm breite Kerbe dürfte ausreichen um den Stift zu halten, so wie es in Abb. 1 dargestellt ist. Müssen Sie für einen Rundbogen o. ä. zwei konzentrische Kreise zeichnen, bringen Sie für den zweiten Radius an der Leiste einfach eine weitere Kerbe an.

Kleineisenwaren

In luftgetrocknetem Holz halten Schrauben besser als Nägel, d.h. sie haben einen höheren Auszugswert als Nägel. Deshalb ist in unseren Bauanleitungen, insbesondere für Rundbögen und Pergolen, stets nur von Schrauben die Rede. Nägel dagegen lassen sich oftmals einfacher handhaben und eignen sich auch besser für den Zusammenbau rustikaler Konstruktionen, in die Schrauben

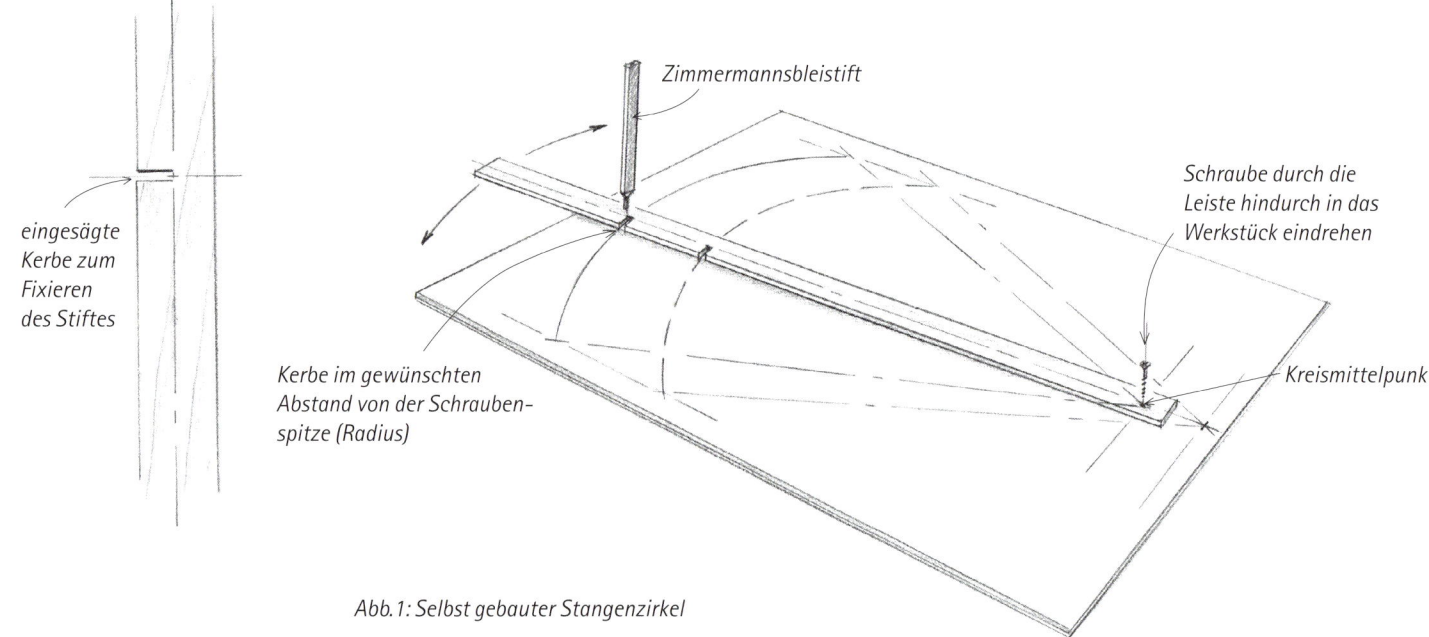

eingesägte Kerbe zum Fixieren des Stiftes

Kerbe im gewünschten Abstand von der Schraubenspitze (Radius)

Zimmermannsbleistift

Schraube durch die Leiste hindurch in das Werkstück eindrehen

Kreismittelpunkt

Abb. 1: Selbst gebauter Stangenzirkel

schwerer einzudrehen sind. Außerdem sehen Schrauben an unbearbeitetem Holz unpassend aus.

Schrauben

Puristen bevorzugen für den Außenholzbau natürlich Schrauben aus rostfreiem Stahl. Sofern es Ihr Portemonnaie zulässt, verwenden auch Sie rostfreie und daher langlebige Schrauben. Die meisten von uns entscheiden sich für die weniger kostspielige Variante – Holzschrauben für den Außenbau. Diese Schrauben besitzen eine spezielle Beschichtung, die sie witterungsbeständig macht und besonders vor dem Verrosten schützt. Holzschrauben für den Außenbau werden mit einem Kreuzschlitz-Schraubendreher ins Holz eingedreht; zur Erleichterung dieser Arbeit empfehlen wir mit dem Akkuschrauber oder der elektrischen Bohrmaschine und dem passenden *Schraubendrehereinsatz* zu arbeiten. Mit diesen Hilfsmitteln kann man den ganzen Tag lang Schrauben eindrehen, ohne die Arme und Handgelenke über Gebühr zu beanspruchen. Schraubverbindungen an Holzkonstruktionen sehen am besten aus, wenn die Schraubenköpfe *versenkt* sind, also etwas unterhalb der Holzoberfläche sitzen.

Soll die Schraubverbindung besonders haltbar sein, setzen Sie Ankerschrauben (auch Ankerbolzen genannt) ein. Sie besitzen ein modifiziertes Holzschraubengewinde und werden meist für Bauteile mit großen Abmessungen verwendet.

Nägel

Für die rustikalen Holzbauten werden meistens Drahtstifte mit glattem Stahlschaft und einem konisch geformten Kopf verwendet, der beim Einschlagen im Holz verschwindet. Sehr gut eignen sich auch harzbeschichtete Nägel. Die Beschichtung macht die Konstruktion unempfindlich gegen die Spannungen, die beim Trocknen und Schwinden frischen Holzes auftreten, und verhindert das Rosten der Nägel. Mitunter verwendet man für rustikale Gartenbauten auch einfache

Stahlnägel, da diese beim Oxidieren eine hübsche Farbe annehmen, doch das Problem ist eben, dass sie in jedem Falle rosten. Wägen Sie also gefälliges Aussehen und eine durch rostige Nägel verkürzte Lebensdauer der Konstruktion wohlüberlegt gegeneinander ab.

Führungslöcher

Bei den meisten Projekten bohrt man vor dem Nageln oder Schrauben so genannte Führungslöcher vor. Ein Führungsloch erleichtert das Einschlagen bzw. Eindrehen des Verbindungselements und verhindert, dass das Holz beim Nageln oder Schrauben reißt, was vor allem dicht am Ende eines Brettes passieren kann. Ein Führungsloch muss stets alle Teile erfassen, die miteinander verbunden werden sollen, darf jedoch nicht bis auf Schrauben- oder Nagellänge gebohrt werden. Wählen Sie die Größe des Führungsloches nach dem Kerndurchmesser der Schraube und nicht nach dem größten Durchmesser des Gewindes. Nur so zieht sich das Schraubengewinde richtig ins Holz hinein. Sie finden unten eine Aufstellung von Bohrergrößen, die zu den in unseren Projekten verwendeten Schrauben- und Nagelgrößen passen.

Bohrergröße für Führungslöcher	Nagel/Schraubengröße
1,5 mm	Nägel, 2,5×40 mm und 3×50 mm
2,5 mm	Nägel, 3,5×65 mm
3 mm	Nägel, 4×75 mm
2,5 mm	Schrauben, 15, 20, 25, 30, 50, 65 mm
3 mm	Schrauben, 75, 90, 100 mm
6 mm	10-mm-Ankerschrauben

Verdeckte Schrauben- und Nagelköpfe

Soll Ihre Holzkonstruktion eine glatte, makellose Oberfläche aufweisen – was zu empfehlen ist, wenn das Rankgerüst einen farbigen Anstrich erhält –, kaschieren Sie die Schrauben- und Nagelköpfe einfach. Dafür gibt es mehrere Möglichkeiten. Am einfachsten ist es, die Verbindungselemente richtig zu versenken und die Löcher danach mit Holzkitt aufzufüllen. Der Holzkitt macht nicht nur die Nagel- oder Schraubenköpfe unsichtbar, sondern schützt diese auch. Ein Schraubenkopf lässt sich auch gut verbergen, wenn Sie zunächst ein zylindrisches Loch von etwa 1,5 cm Tiefe vorbohren, dessen Durchmesser etwas größer als der des Schraubenkopfes ist, in diese Vertiefung hinein das Führungsloch bohren und dann die Schraube eindrehen. Sitzen alle Schrauben an Ort und Stelle, überkleben Sie

die Köpfe in den zylindrischen Vertiefungen mit kurzen Dübelstücken. Nach dem Trocknen des Leims werden die überstehenden Dübelenden in einer Ebene mit der Holzoberfläche abgesägt oder mit dem Beitel abgestochen. Ein Tipp: Erledigen Sie das Kaschieren der Schraublöcher bereits während der Bauphase und nicht erst kurz vor den Anstricharbeiten. Es ist eine ziemlich öde Arbeit, die man besser gleich als später erledigt.

Spezielle Techniken

In unserem Buch werden mehrere spezielle Bautechniken erwähnt, die kennen zu lernen sich lohnt. Sie vereinfachen nicht nur die Bauarbeiten an einem bestimmten Projekt, sondern erweitern auch Ihre Kenntnisse und Fertigkeiten für andere Bauvorhaben.

Das Arbeiten mit Schablonen

Für einige Projekte in diesem Buch werden Sie auch ein oder zwei Schablonen finden, die Ihnen das Ausformen von Rundungen oder komplexen Teilen erleichtern sollen. In der Bauanleitung wird meistens darauf hingewiesen, dass Sie diese Vorlagen auf die tatsächlichen Abmessungen vergrößern müssen. Gehen Sie dabei folgendermaßen vor: Zeichnen Sie auf einen festen Papierbogen mit Bleistift und Lineal ein Gitternetz aus Quadraten mit 2,5 cm Kantenlänge; die Anzahl der Quadrate muss die gleiche sein wie im Buch. Übertragen Sie dann Kästchen für Kästchen die Form des Bauteils frei Hand auf Ihr Gitternetz. Sie müssen nicht unbedingt ein Künstler sein um eine ordentliche Vergrößerung zu Stande zu bringen. Ist die Umrisszeichnung fertig, schneiden Sie sie aus und verwenden die Schablone zum Übertragen der maßgerechten Form auf den dafür bestimmten Holzrohling. Sie können die Schablonen aus dem Buch natürlich auch auf einem Fotokopierer vergrößern.

Für die Plauderlaube brauchen Sie drei Schablonen.

Das Ausarbeiten von Aussparungen

Viele Projekte erfordern auch das Ausstemmen einer oder mehrerer Aussparungen, die mehr oder weniger breit sind. So kann man auf einfache Art und Weise eine rechtwinklige Verbindung zweier Bauteile herstellen und einer Verbindung Festigkeit verleihen.

Wie in Abb. 2 dargestellt, wird die Aussparung zunächst am Werkstück abgemessen und angerissen. Oftmals kann man das Bauteil mit der fertigen Aussparung gleich als Hilfsmittel zum Anreißen des Gegenstücks der Verbindung benutzen. Legen Sie dazu die Aussparung an der richtigen Stelle auf den dafür bestimmten Holzrohling und übertragen Sie die Breite direkt auf das Werkstück. Haben Sie die Verbindung angerissen, sägen Sie mit dem Fuchsschwanz quer zur Faser mehrere dicht beieinander liegende Schlitze in das Holz. Stemmen Sie danach die stehen gebliebenen Holzstücke mit einem scharfen Beitel und einem Hammer quer zur Holzfaser grob aus und glätten Sie dann den Boden der Aussparung durch leichte schälende Beitelschnitte. Muss die Breite etwas nachgearbeitet werden, stechen Sie das überflüssige Holz mit kleinen Schnitten weg, bis die Verbindung passgenau ist.

Schräges Nageln und Schrauben

Nägel und Schrauben werden mitunter schräg ins Holz eingeschlagen bzw. eingedreht. Diese Methode wird u. a. dann angewendet, wenn ein Bauteil so stark oder breit ist, dass der Nagel oder die Schraube nicht über beide Teile reicht oder wenn man das Verbindungselement aus Platzgründen nicht von oben und gerade, sondern nur von der Seite und schräg einsetzen kann. Das schräge Nageln (Beinageln) oder Schrauben ist ganz einfach: (siehe Abb. 3): Setzen Sie einen Bohrer im Winkel von etwa 45° am Werkstück an, bohren Sie für den

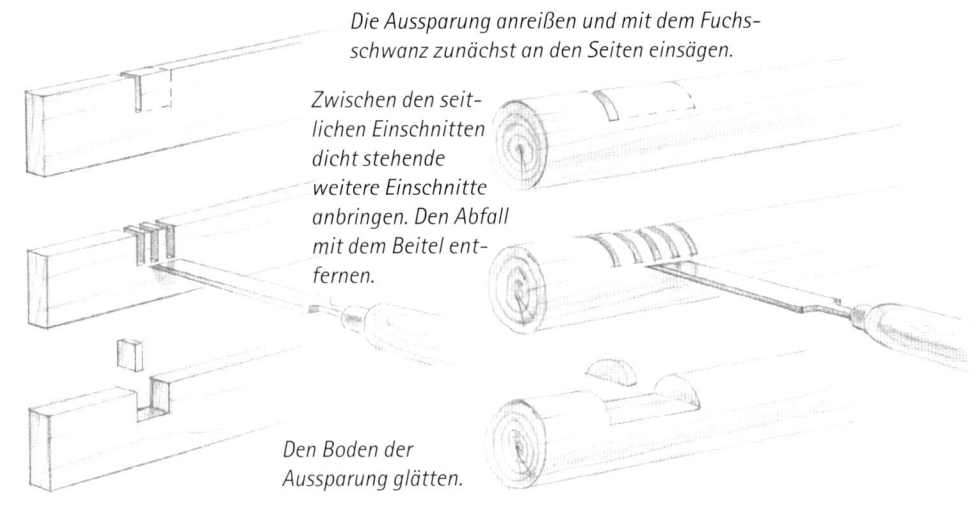

Die Aussparung anreißen und mit dem Fuchsschwanz zunächst an den Seiten einsägen.

Zwischen den seitlichen Einschnitten dicht stehende weitere Einschnitte anbringen. Den Abfall mit dem Beitel entfernen.

Den Boden der Aussparung glätten.

Abb. 2: Das Ausarbeiten von Aussparungen

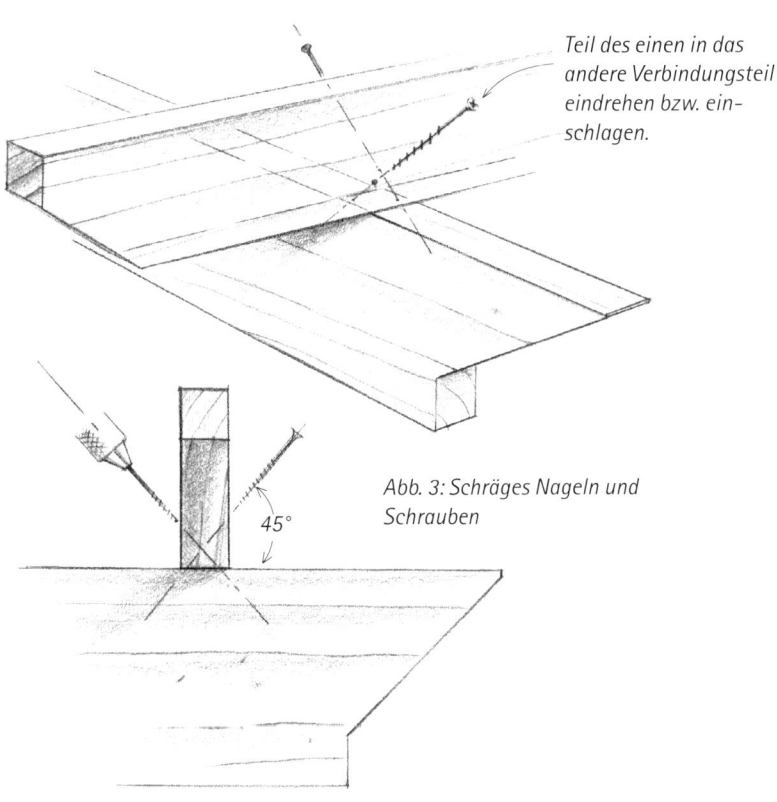

Teil des einen in das andere Verbindungsteil eindrehen bzw. einschlagen.

Abb. 3: Schräges Nageln und Schrauben

Nagel oder die Schraube ein Führungsloch vor und setzen Sie das Verbindungselement dann im gleichen Winkel ins Holz ein.

Projekte aus rustikalem Holz

RUSTIKALE KONSTRUKTIONEN werden aus Ästen und Jungbäumen gebaut, die man in die gewünschte Form bringt und dann vernagelt. Da das Holz nicht zugerichtet und oftmals noch von Rinde bedeckt ist, haben rustikale Objekte etwas naturhaft Wildes an sich, das wunderbar in Bauerngärten oder zur Gartengestaltung in einem eklektischen Stil passt. Da Unebenheiten und kleine Fehler einfach zu einer rustikalen Konstruktion gehören, können sich auch Kinder an einem solchen Projekt sehr gut als Helfer beteiligen, und auch die Wochenend-Handwerker, die sich nur sehr selten mit solchen Dingen beschäftigen, werden hier erfolgreich sein.

Holzarten

Welches Holz eignet sich am besten für rustikale Konstruktionen? Oftmals wird das genommen, was einem zusagt oder was man gerade findet. Wenn Sie beim Sammeln auf trockene Stücke stoßen, die nicht von Fäulnis befallen sind, nehmen Sie sie auf jeden Fall mit. Zu den biegsamsten Holzarten gehört Weide; sie eignet sich gut als Baumaterial für Anfänger, besonders wenn man als noch unerfahrener Holzhandwerker Kinder als Helfer zur Seite hat. Ein wunderbar stabiles und gut zu verarbeitendes Material ist Bambus; er besitzt eine natürliche Witterungsbeständigkeit und muss nicht oberflächenbehandelt werden. Haben Sie noch nie zuvor mit Bambus gearbeitet, versuchen Sie es einmal mit den Projekten auf den Seiten 117, 120 und 123 – der Erfolg wird Sie überzeugen. Da es in unseren Breiten keine Bambushaine gibt, beschaffen Sie sich das Material am besten im Bau- oder Gartenmarkt oder suchen im Internet nach einer Bezugsquelle.

Für unsere rustikalen Bauprojekte benötigen Sie sowohl trockene als auch waldgrüne Äste und Stämmchen. „Waldgrün" bezieht sich auf den hohen Saftgehalt eines frisch eingeschlagenen Stämmchens; je frischer und feuchter solches Material ist, desto besser lässt es sich in die vorgesehene Form biegen. „Frisch eingeschlagen" bedeutet, dass das Holz nicht länger als 24 Stunden zuvor geschnitten worden ist. Danach wird es spröder und neigt beim Verarbeiten eher zum Reißen und Brechen.

Trockenes Material heißt, dass das Holz einen geringen Feuchtegrad hat, hart und überhaupt nicht geschmeidig ist. Diese Eigenschaften sind ganz nützlich, wenn es wie beispielsweise beim Rahmen und bei den Pfosten einer Pergola auf Stabilität ankommt. Frisch geschnittenes Holz trocknet auf natürliche Weise; die Trocknungsgeschwindig-

Waldgrünes Holz, das höchstens 24 Stunden zuvor geschnitten worden ist, lässt sich leicht in unterschiedliche Formen biegen.

keit beträgt etwa 2,5 cm Materialstärke pro Jahr. Wenn also für ein Projekt ein trockener Ast von 4 cm Durchmesser gebraucht wird, muss dieser Ast mindestens 18 Monate vor der Verarbeitung von einem Baum abgesägt und an einer geschützten Stelle zum Trocknen gelagert werden. Sammeln Sie für Ihr Vorhaben kein Bruchholz, denn das kann bereits von Insekten oder Pilzen befallen sein, die der Holzqualität abträglich sind und die man meistens nicht mehr loswird. Aus demselben Grund sollten Sie auf der Suche nach verwendbarem Holz auch nicht in alten Holzstapeln stöbern.

Das Sammeln rustikaler Materialien

Nach rustikalem Baumaterial können Sie überall dort suchen, wo Sie Zutritt haben – auf Privatgrundstücken, auf Gelände, das Holzeinschlagsunternehmen gehört, oder in Erholungsgebieten. Sprechen Sie Baumchirurgen, Straßenbauarbeiter, Landschaftsgestalter und Leute an, die gerade einen Baum fällen. Holen Sie sich stets die Erlaubnis zum Betreten eines Geländes und zur Entnahme rustikaler Baumaterialien.

Wichtig beim Sammeln ist Ausschau nach Material mit den erforderlichen Abmessungen zu halten. Brauchen Sie für Ihr Projekt ein oder zwei gebogene Stücke, suchen Sie unter den vielen Formen, die die Natur bietet, wirklich die passende aus. Sie werden beim Stöbern im Wald und beim Auffinden der richtigen Formen und Größen mit der Zeit immer mehr Übung bekommen.

Die Sammelwerkzeuge

Zum Materialsammeln und zum Bau rustikaler Konstruktionen brauchen Sie Ihre Werkzeug-Grundausrüstung (siehe S. 15) nur noch um einige wenige Arbeitsmittel zu ergänzen. Wenn Sie gern gärtnern, werden Sie das meiste davon sicher schon besitzen:

- Rolle Bindedraht, Stärke 1,0 – 1,5 mm
- Bügelsäge
- Drahtschere
- Baumschere
- Gartenschere
- Langarmschere

Diese Arbeitsmittel und die Werkzeug-Grundausrüstung bilden Ihre Sammelausrüstung.

Die Haltbarkeit rustikaler Konstruktionen

Rustikale Konstruktionen sind von Natur aus nicht so langlebig wie Projekte aus Schnittholz. Seien Sie also vor übertriebenen Erwartungen gewarnt. Holzstangen mit Rinde sehen zwar sehr reizvoll aus, doch die Rinde wird von Wanzen und anderen Schadorganismen gern als Unterschlupf benutzt. Sie können die Lebensdauer einer rustikalen Konstruktion verlängern, wenn Sie die Rinde vom unteren Ende der Stangen abziehen und das nackte Holz in ein Konservierungsmittel tauchen, bevor Sie es ins Erdreich einsetzen. Bögen aus naturbelassenem Holz sind auch weniger tragfähig; sie halten die Last einer Wisterie oder einer starkwüchsigen Kaskadenrose nicht aus. Wählen Sie zum Bepflanzen eines rustikalen Rankgerüstes also „leichte" Kletterer wie Prunkwinden oder Waldreben aus.

Das Aufstellen der Konstruktion

VIELE DER EINFACHEREN PROJEKTE in diesem Buch, insbesondere die rustikalen Konstruktionen und verschiedene Spaliere, werden lediglich auf den Boden gesetzt. Für die komplizierteren Rundbögen, Pergolen und Spaliere jedoch muss man den Standort gut vorbereiten, sorgfältig Maß nehmen und Löcher für die Pfosten graben. Wichtig ist, dass Sie für diese Aufgaben ausreichend Zeit einplanen. Heben Sie vor allen Dingen die Pfostenlöcher ordnungsgemäß aus. Erledigen Sie diese Arbeit gleich richtig, brauchen Sie sich beim Aufstellen nicht über Gebühr mit größeren Änderungen der Konstruktion abzuplagen. Legen Sie sich vor Beginn der Arbeiten die unten abgebildeten Werkzeuge zum Vorbereiten des Standortes und zum Ausheben der Löcher zurecht.

Grab- und Messwerkzeuge sowie Schnurgerüste sind Ihre Ausrüstung zum Graben.

Die Ausrüstung zum Graben

Unabhängig davon, ob Sie vier Löcher graben oder vierzig – Sie brauchen dafür die gleichen Werkzeuge, d. h. Mess- und Grabwerkzeuge, von denen einige auch in die Werkzeug-Grundausrüstung (siehe S. 15) gehören.

- Markierstift
- Stahlbandmaß, Länge 5 m
- Zimmermannswinkel
- Maurerschnur zum Halten der Schnurwasserwaage. Nehmen Sie statt der beliebteren Nylonschnur lieber eine altmodische weiße Baumwollschnur, die sich nicht dehnt.
- Schnurwasserwaage zum Feststellen der Waagerechten an längeren Bauteilen. Sie besteht aus einem Röhrchen mit Gasblase und Flüssigkeit, das in einer Metall- oder Kunststoffhülle steckt und an eine Schnur gehängt wird. Sitzt die Gasblase bei waagerecht gestraffter Schnur in der Mitte des Röhrchens, ist die betreffende Linie exakt waagerecht.
- Wasserwaage, Länge 1,20 m
- Richtscheit, Länge 2,40 m, zum Aufsetzen der Wasserwaage bei Zwischenräumen bis knapp 2,40 m Länge. Verwenden Sie dafür ein Brett o.ä. mit zwei parallelen, geraden Kanten; gut geeignet ist Sperrholz.
- Senkblei zum Feststellen des Lots oder der Vertikalen zum Boden. Es besteht aus einem kegelförmigen Metallgewicht, das mit nach unten zeigender Spitze an einer Schnur hängt. Das Senkblei wird so aufgehängt, dass seine Spitze genau über der Stelle hängt, von der aus die Senkrechte ermittelt werden soll.
- Kleiner Vorschlaghammer oder Klauenhammer, Gewicht 700 g
- Handbeil oder Fuchsschwanz
- Schnurgerüste (siehe S. 24)
- Metallrechen
- Hohlbohrer, Schneckenbohrer oder Kreuzbohrmeißel zum Graben der Pfostenlöcher. Kaufen Sie sich einen Hohlbohrer mit zwei greiferartigen Blättern

von mindestens 20 cm Länge; er ist in den meisten Böden effektiv einsetzbar und macht die Löcher nicht größer als nötig. Beabsichtigen Sie nur ein Objekt zu bauen, überlegen Sie, ob Sie sich ein solches Werkzeug nicht lieber ausleihen. Für sandigen oder weichen Boden eignet sich am besten ein Schneckenbohrer. Stoßen Sie auf Felsgestein, brauchen Sie einen Kreuzbohrmeißel (von Hand oder elektrisch betrieben).

- Grober Kies oder Schotter für den Grund der Pfostenlöcher. Unter normalen Bedingungen reichen dafür Steine von 1,5 – 2,5 cm Durchmesser. Sind Sie sich nicht ganz sicher, fragen Sie einen Fachmann, der Sie bei der Wahl der richtigen Steine beraten kann. Bei kleineren Bauvorhaben empfiehlt es sich, die Steine abgepackt zu kaufen.

Die Vorbereitung des Standortes

Den Standort für Ihre Konstruktion können Sie in jeder beliebigen Bauphase vorbereiten, und auch das Ausheben der Pfostenlöcher kann nahezu unabhängig vom Fortschritt der übrigen Arbeiten erledigt werden. Wenn Sie sich dabei nach Ihren Helfern richten müssen, tun Sie das. Vielleicht brauchen Sie auch einmal etwas Abwechslung und schieben zwischen zwei Arbeitseinsätzen am Rankgerüst die Vorbereitung des Standortes ein. Meistens ist es jedoch am günstigsten diese Arbeiten erst dann auszuführen, wenn die Konstruktion fertig montiert ist.

Vorrangige Aufgabe bei der Vorbereitung des Standortes ist das Einebnen der Bodenoberfläche. Glätten Sie die Fläche mit der Schaufel oder dem Rechen auf jeder Seite mindestens 40 – 60 cm über die Abmessungen des Rankgerüsts hinaus, damit Ihnen genügend Platz zum Arbeiten bleibt (siehe S. 25, Abb. 5). Eventuell auftretende leichte Abweichungen von der Waagerechten sind unproblematisch; sie werden später ausgeglichen. Vorerst konzentrieren Sie sich darauf, den Standort nach Augenmaß mög-

lichst eben und glatt herzurichten. Außerdem muss der Weg zum Standort von Hindernissen befreit werden, damit Sie und Ihre Helfer beim Transport der Werkzeuge und der schweren Holzteile nicht behindert werden.

Ist der Standort grob eingeebnet und beräumt, markieren Sie entsprechend den Abmessungen Ihrer Holzkonstruktion die ungefähre Position der Pfostenlöcher. Stecken Sie zur Kennzeichnung dieser Stellen kleine Stöcke oder Fähnchen in den Boden.

Das genaue Positionieren mit Schnurgerüsten

Damit die Pfostenlöcher genau an den Stellen ausgehoben werden, wo später die Pfosten Ihres Rankgerüsts stehen, müssen Sie deren Positionen mit einem System von *Schnurgerüsten* festlegen (siehe S. 24, Abb. 4). Mit Hilfe der Schnurgerüste und straff gespannter Schnüre können Sie den genauen Mittelpunkt der Pfostenlöcher ermitteln. Für jede Ecke des Standortes werden zwei Schnurgerüste benötigt, d. h. für eine Konstruktion mit vier Pfosten brauchen Sie insgesamt acht Stück davon.

Ein Schnurgerüst lässt sich ganz einfach bauen. Es besteht aus drei Teilen – einer Querstrebe und zwei angespitzten kurzen Absteckpfählen, die Sie sich aus 9 cm breiten und 4 cm starken Brettern zurechtsägen (siehe Abb. 4). Messen und schneiden Sie alle Teile vorher zu und bringen Sie sie dann an den Standort. Für acht Schnurgerüste brauchen Sie acht Querstreben und 16 Absteckpfähle. Die Querstreben sind in der Regel 50 cm, die Absteckpfähle 60 cm lang. Spitzen Sie die Absteckpfähle mit dem Fuchsschwanz oder dem Beil an einem Ende so zu, dass die Spitze genau in der Mitte sitzt; so dringen die Pfähle beim Einschlagen gerade ins Erdreich ein. Befestigen Sie eine Querstrebe mit 65 mm langen Schrauben rechtwinklig an jeweils zwei Absteckpfählen. Da Sie die Schnurgerüste nach dem Ausheben der Pfostenlöcher nicht mehr benötigen, können Sie sie wieder zer-

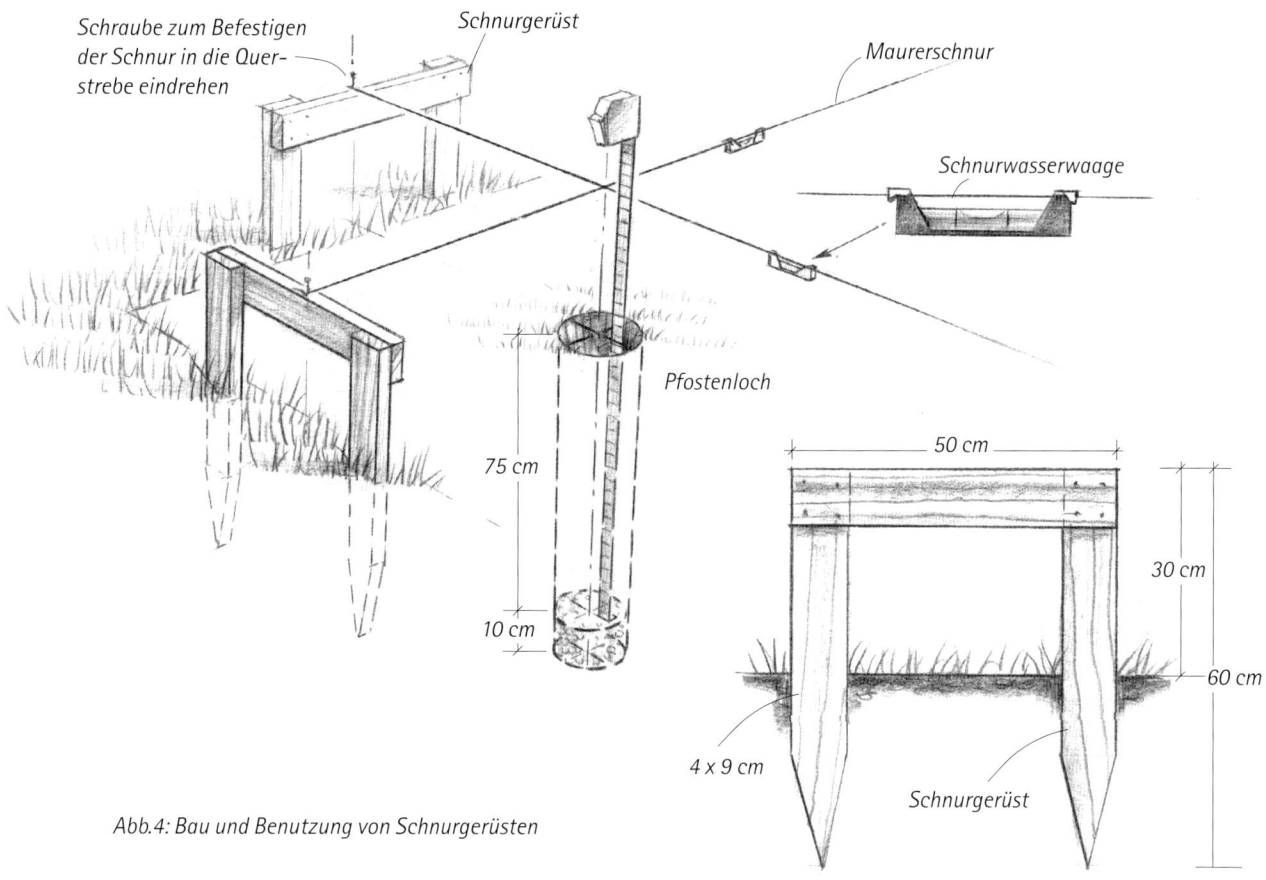

Schraube zum Befestigen der Schnur in die Querstrebe eindrehen

Schnurgerüst

Maurerschnur

Schnurwasserwaage

Pfostenloch

75 cm

10 cm

50 cm

30 cm

60 cm

4 x 9 cm

Schnurgerüst

Abb.4: Bau und Benutzung von Schnurgerüsten

legen und die Einzelteile vielleicht zum provisorischen Verstreben Ihrer Konstruktion (siehe S. 28) verwenden.

Haben Sie die Schnurgerüste zusammengebaut, schlagen Sie sie mit einem schweren Hammer oder einem kleinen Vorschlaghammer rund um den Bauplatz so weit in den Boden ein, dass die Querstreben etwa 30 cm über der Erdoberfläche liegen (siehe Abb. 5). Drehen Sie in die obere Schmalseite jeder Querstrebe eine Schraube ein, befestigen Sie daran ein Stück Maurerschnur und richten Sie die Schnurgerüste mit der Schnurwasserwaage waagerecht zueinander aus. Beträgt der Abstand zwischen zwei einander gegenüberstehenden Schnurgerüsten weniger als 2,40 cm, können Sie

anstelle der Schnurwasserwaage ein gerades Stück Holz benutzen. Legen Sie das Holz über die Schnurgerüste und setzen Sie zum Ausrichten der Schnurgerüste eine Wasserwaage darauf. Markieren Sie die Mitte der Pfostenlöcher mit kleinen Fähnchen o.ä., so wie es in den einzelnen Arbeitsschritten in Abb. 5 dargestellt ist.

Haben Sie die Mitte der Pfostenlöcher gekennzeichnet, müssen Sie die Schnüre zunächst wieder entfernen, damit sie Ihnen beim Ausheben der Löcher nicht im Wege sind. Binden Sie jeweils ein Schnurende los und lassen Sie die Schrauben an Ort und Stelle. Die Schnüre werden später zum Prüfen der Lochtiefe wieder gebraucht.

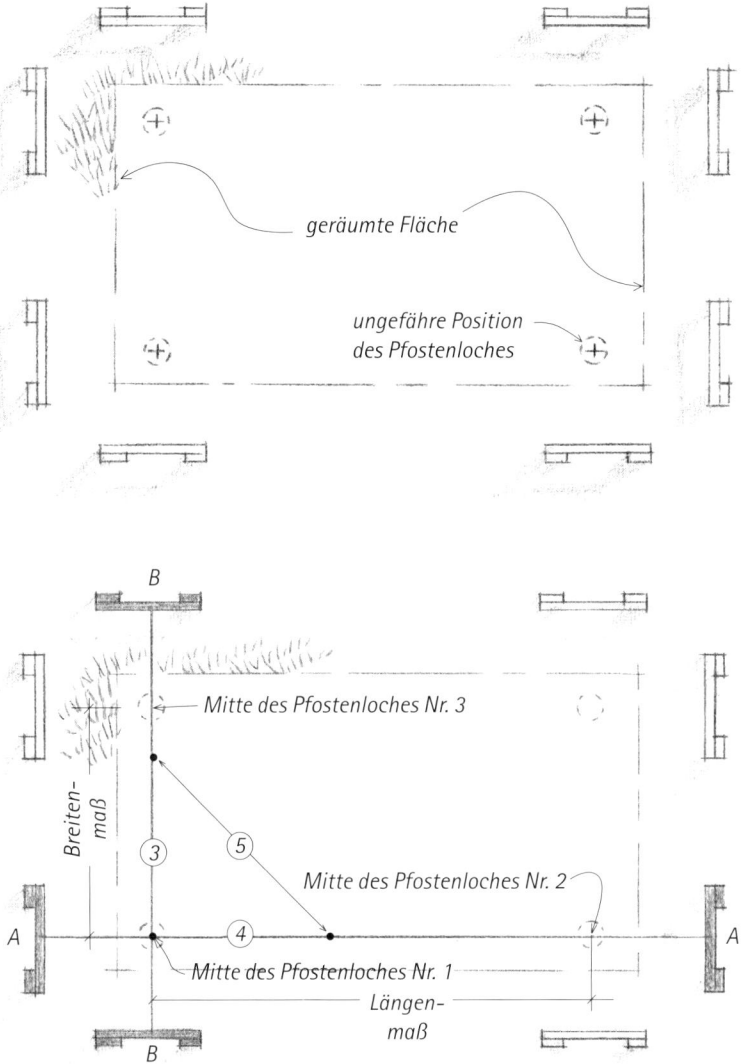

Teil 1

1. Schlagen Sie alle acht Schnurgerüste 60 – 90 cm von der ungefähren Position der Pfostenlöcher in den Boden. Die Oberkante der Schnurgerüste muss etwa 30 cm über dem Boden liegen.

Teil 2

2. Drehen Sie in die Querstreben zweier einander gegenüberliegender Schnurgerüste je eine Schraube ein und spannen Sie zwischen beiden Schrauben (hier von A nach A) eine Schnur, die etwa über der Mitte des auszuhebenden Pfostenloches verläuft. Hängen Sie an die Schnur eine Schnurwasserwaage und justieren Sie ggf. die Höhe der Schnurgerüste, damit die Schnur dazwischen genau waagerecht gespannt ist.
3. Spannen Sie eine zweite Schnur (hier von B nach B), die die erste (A – A) etwa im rechten Winkel kreuzt. Richten Sie die zweite Schnur genau waagerecht aus, so dass sie die erste Schnur berührt. Markieren Sie den Kreuzungspunkt. Diese Stelle ist der Mittelpunkt des ersten Pfostenloches.
4. Richten Sie die beiden Schnüre genau rechtwinklig zueinander aus. Wenden Sie dazu den Satz des Pythagoras ($c^2 = a^2 + b^2$) an. Messen Sie vom Mittelpunkt des ersten Pfostenloches auf der Linie A – A 40 cm und dann auf der Linie B – B 30 cm ab. Messen Sie dann die Diagonale zwischen den beiden Punkten (die Hypotenuse) aus. Verschieben Sie die Schnur von B nach B, bis die Diagonale 50 cm lang ist.
5. Markieren Sie entsprechend den Abmessungen Ihres Projekts, vom Mittelpunkt des ersten Pfostenloches ausgehend, auf den Linien A – A und B – B die Mitte der Pfostenlöcher Nr. 2 und 3.

Teil 3

6. Spannen Sie zwischen den übrigen Schurgerüsten (von C nach C und von D nach D) etwa rechtwinklig zueinander zwei weitere Schnüre.
7. Richten Sie die Schnüre wie in Arbeitsschritt 4 erläutert genau rechtwinklig aus. Der Kreuzungspunkt markiert die Mitte des Pfostenloches Nr. 4.
8. Prüfen Sie, ob die Pfostenlöcher genau im rechten Winkel angeordnet sind. Messen Sie dazu die einander gegenüberliegenden Diagonalen aus und vergleichen Sie sie. Stimmen die Maße überein, haben Sie die Löcher ordnungsgemäß im rechten Winkel zueinander markiert.
9. Hängen Sie an die Kreuzungspunkte der Schnüre ein Senkblei und markieren Sie auf dem Boden die exakte Mitte der einzelnen Pfostenlöcher.

Das Ausheben der Pfostenlöcher

Bevor Sie mit dem Ausheben der vier Pfostenlöcher beginnen, ist Einiges zu bedenken – Bodenbeschaffenheit, Durchmesser und Tiefe der Pfostenlöcher, Bodentemperatur im Winter u.a.

Für die Projekte in unserem Buch empfehlen wir zum Auffüllen der Löcher groben Kies oder Schotter und Erde. Füllen Sie als Erstes eine 10 cm hohe Schicht Kies oder Schotter in eines der Löcher, setzen Sie darauf den Pfosten und füllen Sie das Loch mit Erde auf. Auf diese Weise wird verhindert, dass sich an den Pfosten Wasser sammelt. Diese Methode bietet sich bei festem Boden, nicht jedoch bei Boden mit hohem Tonanteil oder bei sandiger Erde an. Ist der Boden weniger stabil, setzt man die Pfosten vorzugsweise auf Betonfundamente. Das Argument, dass eine Betongründung die Haltbarkeit der Holzpfosten erhöht, trifft jedoch nicht unbedingt an allen Standorten zu. Sind Sie sich im Zweifel darüber, ob speziell in Ihrem Grundstück Beton die bessere Lösung ist, holen Sie den Rat eines Fachmanns ein.

Wichtig beim Ausheben der Erde für die Pfosten ist die richtige Größe der Löcher. Pfostenlöcher sollten im Allgemeinen die doppelte Pfostenbreite haben. Ist also ein Pfosten 10 cm stark, heben Sie ein Loch von 20 cm Durchmesser aus. Die Tiefe sollte etwa ein Drittel der Pfostenhöhe über der Bodenoberfläche plus 10 cm für die Kies- oder Schotterschicht unter dem Pfosten betragen. Die Pfostenlöcher für die meisten Pergolen in diesem Buch haben also, wie in Abb. 6 zu sehen ist, eine Tiefe von 85 cm (10 cm für die Kiesschicht plus 75 cm Pfostenlänge im Boden).

Die Tiefe der Pfostenlöcher kann allerdings variieren. Sie müssen beispielsweise tiefere Löcher graben, wenn Ihre Konstruktion besonders groß oder schwer ist oder wenn Sie die Absicht haben, daran eine Schaukel oder etwas anderes Schweres zu befestigen, so wie es bei der Pergola auf Seite 95 der Fall ist. Ein Punkt, der ebenfalls berücksichtigt werden muss, ist die *Frosthebung*. Dieses Phänomen tritt auf, wenn das Wasser im Boden gefriert. Das Erdreich dehnt sich dadurch aus und „hebt" und schiebt alles, was im Boden steckt – auch die Pfosten Ihres Rankgerüstes – nach oben. Böden mit guter Drainage lassen das Wasser ablaufen. Wenn Sie also in Ihrem Garten über solchen Boden verfügen, brauchen Sie sich über Frosthebungen keine Sorgen zu machen. Auch gefriert der Boden in südlicheren, wärmeren Gegenden nicht so stark wie in weiter nördlich gelegenen, kälteren Gebieten. Lassen Sie sich auch hier von Fachleuten beraten, wenn Sie hinsichtlich Bodenart und Bodenfrosttiefe unsicher sind. Bei ortsansässigen Bau- und Gartenbaufirmen oder auch bei der Bauaufsicht erfahren Sie, wie tief die Pfostenlöcher angelegt werden müssen, damit die Pfosten unterhalb der Frostgrenze sitzen und Ihr Rankgerüst keinen Schaden nimmt. Müssen Sie die Länge der Pfosten für ein bestimmtes Projekt abändern, achten Sie darauf, dass zwischen der Bodenoberfläche und der Unterseite hoch liegender Querbalken ein Abstand von mindestens 2,10 m bleibt.

Haben Sie alle Vorbereitungen abgeschlossen, so dass Sie mit dem Ausheben der Pfostenlöcher beginnen können, graben Sie an den markierten Stellen gerade nach unten. Häufen Sie den Erdaushub nicht direkt neben den Löchern, sondern in einiger Entfernung davon auf, damit nicht einer Ihrer Helfer im Vorübergehen einen Teil der Erde versehentlich wieder in das Pfostenloch schiebt. Ist die richtige Tiefe erreicht, bedecken Sie den Grund des Loches mit einer 10 cm starken Schicht aus grobem

Den Grund der meist 85 cm tiefen Pfostenlöcher mit einer 10 cm starken Kies- oder Schotterschicht bedecken und rund um die Pfosten 75 cm hoch Erde auffüllen

75 cm

10 cm

Abb. 6: Schnitt durch ein Pfostenloch

Kies oder Schotter und stampfen die Schicht mit einem starken Stück Abfallholz fest.

Die richtige Tiefe der Pfostenlöcher ist das A und O für das ordentliche Aufstellen Ihrer Holzkonstruktion. Die vier (oder mehr) Löcher müssen genau die gleiche Tiefe haben, damit der Rundbogen oder die Pergola am Ende auch wirklich waagerecht steht. Zur Überprüfung der Lochtiefe spannen Sie die Schnüre wie zuvor zwischen die Schnurgerüste, so dass sie sich über den ausgehobenen Pfostenlöchern kreuzen. Messen Sie mit dem Stahlbandmaß den Abstand von den Kreuzungspunkten bis zum Grund der Pfostenlöcher (siehe S. 24, Abb. 4). Das Messergebnis muss für alle Pfostenlöcher gleich sein. Gleichen Sie die Tiefe nötigenfalls aus, indem Sie die Kies- oder Schotterschicht am Lochgrund etwas verstärken oder ein paar Steine wieder herausholen. Achten Sie beim Einsetzen der Pfosten darauf, dass Sie nicht mit den Füßen Erde in die sorgsam vorbereiteten Löcher schieben.

Pergolen können am Übergang von einem Gartenbereich in den anderen stehen.

Das Verstreben
des Konstruktionsrahmens

Eine noch unfertig aufgestellte Konstruktion muss zur Stabilisierung mitunter provisorisch verstrebt werden, ehe man daran weiterarbeiten kann. Es gibt zwei Arten provisorischer Verstrebungen – die *Kreuzverstrebung* und die *Bodenverstrebung*, die beide in Abb. 7 dargestellt sind. Es müssen nicht alle Projekte verstrebt werden; wo es jedoch erforderlich ist, wird es in der Materialliste und in der Anleitung angegeben.

Kreuzverstrebungen halten den Rahmen bzw. die Pfosten zusammen, damit Sie die im Groben fertige Konstruktion transportieren und in den Boden einsetzen können. Legen Sie jeweils zwei Holzlatten mit einem Querschnitt von 2×9 cm (o. ä.) und rund 2,40 m Länge kreuzweise über zwei Pfosten (siehe Abb. 7) und befestigen Sie die Latten mit 65 mm langen Schrauben. Damit die Konstruktion stabiler steht, verschrauben Sie auch die Kreuzungspunkte der Latten; achten Sie darauf, dass jeweils beide Latten von der Schraube erfasst werden.

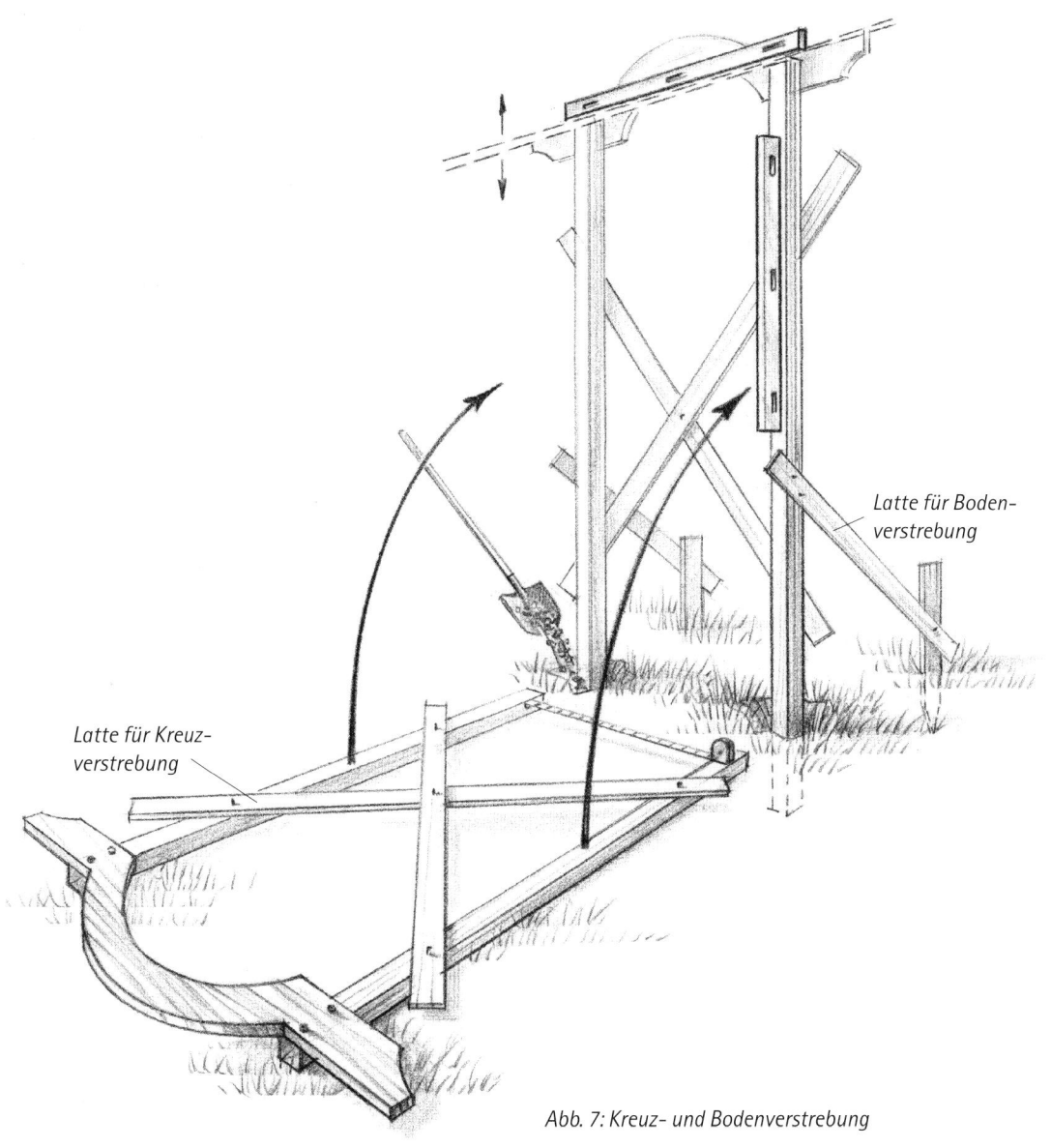

Latte für Bodenverstrebung

Latte für Kreuzverstrebung

Abb. 7: Kreuz- und Bodenverstrebung

Sind die Pfosten in ihre Löcher eingesetzt, werden sie mit Latten im Boden verankert, damit sie beim Anbringen weiterer Bauteile und bis zum Auffüllen der Löcher mit Erde senkrecht stehen bleiben. Eine solche Bodenverstrebung wird aus einer etwa 90 cm langen, 2 cm starken und 9 cm breiten Holzlatte und einem etwa 60 cm langen Absteckpfahl mit dem Querschnitt 2×9 cm zusammengebaut. Spitzen Sie das untere Ende des Absteckpfahls mit dem Beil zu und schlagen Sie das angespitzte Ende mit dem Hammer in den Boden. Schrauben Sie ein Ende der Leiste mit einigen 65 mm langen Schrauben zwischen unterem und mittlerem Drittel des Pfostens fest. Befestigen Sie dann das andere Ende mit 50 mm langen Schrauben am Absteckpfahl. Halten Sie das Senkblei an den Pfosten und vergewissern Sie sich, dass die Konstruktion senkrecht steht. Für eine typische Pergola braucht man insgesamt zwei Bodenverstrebungen. Um einen einzelnen Pfosten standfest zu machen, muss man jede Seite des Pfostens zweifach im Boden verankern. Die Verstrebungen müssen eventuell noch einmal abgenommen werden, wenn Sie die Pfosten zum Höhenausgleich anheben müssen oder in der letzten Bauphase nochmals das Lot prüfen.

Die Oberflächenbehandlung

Das endgültige Aussehen des Rankgerüsts hängt nicht nur von Ihrer persönlichen Vorliebe für Farbe und Art der Oberflächenbehandlung, sondern vor allem vom Material ab, aus dem die Konstruktion besteht.

Wählen Sie für Ihr Projekt naturbelassenes Holz (siehe S. 13, Holz mit natürlichem Fäulnisschutz), können Sie die Beize oder Farbe sofort, d.h. entweder vor der Montage der Einzelteile oder unmittelbar nach dem Aufstellen des Rankgerüstes auftragen. Das ist vor allem dann günstig, wenn Sie Ihr Werk gleich in voller Pracht und Farbe sehen möchten. Verarbeiten Sie druckimprägniertes Holz, müssen Sie das Gerüst erst rund ein Jahr lang auswittern lassen, bevor Sie es nach Herzenslust beizen oder farbig anstreichen können.

Für Gartenbauten aus Holz gibt es drei wichtige Arten der Oberflächenbehandlung, die das Holz unterschiedlich stark vor Schäden durch Sonneneinstrahlung, Feuchtigkeit, Pilze und andere Organismen schützen und sich mehr oder weniger stark auf das natürliche Aussehen des Holzes auswirken. *Klare Penetriermittel* sind farblos und ändern das natürliche Aussehen des Holzes

Farbe verdeckt Holzfehler und verwandelt jedes Rankgerüst in einen Blickfang.

kaum. Diese Holztränkungsmittel werden oftmals als Wetterschutz auf Flachdächer und Brüstungen aufgetragen. Sie sind einfach anzuwenden, da sie in das Holz eindringen und da auch neues Holz ohne aufwändige Vorbereitung damit behandelt werden kann. Der Nachteil von Penetriermitteln besteht darin, dass sie dem Holz weniger Schutz bieten als andere Anstrichmaterialien. Achten Sie darauf, dass Sie ein farbloses Mittel zum Versiegeln der Holzoberfläche und nicht etwa einen Schleif-

grund kaufen, der als Unterlage für weitere Deckschichten aufgetragen wird.

Holzbeizen für außen, die zur Oberflächenbehandlung von Außenbauten bestimmt sind, verleihen dem Holz eine gedämpfte Farbigkeit und eignen sich ausgezeichnet zum Auftragen auf sägeraue Flächen. Diese Beizen dringen genau wie farblose Penetriermittel in ihren Untergrund ein und hinterlassen so ihre Farbe selbst in den Nischen und Ritzen unregelmäßiger Holzflächen. Holzbeizen schützen nicht nur

Pergolen mit eleganten, erhabenen Linien sehen am schönsten mit einem farbigen Anstrich aus.

vor den Elementen, sondern sind auch in unterschiedlichen Farbtönen erhältlich. So können Sie all Ihre Gartenbauten farblich auf Ihr Haus und die Gesamtgestaltung des Gartens abstimmen. Beizmittel sind darüber hinaus einfach anzuwenden. Da das Holz vor dem Beizen nicht grundiert werden muss, kann man den Anstrich sofort auftragen. Holzbeize wird sowohl auf Wasserbasis als auch auf Ölbasis hergestellt. Beide Arten tun ihre Wirkung; Beize auf Wasserbasis lässt sich allerdings einfacher handhaben. Hellere Holzbeizen sind durchscheinend, können daher Holzfehler nicht unsichtbar machen und verwittern auch nicht. Dunkelfarbige Beizen kommen mit ihrer Deckkraft den Farben näher; sie enthalten mehr Feststoffe und halten länger. Da Beizmittel jedoch ins Holz eindringen und keine geschlossene Anstrichschicht bilden, können auch sie eventuell vorhandene Holzdefekte nicht überdecken.

Farbe, die teurer und nicht so mühelos anwendbar wie Holzbeize ist, eignet sich am besten zur Behandlung glatter Flächen. Farbe ist allerdings ihr Geld wert, denn sie hält länger als andere Anstrichstoffe. Außerdem verbirgt sie im Gegensatz zu Beizmitteln Holzfehler, da sie auf der Oberfläche einen geschlossenen Film bildet. Vor dem Auftragen der deckenden Farbschicht muss das Holz allerdings grundiert werden. Grundierfarben dringen ins Holz ein, schaffen so einen Haftgrund für die Deckschicht und erleichtern das Auftragen des abschließenden Farbanstrichs.

Farben werden genau wie Holzbeizen sowohl auf Wasserbasis als auch auf Ölbasis produziert. Letztere sind kostspielig und müssen mit einem Lösungsmittel verdünnt werden, dessen Dämpfe giftig und brennbar sein können. Ölfarben sind jedoch effektiver als Dispersionsfarben, besonders dann, wenn damit ölhaltige Hölzer wie Zeder und Redwood behandelt werden, da die Ölanteile in der Farbe das Durchbluten der im Holz enthaltenen Extraktivstoffe verhindert. Farbe gibt es in unter-

schiedlichen Glanzstufen – von matt und halbmatt bis glänzend. Im Allgemeinen gilt, dass der Farbüberzug umso dauerhafter ist, je stärker er glänzt.

Denken Sie bitte stets daran, dass jeder Anstrich regelmäßige Pflege braucht. Sie müssen Ihre Holzkonstruktion für den Garten in der Regel also einmal pro Jahr streichen, damit sie immer wie neu aussieht. In dieser Hinsicht ist Farbe der aufwändigste Holzschutz, denn Sie müssen die Oberfläche zunächst abschleifen um vor dem Neuanstrich sämtliche abblätternde Farbreste zu entfernen. Ins Holz eindringende Schutzmittel wie beispielsweise Holzbeize brauchen lediglich einen sauberen Untergrund; als Vorbereitung für einen neuen Anstrich reicht es also völlig aus, das Holz mit einer Bürste oder einem festen Kunststoffschwamm kurz abzuschrubben. Es empfiehlt sich anhand der Herstellerangaben die Dauerhaftigkeit eines Anstriches und den erforderlichen Pflegeaufwand zu ermitteln, bevor man sich für ein bestimmtes Holzschutzmittel entscheidet.

Eine weitere Möglichkeit ist die, auf einen Anstrich zu verzichten und die Holzbauten für den Garten auf natürliche Weise verwittern zu lassen. Natürlich hält Ihr Rankgerüst dann nicht so lange, doch letzten Endes sind alle hölzernen Außenbauten dem Wirken der Natur ausgesetzt und bestehen nicht ewig. Vielleicht begeistert Sie ja auch der Umstand, dass Sie nach dem Bau der Konstruktion keine Arbeit mit deren Pflege mehr haben, und Sie erfreuen sich am natürlichen Aussehen und an den Schattierungen und Farbtönen des verwitterten Holzes.

Die Auswahl der Pflanzen

Was kommt zuerst – das Rankgerüst oder die Pflanzen, die daran wachsen sollen? Die Frage ist nicht so leicht zu beantworten, denn zwischen Kletterpflanzen einerseits und Rundbögen, Pergolen und Spalieren andererseits, besteht eine sehr enge „Partnerschaft".

In diesem Abschnitt finden Sie einige Tipps, die Ihnen bei der Auswahl der richtigen Rankpflanzen für Ihren Garten helfen

Hier sehen Sie, dass Sorgen wegen eventueller Mängel an Ihrem Rankgerüst völlig überflüssig sind. Die wüchsige Kletterpflanze überdeckt alle Fehler mit ihren schönen Trompetenblüten.

sollen. Dort, wo es der Platz erlaubte, haben wir die Buchseiten mit Fotografien von Pflanzen ausgestattet, die für die vorgestellten Rankgerüste geeignet sind.

Kletterpflanzen stecken alle Kraft in ihre Belaubung. Ihre Stängel bleiben daher schwach, und die Gewächse brauchen eine geeignete Stütze, an der sie emporranken können. Jasmin und Geißblatt beispielsweise besitzen windende Triebe, für die Pfosten und ähnliche Kletterhilfen jedoch zu breit sind, die an einem schmalen gerippten Spalier hingegen sehr gut zurechtkommen. Weinreben und andere Pflanzen mit Ranken (speziellen Klammerorganen am Ende der Triebe oder Blätter) tasten ihr Umfeld so lange ab, bis sie einen Halt gefunden haben; sie können sowohl an senkrechten als auch an waagerechten Flächen wachsen. Andere Pflanzen wie das Fortune-Pfaffenhütchen (*Euonymus fortunei*) klettern mit Hilfe kleiner Haftwurzeln. Sie müssen nur am Anfang aufgeleitet werden, später verschneidet man sie bei Bedarf. Rosen sind von Natur aus übrigens keine Kletterer; sie haken ihre Stacheln in Rankhilfen ein, müssen aber zum Emporwachsen erzogen werden.

Gemüse oder Blumen: Bestimmte Gemüsearten wie Bohnen und Erbsen werden meistens an Spalieren gezogen, doch Sie können zwischen diese Gewächse natürlich auch üppig blühende Kapuzinerkresse säen. Falls es nicht gerade um die faszinierende Helmbohne (*Dolichos lablab*) mit ihren prächtigen purpurroten Fruchthülsen geht, eignen sich für ausgesprochene Blühpflanzen eher Rundbögen und Pergolen.

Leicht oder schwer: Zierliche Rankgitter eignen sich für „Leichtgewichte" wie die Prunkwinde. Die Last schwerer Pflanzen wie z. B. vielblütiger Kaskadenrosen kann hingegen nur von großen, stabilen Rundbögen oder Pergolen getragen werden.

Duft: Gerade die angenehmen Blumendüfte eines Gartens regen viele Menschen dazu an ein Rankgerüst zu bauen. Die drei Superstars unter den Pflanzen mit duftenden Blüten sind Rose, Blauregen und Geißblatt.

Clematis-Hybride 'Lady Betty Balfour'

Schnell oder langsam: Viele der beliebtesten Kletterpflanzen sind schnellwüchsig. Dazu gehören einjährige Arten wie Kapuzinerkresse und Prunkwinde sowie die mehrjährigen Klimmer Waldrebe und Kletterhortensie.

Begrünt oder kahl: Die meisten Pflanzen blühen nur eine Saison lang. Da sich die meisten Menschen vor allem im Sommer in ihren Gärten aufhalten, sind Sommerblüher wie Rosen und Jasmin am beliebtesten. Zu den im Frühjahr blühenden Kletterern gehört die Berg-Waldrebe *(Clematis montana)* mit ihrem herrlichen rosafarbenen Blütenflor. Im Herbst ist die hübsch blühende Schwarzäugige Susanne in Hochform. Soll Ihr Rankgerüst das ganze Jahr über begrünt sein, pflanzen Sie immergrüne Gewächse wie das Immergrüne Geißblatt. *Tipp:*

Mandevilla 'Moonlight Parfait'

Setzen Sie an Ihr Rankgerüst mehrere Pflanzen, die zu unterschiedlichen Zeiten blühen; zusammen mit den Immergrünen geben sie dem Gerüst das ganze Jahr über Farbe.

Tag- oder Nachtblüher: Die meisten Kletterpflanzen sind Tagblüher; einige wenige, wie z. B. der nachtblütige Jasmin, bevorzugen das Mondlicht.

Sonne oder Schatten: Die meisten Kletterpflanzen sind Sonnenanbeter. Aus-nahmen sind die Kletterhortensie und einige andere Waldpflanzen; sie gedeihen gut im Schatten.

Farbe: Strahlendes Gelb, loderndes Blutrot, Königspurpur, Himmelblau – die Farbenpalette der Kletterpflanzen ist nahezu endlos. Selbst bei blütenlosen oder unauffällig blühenden Gewächsen wie dem Efeu gibt es buntlaubige Arten.

Paradestücke: Die auffälligsten, prächtigsten Blüten finden Sie bei Clematis-Hybriden, Blauregen und Rosen. Am frühesten von diesen drei Kletterern blüht Clematis; Blauregen eignet sich nur für große, stabile Rankgerüste; Rosen sind jedermanns Lieblinge, ganz gleich, wie viel Pflege sie brauchen.

Kulturbedingungen: Die auffällige Bougainvillea, die Sie vielleicht auf Fotos aus dem Mittelmeerraum gesehen haben, mag Ihnen noch so sehr gefallen; wenn Sie im Gebirge wohnen, können Sie die Pflanze nicht in Ihren Garten setzen. Machen Sie sich also mit den Vegetationsbedingungen Ihrer Gegend vertraut und lassen Sie sich in der örtlichen Baumschule oder von Gartennachbarn beraten.

Pflegeaufwand: Auch wenn Kletter- und Schlingpflanzen nicht nur unmittelbar vor Ihrer Haustür wachsen, können sie ohne Ihre Hilfe nicht überleben. Sie alle müssen gewässert, gemulcht, hin und wieder gedüngt, verschnitten und für ihr fabelhaftes Aussehen gelobt werden.

Wie oft bepflanzen: Was fangen Sie mit einem Rankgerüst aus druckimprägniertem Holz an, das vor dem Anstreichen erst noch auswittern muss? Begnügen Sie sich zunächst mit einer schnellwüchsigen einjährigen Kletterpflanze. Ist deren Saison vorüber, lassen Sie das Gerüst noch unbedeckt stehen, streichen es nach dem Auswittern und begrünen es dann mit einer mehrjährigen Kletterpflanze.

Kletterrose 'Cecile Brunner'

Passionsblume 'Lavender Lady'

Clematis-Hybride 'Nelly Moser'

Geißblatt 'Goldflame'

PROJEKTE AUS SCHNITTHOLZ

Pyramidenspalier mit glänzender Spitze

Bearbeiteter Entwurf von Olivier Rollin

Dieses transportable Spalier hat wie die alten ägyptischen Pyramiden vier Seiten. Unsere Version ist einfach zu bauen, da wir anstelle der komplizierten, passgenauen Schrägen eine dekorative, in der Sonne glänzende Haube aus Metall auf die Pyramidenspitze gesetzt haben. Das Kupfer oder Zinn für diesen Schmuck muss nicht unbedingt fabrikneu sein; auch ein Stück altes oder gar rostiges Material eignet sich dafür.

Das brauchen Sie:

Werkzeug-Grundausrüstung
Zusätzliche Werkzeuge
- 2,5-mm-Bohrer zum Vorbohren für 30 und 65 mm lange Holzschrauben
- 3-mm-Bohrer zum Vorbohren für 75 mm lange Holzschrauben
- Schraubendrehereinsatz
- Ahle oder anderes spitzes Werkzeug
- Blechschere

Materialien und Hilfsmittel
- Einige lange, breite Gummibänder
- Zierkugel für die Pyramidenspitze (optional)
- 1 Platte leichtes Kupfer oder Zinn, Abmessungen 35,5 × 40,5 cm
- Holzrest, Abmessungen 2 × 9 × 30 cm

Kleineisenwaren
- 12 Leichtbaunägel, Größe 1,5 × 25 mm
- 0,5 kg Holzschrauben für den Außenbau, Länge 50 mm
- 1 kleines Paket Holzschrauben für den Außenbau, Länge 75 mm

Schnittliste

Buchstabe	Bezeichnung	Menge	Abmessung
A	Eckstrebe	4	3,8 × 3,8 × 229 cm
B	Mittelstrebe	4	3,8 × 3,8 × 198 cm
C	Quersteg	24	1,9 × 3,8 cm, aus 8 Leisten à 250 cm zurechtsägen

Zwei Kletterpflanzen an ein und demselben Rankgerüst sehen immer wunderbar üppig und luxuriös aus. Hier bilden Rosen und Geißblatt ein schönes Duo.

Anleitung

Sägen und Anreißen der Teile

1. Sägen Sie mit Ausnahme der Querstege alle Teile (siehe Abb. 1) auf Länge. Die Querstege werden erst auf Länge gebracht, wenn sie an das Spalier genagelt sind.

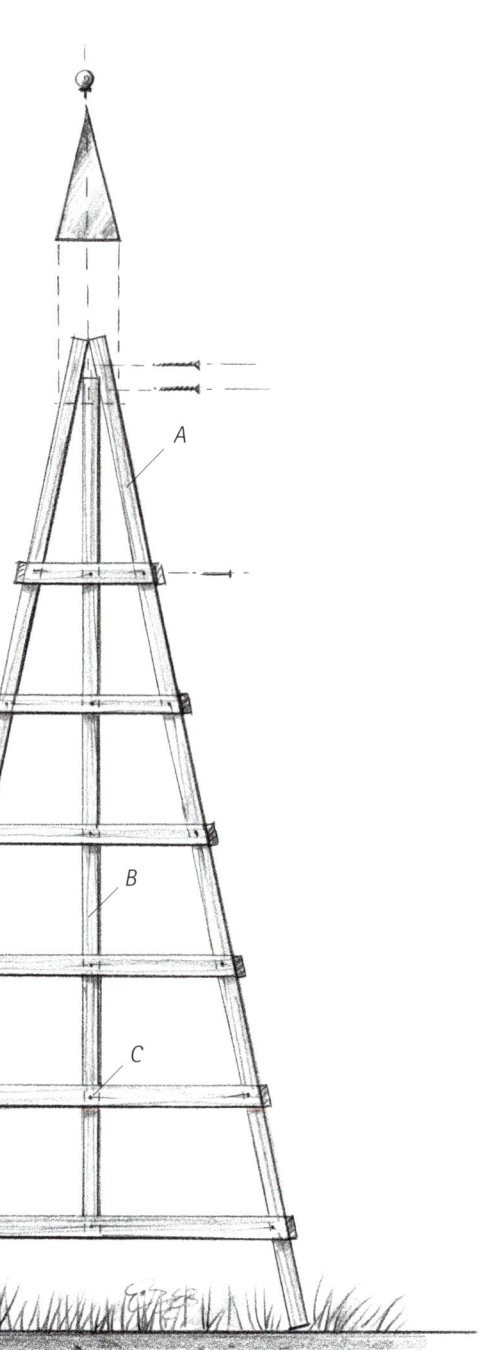

Abb. 1: Pyramidenspalier mit glänzender Spitze

2. Messen Sie vom unteren Ende einer Eckstrebe (A) insgesamt sechs Abschnitte von jeweils 25 cm Länge ab und reißen Sie die Stellen an. Legen Sie die übrigen drei Eckstreben neben die erste und übertragen Sie die Markierungen mit Hilfe des Universalwinkels.

Bau der Seitenteile

3. Suchen Sie sich eine große, ebene Arbeitsfläche (z.B. Hof oder Grundstückseinfahrt). Legen Sie zwei Eckstreben (A) mit den angerissenen Seiten nach oben so aus, dass die oberen Enden genau miteinander abschließen (siehe Abb. 2). Spannen Sie die oberen Enden provisorisch mit Gummibändern zusammen (siehe Abb. 3). Rücken Sie die unteren Enden auf einen Abstand von 96,5 cm auseinander.

4. Legen Sie eine der Leisten für die Querstege (C) mit der Oberkante an der untersten Markierung auf die beiden provisorisch verbundenen Eckstreben. Lassen Sie ein Leistenende an einer der Eckstreben etwa 2,5 cm überstehen. Befestigen Sie den Quersteg an dieser Stelle. Bohren Sie dazu ein Führungsloch vor und drehen Sie durch das Loch eine 50 mm lange Schraube bis in die Eckstrebe ein. Schrauben Sie auf die gleiche Weise die andere Seite der Leiste an die zweite Eckstrebe; prüfen Sie zuvor, ob der Abstand zwischen den beiden Eckstreben noch immer 96,5 cm beträgt. Sägen Sie mit dem Fuchsschwanz das überstehende Holz des Quersteges bündig zur Eckstrebe ab; benutzen Sie dabei die Außenkante der Strebe als Führung. Sägen Sie genau so das andere, länger überstehende Ende des Quersteges ab. Legen Sie den Holzrest für später beiseite. Messen Sie mit dem Bandmaß die Mitte des verschraubten Quersteges ab und markieren Sie die Stelle mit Bleistift.

5. Legen Sie die Mittelstrebe (B) zwischen die beiden Eckstreben; schieben Sie das obere Ende so weit wie möglich zwischen die beiden Streben. Richten Sie das untere Ende an der Mittelmarkierung des untersten Quersteges mittig aus. Verbinden Sie das untere Ende der Mittelstrebe mit dem Quersteg; bohren Sie dazu ein Führungsloch vor und drehen Sie eine 50 mm lange Schraube ein.

6. Liegt die Mittelstrebe richtig, bohren Sie in die oberen Enden der Eckstreben Führungslöcher und verbinden die Eckstreben durch 75 mm lange Schrauben mit der Mittelstrebe (siehe Abb. 3). Nehmen Sie die Gummibänder ab, bohren Sie an der Stelle ein Führungsloch vor und drehen Sie eine weitere 75 mm lange Schraube ein, die die beiden Eckstreben miteinander verbindet.

7. Befestigen Sie nun die übrigen Querstege. Nehmen Sie den Holzrest von dem ersten Quersteg (siehe Punkt 4) zur Hand. Legen Sie dessen Oberkante an den nächsten beiden Markierungen auf die Eckstreben; die bereits angesägte Kante muss bündig mit der Außenkante einer der Eckstreben abschließen. Bohren Sie ein Führungsloch vor und befestigen Sie den Holzrest mit einer 50 mm langen Schraube an Ort und Stelle. Sägen Sie dann das andere Ende mit dem Fuchsschwanz bündig zur zweiten Eckstrebe ab.

8. Nageln Sie die noch fehlenden Querstege an die Eckstreben. Verwenden Sie dazu den Rest des zweiten Quersteges und/oder eine neue Leiste. Sägen Sie die Enden stets bündig zur Eckstrebe ab.

9. Bauen Sie die zweite Seite zusammen. Wiederholen Sie dazu die Arbeitsschritte 3 – 8. Sie haben nun zwei komplette Seitenteile für Ihr Pyramidenspalier.

Montage der Pyramide

10. Jetzt brauchen Sie einen Helfer. Stellen Sie sich auf die Stufenleiter und halten Sie die beiden fertigen Seitenteile so, dass sie an der Spitze zusammenstehen. Verbinden Sie die oberen Enden der beiden Seiten provisorisch mit Gummibändern. Setzen Sie die unteren Enden der Eckstreben im Abstand von 96,5 cm auseinander. Stehen die beiden Seitenteile richtig, bohren Sie in die oberen

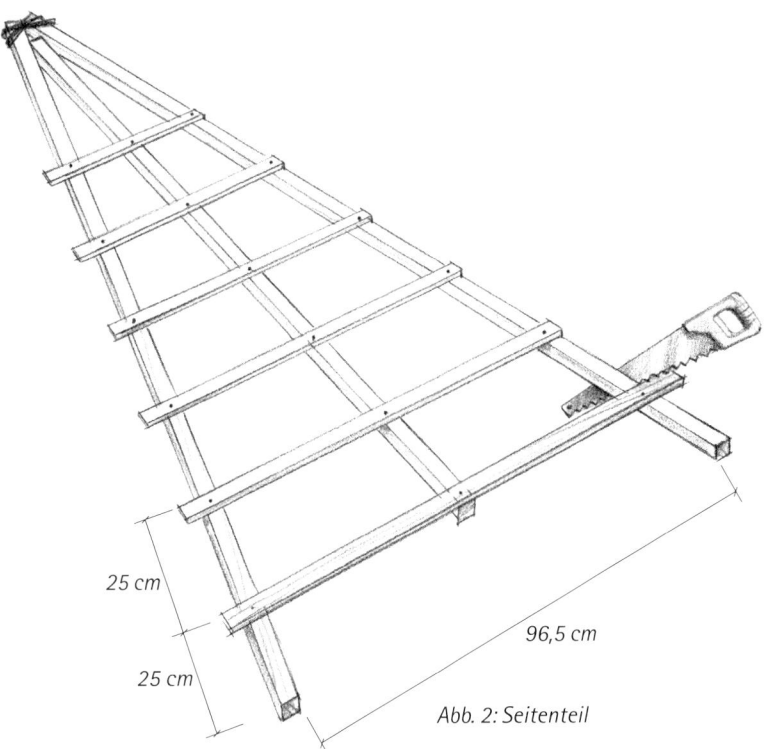

25 cm

25 cm

96,5 cm

Abb. 2: Seitenteil

Enden der Eckstreben Führungslöcher. Drehen Sie in die Führungslöcher 75 cm lange Schrauben ein und verbinden Sie so die beiden Seitenteile miteinander. Nehmen Sie die Gummibänder ab.

11. Ihr Helfer muss nun die Konstruktion festhalten, während Sie daran arbeiten. Bringen Sie an den beiden offenen Pyramidenseiten die restlichen Querstege (C) und die beiden Mittelstreben (B) an. Wiederholen Sie dazu die Arbeitsschritte 4 und 5. Richten Sie die Leisten für die noch fehlenden Querstege an den bereits befestigten Querstegen aus und sägen Sie sie an den Enden passend und bündig mit den Eckstreben ab.

12. Stabilisieren Sie die Verbindung an der Pyramidenspitze mit einigen weiteren 75 mm langen Schrauben. Die Verbindung muss fest und haltbar sein, braucht aber nicht unbedingt perfekt auszusehen, denn die Spitze wird später unter einer Zierhaube versteckt.

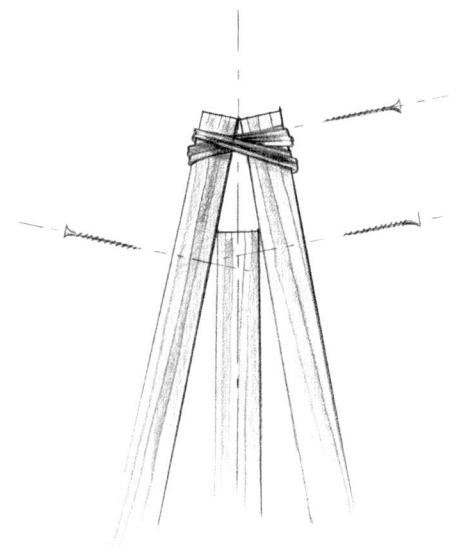

Abb. 3: Das Verschrauben der Spitze

Die Zierhaube

13. Reißen Sie auf Ihrer Blechplatte alle Schnitt- und Biegelinien an (s. Abb. 4). Ziehen Sie dazu mit dem Bogenzirkel oder dem Schnurzirkel (siehe S. 16) auf der Platte einen Kreisbogen mit 30,5 cm Radius. Markieren Sie mit dem Bogenzirkel, an einem Ende beginnend, auf der Bogenlinie fünf Punkte im Abstand von jeweils 15,2 cm. Verbinden Sie diese Punkte mit dem Zentrum des Kreisbogens und ziehen Sie fünf gerade Linien, die den Bogen in vier gleich große Abschnitte teilen (siehe Abb. 4). Reißen Sie zum Schluss an der Oberkante jedes Abschnittes sowie an der Seitenkante eines der beiden äußeren Abschnitte jeweils einen 1,3 cm breiten Rand an.

14. Schneiden Sie die Form entlang der Risslinien mit der Blechschere aus.

15. Legen Sie die ausgeschnittene Blechform auf die Werkbank, auf ein Stück Sperrholz oder auf eine andere feste Unterlage und biegen Sie die vier 1,3 cm breiten Ränder mit einigen Hammerschlägen auf die vier Abschnitte um; die so entstandenen „Säume" sollen den Zierhaubenrand stabilisieren. Biegen Sie den längeren Rand an der seitlichen Außenkante mit einigen Hammerschlägen über einem Stück Abfallholz um 90°.

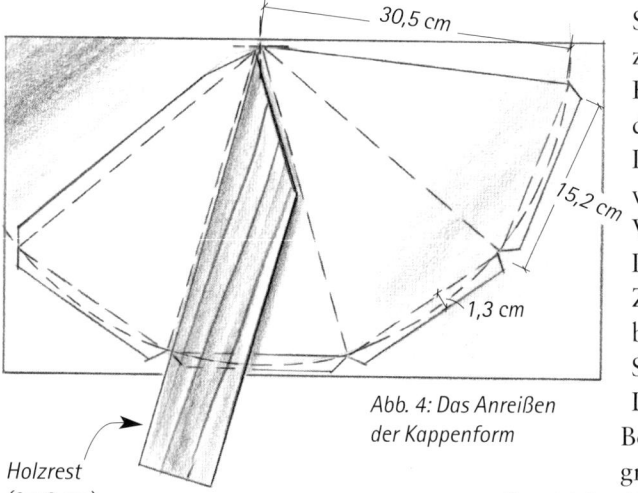

30,5 cm

15,2 cm

1,3 cm

Abb. 4: Das Anreißen der Kappenform

Holzrest (2 x 9 cm)

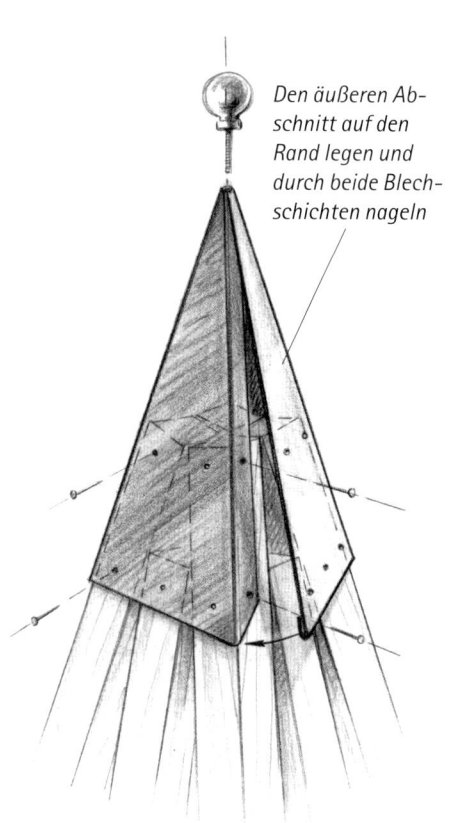

Den äußeren Abschnitt auf den Rand legen und durch beide Blechschichten nageln

Abb. 5: Das Aufsetzen der Zierhaube

16. Schrägen Sie ein Ende eines Holzrestes (2 × 9 cm) im Winkel von etwa 25° steil an. Legen Sie das Holz mit einer Kante an eine Anrisslinie Ihrer Blechform (siehe Abb. 4). Klemmen Sie den Holzrest mit zwei Bügelzwingen am Blech fest. Biegen Sie das Blech entlang der Risslinie mit einigen Hammerschlägen um etwa 90° nach oben. Nehmen Sie den Holzrest ab, spannen Sie ihn nacheinander an den nächsten Risslinien fest und biegen Sie die übrigen drei Abschnitte ebenfalls um 90°. Das fertig gebogene Blech muss einen seitlichen Rand haben, der unter den angrenzenden Abschnitt passt, und an der Spitze der Blechkappe muss eine kleine Öffnung geblieben sein, in die dann die Zierkugel eingesetzt wird.

17. Abb. 5 zeigt, wie die Blechhaube auf die Pyramidenspitze aufgesetzt wird. Sitzt die Kappe richtig an Ort und Stelle, befestigen Sie sie mit 25 mm langen Leichtbaunägeln an den Eck- und den Mittelstreben. Durchbohren Sie das Blech mit der Ahle oder einem anderen spitzen Werkzeug, ehe Sie die Nägel einschlagen. Besteht die Haube aus Kupferblech, verwenden Sie nach Möglichkeit auch Kupfernägel.

18. Versehen Sie die Haubenspitze mit einer Zierkugel. Streichen Sie dazu etwas Silikonkleber in die Öffnung, setzen Sie den Zapfen oder Bolzen des Zierelements in das Loch und lassen Sie den Kleber abbinden.

19. Sitzt die Zierkugel fest, stellen Sie das Pyramidenspalier mit einem Helfer an einem Standort Ihrer Wahl auf. Sagt Ihnen dieser Platz nicht mehr zu, tragen Sie die Pyramide einfach an eine andere Stelle.

TRADITIONELLES FÄCHERSPALIER

Bearbeiteter Entwurf von Olivier Rollin

Dieses traditionelle Fächerspalier beschwört nostalgische Bilder von Cottage-Gärten und Krocketspielen auf dem Rasen herauf. Wir haben das klassische Design vereinfacht, indem wir die Anzahl der Querstreben verringert und die Enden der Streben nicht angeschrägt und nebeneinander gesetzt, sondern ohne Schrägen aufeinander genagelt haben.

Das brauchen Sie:

Werkzeug-Grundausrüstung
Zusätzliche Werkzeuge
- 0,75-mm-Bohrer zum Vorbohren für Nägel der Größe 3×50 mm und 3,5×65 mm

Materialien und Hilfsmittel
- 9 Leisten für das Gitter, Abmessungen 0,6×3,8×245 cm, für Längs- und Querstreben
- Holzreste für 2 Unterlegklötze, Querschnitt 4×9 cm, Länge etwa 30 cm

Kleineisenwaren
- 0,25 kg Nägel, Größe 3×50 mm
- 1 Nagel, Größe 3,5×65 mm
- Einige Schrauben oder Nägel zum Befestigen des Spaliers an der Mauer

Anleitung

Zusammenbauen der Längsstreben

1. Messen Sie an sieben Leisten für die Längsstreben des Spaliers jeweils 183 cm ab und sägen Sie die Leisten mit dem Fuchsschwanz auf Länge.

2. Reißen Sie auf der Vorderseite einer Längsstrebe die in Abb. 1 dargestellten Linien an.

3. Legen Sie alle sieben Längsstreben mit der markierten Strebe zuoberst genau übereinander. Bohren Sie 20,3 cm vom unteren Ende in die Mitte der ersten Markierung (siehe Abb. 2) ein Führungsloch durch den ganzen Leistenstapel hindurch. In dieses Loch wird nachher der 65 mm lange Nagel als Drehpunkt eingesetzt.

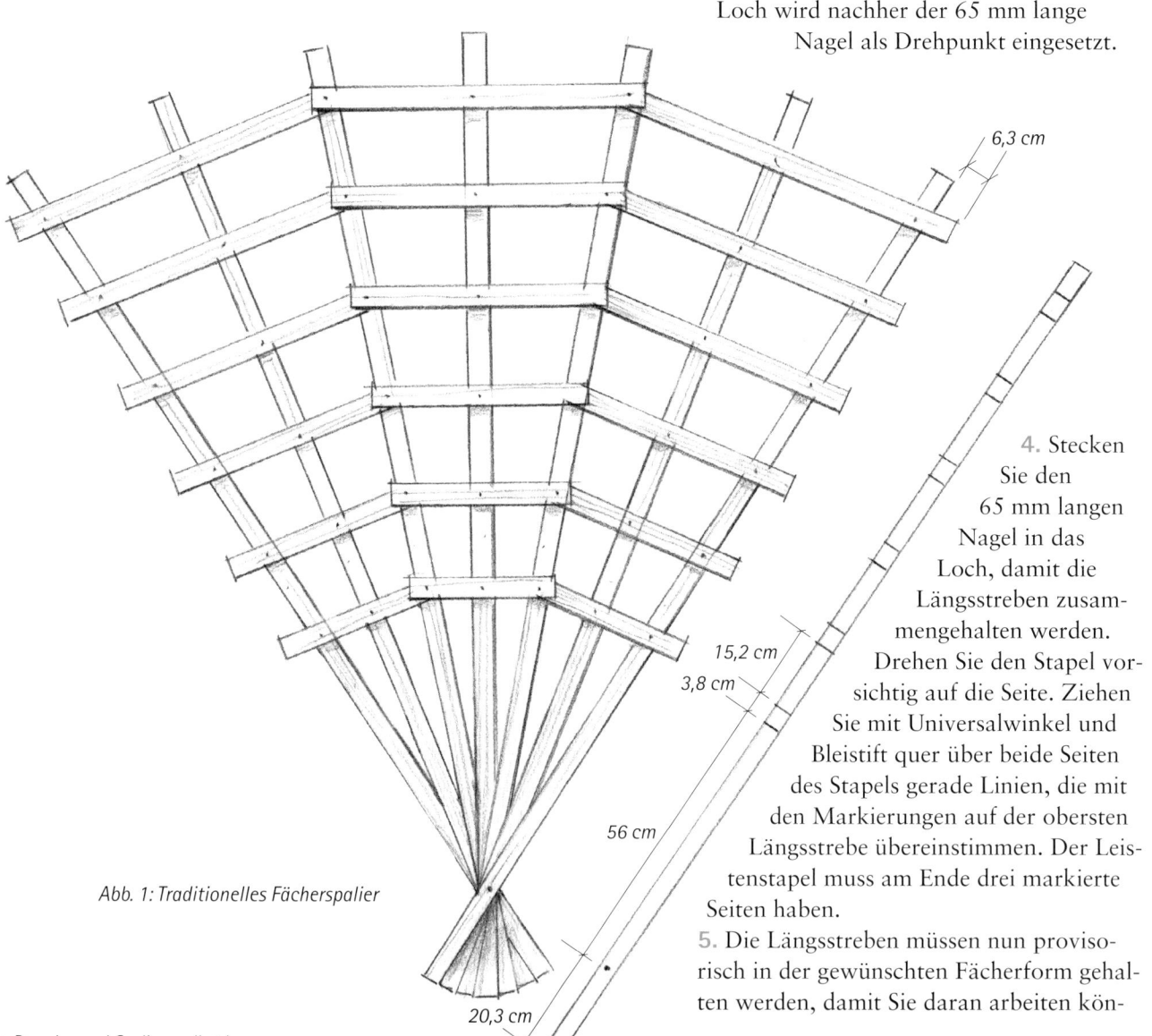

6,3 cm

15,2 cm

3,8 cm

56 cm

Abb. 1: Traditionelles Fächerspalier

20,3 cm

4. Stecken Sie den 65 mm langen Nagel in das Loch, damit die Längsstreben zusammengehalten werden. Drehen Sie den Stapel vorsichtig auf die Seite. Ziehen Sie mit Universalwinkel und Bleistift quer über beide Seiten des Stapels gerade Linien, die mit den Markierungen auf der obersten Längsstrebe übereinstimmen. Der Leistenstapel muss am Ende drei markierte Seiten haben.

5. Die Längsstreben müssen nun provisorisch in der gewünschten Fächerform gehalten werden, damit Sie daran arbeiten kön-

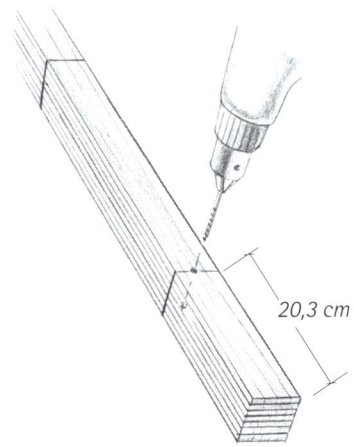

Abb. 2: Ausbohren des Drehpunktes

20,3 cm

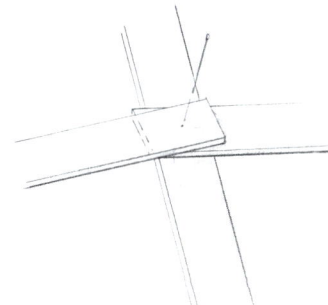

Abb. 3: Verbindungsstelle mit überlappenden Querstreben

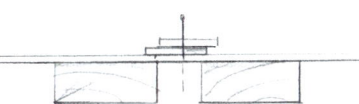

Abb. 4: Nageln mit Unterlegklötzen

nen. Drehen Sie dazu den Leistenstapel wieder mit der Vorderseite nach oben und legen Sie ihn auf eine ebene Arbeitsfläche wie z.B. eine Sperrholzplatte oder einen Gartentisch, der zum Einschlagen von Nägeln nicht zu schade ist. Schlagen Sie den 65 mm langen Nagel in die Arbeitsfläche ein und befestigen Sie so das eine Ende des Leistenstapels. Schieben Sie die einzelnen Leisten um den Drehpunkt herum zu einem Fächer auseinander (siehe Abb. 1). Die Abstände zwischen den oberen Enden der Längsstreben müssen 30,5 cm betragen. Heften Sie die oberen Enden mit 50 mm langen Nägeln an der Arbeitsfläche fest.

Befestigen der Querstreben

6. Als nächstes werden die Querstreben zurechtgesägt und an den Markierungen auf den Längsstreben befestigt. Stellen Sie immer erst eine Reihe fertig, ehe Sie mit der nächsten beginnen. Messen Sie die Querstreben so lang ab, dass sie an den Längsstreben etwas überstehen. Lassen Sie die Querstreben an den beiden äußeren Längsstreben etwa 4 cm überstehen (siehe Abb. 1). Treffen zwei Querstreben an einer Längsstrebe zusammen, muss die zweite Querstrebe so lang zugeschnitten werden, dass sie die erste überlappt (siehe Abb. 3). Da die Längsstreben am unteren Fächer-

ende aufeinandergestapelt sind, liegen manche Querstreben etwas erhöht; drücken Sie sie beim Annageln einfach auf die Arbeitsfläche nieder. Keine Sorge, sie sind biegsam und zerbrechen dabei nicht.

7. Versehen Sie alle Verbindungsstellen mit Führungslöchern für Nägel der Größe 3 × 50 mm. Schlagen Sie die Nägel zunächst nur so weit ein, dass sie durch die Verbindungen hindurchgehen, aber nicht tief in die Arbeitsfläche eindringen. Sind alle Verbindungen genagelt, heben Sie den Fächer vorsichtig an. Schieben Sie Unterlegklötze unter die Verbindungsstellen und schlagen Sie die Nägel vollständig ein (siehe Abb. 4).

8. Drehen Sie den Fächer vorsichtig um (Vorsicht, Nagelspitzen!) und schlagen Sie die vorstehenden Nägel mit dem Hammer um. Das Durchnageln stabilisiert die Verbindungen.

Das Befestigen des Spaliers

9. Befestigen Sie das Spalier mit passenden Schrauben oder Nägeln an der vorgesehenen Stelle. Spaliere bringen übrigens ein großes Problem mit sich – ihr reizvolles Aussehen. Sie werden sich also kaum mit nur einer solchen Kletterhilfe begnügen wollen. Bauen Sie mehrere davon und verzieren Sie Ihren Zaun mit einem ganzen Fächerballett!

Wer nicht so lange warten kann, bis echte Kletterpflanzen die Wand schmücken, malt sich die Blüten inzwischen mit Farbe auf das Spalier und den Hintergrund.

VERANDASPALIER

Bearbeiteter Entwurf von Olivier Rollin

Schaffen Sie sich etwas Abgeschiedenheit und Schatten und genießen Sie dennoch den Gartenblick und den angenehmen Aufenthalt im Freien.
Für das Projekt brauchen Sie keine Werkstatt; Sie können das hübsche Spalier nämlich direkt auf Ihrer Veranda bauen.

Das brauchen Sie:

Werkzeug-Grundausrüstung
Zusätzliche Werkzeuge
- 2,5-mm-Bohrer zum Vorbohren für 15 mm und 20 mm lange Schrauben
- Stichsäge
- Kreissäge (optional)

Materialien und Hilfsmittel
- Kreppband
- Nassfester Holzleim
- 8 Winkeleisen (Größe abhängig vom Abstand zwischen Spalierrahmen und Mauer)
- Festes Packpapier, Breite ca. 90 cm

Kleineisenwaren
- 0,5 kg Holzschrauben für Außenbau, Länge 15 mm
- 0,5 kg Holzschrauben für den Außenbau, Länge 20 mm
- 0,5 kg Holzschrauben für den Außenbau, Länge 30 mm

Schnittliste

Buchstabe	Bezeichnung	Menge	Abmessung	Material
A	Bogen	1	Innenradius 26 cm, Außenradius 29,8 cm	Sperrholzplatte 1,9×5,1×122 cm
B	Eckverstärkung	10	1,9×3,8×10,2 cm	Sperrholzrest vom Bogen
C	Rahmen			8 Leisten 1,9×3,8×250 cm für die Teile C-1 bis C-5
C-1	Obere Querstrebe	1	1,9×3,8×170,2 cm	
C-2	Senkrechtleiste	2	1,9×3,8×228,6 cm	
C-3	Senkrechtleiste für Aussparung	2	1,9×3,8×151,1 cm	
C-4	Untere Querstrebe	2	1,9×3,8×50,8 cm	
C-5	Mittlere Senkrechtleiste	1	1,9×3,8×54,6 cm	
D	Gitterleisten	55	0,6×3,8 cm, passend auf Länge sägen	20 Leisten 0,6×3,8×250 cm

Zur Beachtung: Da das Spalier durch die Verandadecke geschützt ist, brauchen Sie kein druckimprägniertes Holz zu verwenden. Chemisch unbehandeltes Material können Sie sofort mit einem Anstrich versehen, ohne das Auswittern des Holzes abwarten zu müssen. Möchten Sie die Einzelteile noch vor dem Zusammenbau streichen, denken Sie daran, alle Stellen, die ohne Farbe oder Beize geblieben sind, nach der Montage nachzustreichen.

Das Spalier ist für eine Verandaseite bestimmt und soll genau zwischen die Hauswand und den Eckpfeiler oder die Begrenzungsmauer der Veranda passen. Die Schnittliste bezieht sich auf ein 167,6 cm breites und 228,6 cm hohes Spalier; ändern Sie die Abmessungen entsprechend der Größe Ihrer Veranda. Bauen Sie den Spalierrahmen so, dass er ausreichend Abstand zu den Wänden, dem Fußboden, der Decke und den Säulen hat, damit Sie die Konstruktion etwas anheben und einpassen können. Ein Zwischenraum von 1,3 cm auf jeder Rahmenseite dürfte dafür genügen. Berücksichtigen Sie also beim Festlegen der Rahmenmaße beispielsweise zwischen Fußboden und Decke einen Freiraum von 2,6 cm.

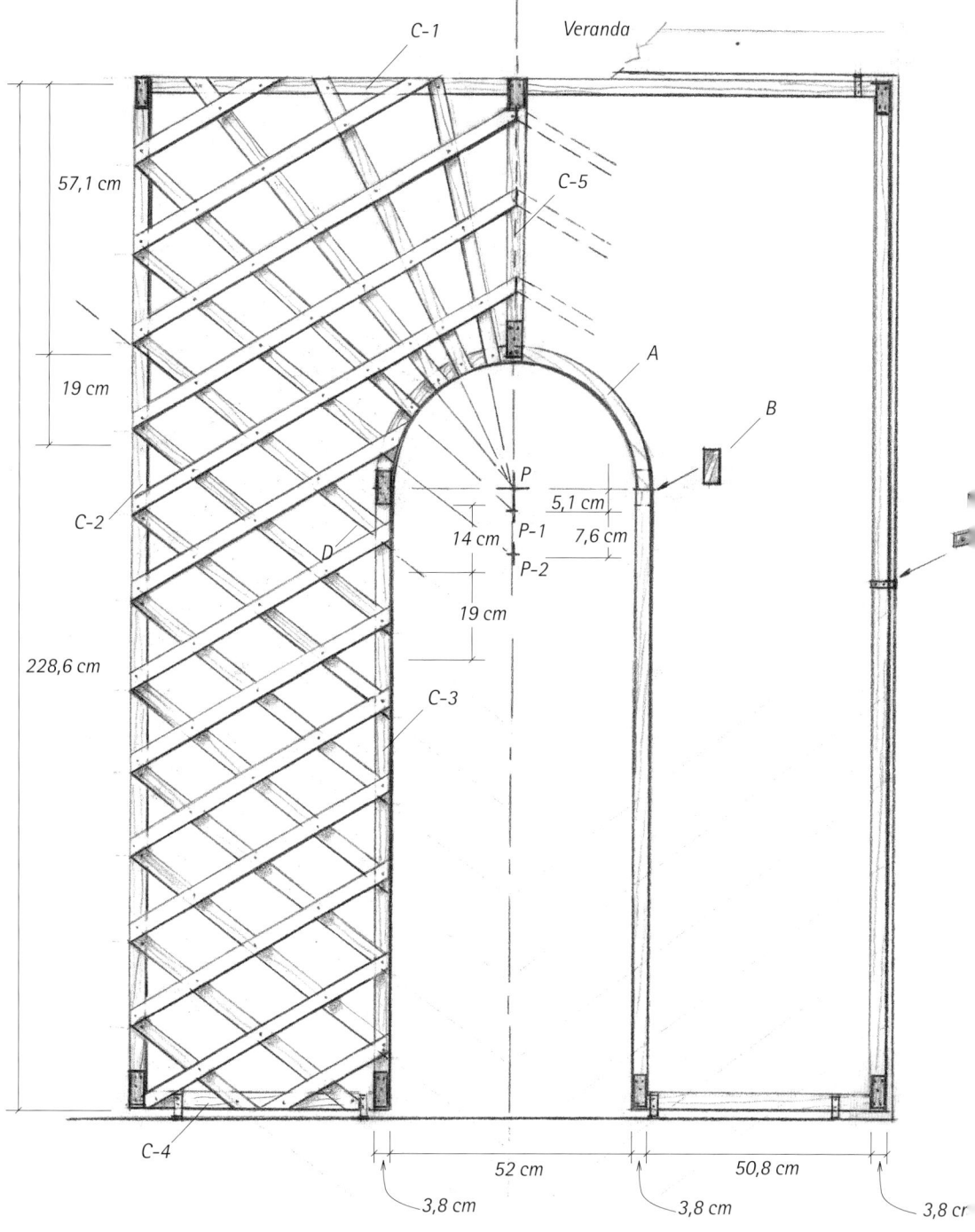

Abb. 1: Verandaspalier

Anleitung

Vorbeiten der Arbeitsfläche

1. Legen Sie den Verandaboden mit zwei etwa 3 m langen Bahnen festen Packpapiers aus; diese Unterlage erleichtert Ihnen die Arbeit und schützt den Fußboden. Kleben Sie die Bahnen mit Kreppband aneinander und befestigen Sie die Außenränder der Papierbahnen ebenfalls mit Kreppband am Verandaboden. Die Ansatzlinie der beiden Papierbahnen dient Ihnen später beim Zusammenbau des Spaliers als Orientierung.

Anfertigen des Bogens

2. Lesen Sie nochmals den Abschnitt über das Arbeiten mit einem selbst gefertigten Stangenzirkel nach (siehe S. 16). Zeichnen Sie den Innen- und den Außenradius des Bogens (A) auf die Sperrholzplatte auf. Sägen Sie die Bogenform mit der Stichsäge aus und legen Sie die Form beiseite.

Eckverstärkungen und Rahmenleisten

3. Messen Sie auf dem Sperrholzrest zehn Eckverstärkungen (B) ab und sägen Sie diese mit dem Fuchsschwanz oder der Kreissäge aus.

4. Sägen Sie alle Rahmenteile (C-1 bis C 5) auf Länge. Messen und sägen Sie die längeren Teile jeweils von einer Leiste in Originallänge ab und verwenden Sie den Leistenrest dann für ein kürzeres Teil.

Zusammenbau des Rahmens

5. Legen Sie alle bisher zugeschnittenen Teile – Bogen (A), Eckverstärkungen (B) und Rahmenteile (C) – großzügig angeordnet auf dem Packpapier (siehe Abb. 2) aus. Bei den Rahmenverbindungen handelt es sich ausschließlich um Stoßverbindungen, die durch die Eckverstärkungen stabilisiert werden (siehe Abb. 3).

6. Setzen Sie aus den ausgelegten Einzelteilen der Reihe nach die einzelnen Verbindungen zusammen. Gehen Sie dabei am besten in der Reihenfolge Außenrahmen – mittlere Teile – Bogen (A) –mittlere Senkrechtleiste (C-5) vor. Bestreichen Sie die

Verbindungsstellen mit Holzleim. Befestigen Sie an einem der Verbindungsteile eine Eckverstärkung; bohren Sie dazu zwei Führungslöcher vor und drehen Sie 30 mm lange Schrauben durch das Sperrholz hindurch bis in das Verbindungsteil. Legen Sie das zweite Verbindungsteil unter die Eckverstärkung und spannen Sie es mit einer Bügelzwinge fest. Prüfen Sie die Verbindung mit dem Zimmermannswinkel auf Rechtwinkligkeit. Bohren Sie zwei Führungslöcher vor und fixieren Sie die Verbindung mit 30 mm langen Schrauben. Wischen Sie allen überschüssigen Leim ab und nehmen Sie die Bügelzwinge ab. Stellen Sie auf die gleiche Weise die übrigen Verbindungen her. Hat der Spalierrahmen Gestalt angenommen, prüfen Sie, ob er gerade und rechtwinklig ist; benutzen Sie dabei die Mittellinie der Papierunterlage als Bezugslinie. Lassen Sie den Leim trocknen.

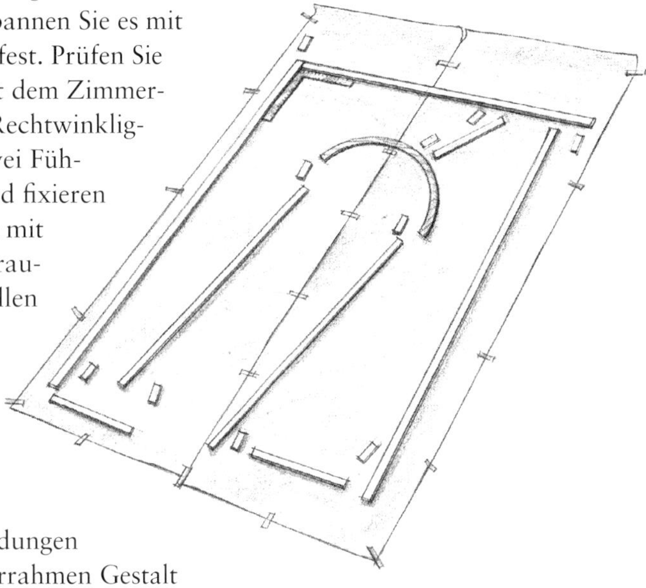

Abb. 2: Auslegen der Rahmenteile

Befestigen der Gitterleisten (untere Lage)

7. Ordnen Sie die Gitterleisten (D) zunächst auf einer Rahmenhälfte an (siehe Abb. 1). Beginnen Sie mit der unteren Lage, d.h. mit den Leisten, deren Enden direkt auf dem Rahmen aufliegen. Markieren Sie zunächst an der Außenkante der einen Senkrechtleiste (C-2) 57,1 cm von der Oberkante des Rahmens einen Punkt. Markieren Sie an der Innenkante der zugehörigen Senkrechtleiste für die Aussparung (C-3) 14 cm vom unteren Ende des Bogens einen weiteren Punkt an (siehe Abb. 1). Reißen Sie von diesen beiden Punkten bis zur Unterkante des Rahmens auf beiden Senkrechtleisten Abstände von jeweils 19 cm an.

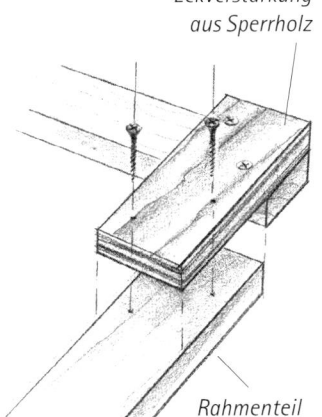

Eckverstärkung aus Sperrholz

Rahmenteil

Abb. 3: Stoßverbindung mit Eckverstärkung

8. Legen Sie die erste schräge Gitterleiste (D) mit der Oberkante an die obersten Markierungen, die Sie in Arbeitsschritt 7 angezeichnet haben (siehe Abb. 1). Sägen Sie die Leiste grob auf Länge, so dass beide Enden an den Senkrechtstreben leicht überstehen. (Die Gitterleisten werden später bündig mit dem Rahmen abgesägt.) Bohren Sie dort, wo die Gitterleisten auf einer Senkrechtstrebe aufliegen, ein Führungsloch vor und drehen Sie eine 20 mm lange Schraube durch die Gitterleiste in die Senkrechtstrebe ein. Sägen Sie danach die zweite Gitterleiste wieder grob auf Länge und setzen Sie sie unterhalb der ersten Leiste an der zweiten Markierung auf die Senkrechtstreben. Bohren Sie wie zuvor zwei Führungslöcher vor und befestigen Sie die Leiste mit zwei 20 mm langen Schrauben. Wiederholen Sie das Ganze, bis Sie die Unterkante des Spalierrahmens erreicht haben.

9. Bringen Sie nun die restlichen fünf Gitterleisten (D) am oberen Spalierteil an. Legen Sie sie in gleichmäßigen Abständen so auf, dass sie einen Fächer bilden (siehe Abb. 1). Arbeiten Sie dabei nach Augenmaß oder nehmen Sie bei der Positionierung der obersten drei Leisten den Mittelpunkt des Bogens (in Abb. 1 mit P bezeichnet) zu Hilfe. Markieren Sie dazu das Bogenzentrum auf der Papierunterlage, spannen Sie dann ein Stück Schnur straff von der Mitte über den Rahmen und markieren Sie auf der oberen Querstrebe (C-1) drei gleiche Abstände. Befestigen Sie die drei Gitterleisten an den Markierungen. Bestimmen Sie die Position der restlichen beiden Gitterleisten mit Hilfe der Mittelpunkte P-1 und P-2 (siehe Abb. 1) wie oben beschrieben.

10. Sägen Sie für die mittlere Senkrechtstrebe (C-5) ein Stück Gitterleiste zurecht, das genau zwischen die obere und die untere Eckverstärkung (B) passt; die Leiste soll als Ausgleich für die Stärke der unteren Gitterleistenlage dienen. Bohren Sie Führungslöcher vor, bestreichen Sie die zu verbindenden Flächen mit Holzleim und befes-

tigen Sie die passgenaue Gitterleiste mit 20 mm langen Schrauben auf der Strebe. Damit ist die untere Leistenlage für die erste Hälfte des Spaliers fertig.

11. Befestigen Sie auch an der anderen Seite die untere Leistenlage. Wiederholen Sie dazu die Arbeitsschritte 7–11. Sägen Sie anschließend mit dem Fuchsschwanz oder der Kreissäge die nur grob auf Länge geschnittenen Leisten bündig mit dem Rahmen ab.

Befestigen der Gitterleisten (obere Lage)

12. Legen Sie die Gitterleisten der oberen Lage (D) dort an, wo sich die unteren Leisten mit dem Rahmen kreuzen. Beide Lagen müssen zusammen ein Rautenmuster bilden (siehe Abb. 1). Die Leisten der oberen Lage werden einfach parallel zueinander und in gleichen Abständen aufgelegt. Befestigen Sie die grob auf Länge geschnittenen Gitterleisten wie oben beschrieben und sägen Sie die fest sitzenden Leisten danach bündig mit dem Rahmen ab. Befestigen Sie die oben liegenden Gitterleisten dort, wo sie direkt auf dem Rahmen aufliegen, mit 20 mm langen Schrauben; drehen Sie dort, wo sich am Rahmen eine Leiste der oberen und eine Leiste der unteren Lage überschneiden, 15 mm lange Schrauben ein. Befestigen Sie diese Lage anschließend mit Holzleim und 30 mm langen Holzschrauben am Rahmen. Verbinden Sie die Gitterleisten der unteren und der oberen Lage an ihren Kreuzungspunkten mit 15 mm langen Schrauben. Legen Sie beim Verschrauben der Verbindungen zum Gegendrücken einen Holzrest (1,9 × 3,8 cm) unter.

13. An der mittleren Senkrechtstrebe (C-5) werden sechs Gitterleisten angebracht. Schrägen Sie die Leisten an einem Ende mit dem Fuchsschwanz an, so dass sie in der Mitte des Spaliers auf Gehrung aneinander sitzen. Prüfen Sie die Passgenauigkeit der Winkelverbindungen, bevor Sie die Leisten am Rahmen befestigen.

Einbau des Spaliers

14. Legen Sie dort, wo das Spalier montiert werden soll, die Wasserwaage an und ziehen Sie auf der Mauer eine genau senkrechte Linie. Ziehen Sie auf der Mauer oder Säule gegenüber eine zweite genau senkrechte Linie. Befestigen Sie in der Mitte jeder Linie ein Winkeleisen. Verbinden Sie die unteren Enden der beiden Senkrechten mit einer Linie auf dem Fußboden. Ziehen Sie dann an der Decke eine Verbindungslinie zwischen den oberen Enden der Senkrechten. Befestigen Sie auf der oberen Linie zwei und auf der unteren Linie vier Winkeleisen. (Die Lage der Winkeleisen wird aus Abb. 1 ersichtlich.) Die Art der Schrauben oder Maueranker, mit denen Sie die Winkeleisen befestigen, hängt vom Material Ihrer Wände und Pfosten ab. Insgesamt müssen Sie acht Winkeleisen angebracht haben.

15. Stellen Sie zusammen mit einem Helfer das Spalier an die Winkeleisen. Der Fußboden Ihrer Veranda ist wahrscheinlich leicht geneigt, damit das Regenwasser ablaufen kann. Legen Sie deshalb als Ausgleich kleine Holzklötze unterschiedlicher Stärke unter den Spalierrahmen, damit dessen Unterkante in die Waagerechte gehoben wird und das Spalier parallel zur Wand steht.

16. Während Ihr Helfer das Spalier an Ort und Stelle hält, bohren Sie überall dort, wo der Spalierrahmen festgeschraubt werden soll, Führungslöcher vor und drehen durch die Winkeleisen hindurch 20 mm lange Schrauben in den Rand des Spalierrahmens ein. Entfernen Sie die Unterleghölzer. Ziehen Sie sich einen Sessel mit bequemen Kissen heran und lassen Sie sich den ganzen Sommer lang von der Brise abkühlen, die sacht durch Ihr Verandaspalier weht.

Abwandlung
KLEINE SPALIERWAND

Dieser einfache Sichtschutz eignet sich gut für eine kleine Veranda. Sägen Sie sämtliche Einzelteile auf Maß. Nageln oder schrauben Sie den Außenrahmen aus drei Rechteckleisten (4 x 9 cm) – eine wird an der Hauswand befestigt – und einem stabilen Außenpfosten (9 x 9 cm) zusammen. Setzen Sie ein fertiges Spalierteil aus 6 mm starken Leisten in einen Innenrahmen aus acht Leisten (2 x 4 cm) und nageln Sie das Ganze an den Außenrahmen.

ART-DECO-SPALIER

Entwurf von Mark Strom

Leisten über Leisten! Schenken Sie Ihrem Garten eine tolle Spalierskulptur mit einem geometrischen Design, dessen Vorbild der unverkennbare Art-deco-Stil ist.

Das brauchen Sie:

Werkzeug-Grundausrüstung
Zusätzliche Werkzeuge
- 1,2-mm-Bohrer zum Vorbohren für Nägel der Größe 2,5×40 mm
- 1,5-mm-Bohrer zum Vorbohren für Nägel der Größe 3×50 mm
- 3-mm-Bohrer zum Vorbohren für 75 mm lange Schrauben
- Stichsäge oder Laubsäge mit fein gezahntem Blatt

Materialien und Hilfsmittel
- 1 Stück Pappe, Abmessungen 61×61 cm

Kleineisenwaren
- 2,3 kg Drahtstifte, Größe 2,5×40 mm
- 32 Drahtstifte, Größe 3×50 mm
- 12 Holzschrauben für den Außenbau, Länge 75 mm

Schnittliste

Buchstabe	Bezeichnung	Menge	Abmessungen
A	Rahmenholz	2	9×9×260 cm
B	Querstrebe	8	3,8×3,8×122 cm
C	Abstandhalter	2	1,9×3,8×122 cm
D	Senkrechtstrebe	6	1,9×3,8×244 cm
E	Gebogene Leiste	4	1,9×3,8×122 cm
F	Kurzer Abstandhalter	4	1,9×3,8×91,5 cm
G	Spalierleiste 1	5	1,9×3,8×71 cm
H	Spalierleiste 2	16	1,9×3,8×45,5 cm
I	Spalierleiste 3	16	1,9×3,8×18 cm
J	Spalierleiste 4	2	1,9×3,8×27,5 cm
K	Spalierleiste 5	2	1,9×3,8×20,5 cm
L	Pfahl	2	3,8×3,8×183 cm

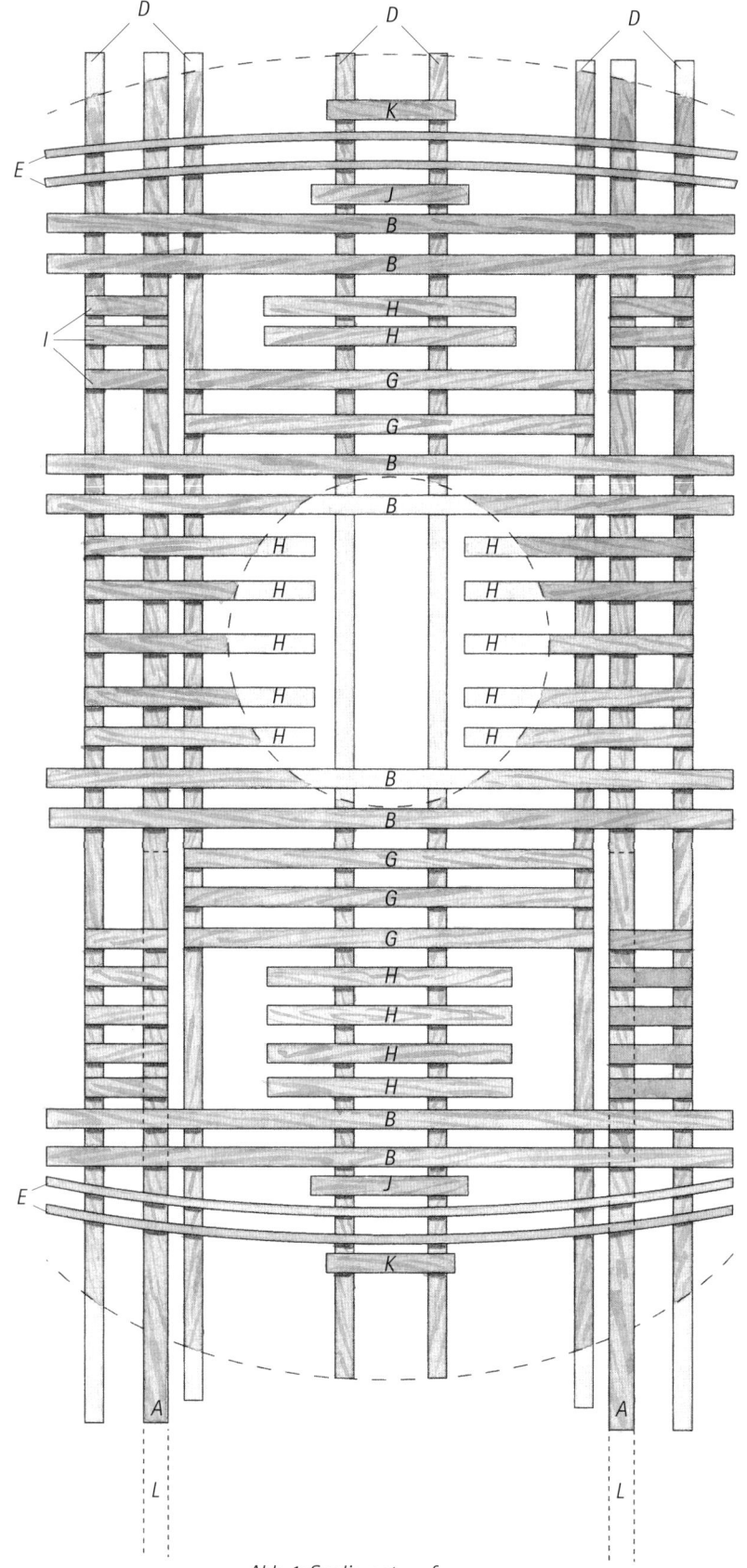

Abb. 1: Spalierentwurf

Anleitung
Zuschneiden der Teile

1. Sägen Sie alle Teile des Spaliers auf Länge; achten Sie darauf, dass das Holz für die längsten Teile wirklich gerade ist.

2. Messen Sie von den unteren Enden der Rahmenhölzer (A) 44 cm und 112,5 cm, von den oberen Enden 23 cm und 66,5 cm sowie an den Querstreben (B) von jedem Ende 12,5 cm ab und reißen Sie an diesen Punkten jeweils eine Linie an.

Zusammenbau der Rahmenhölzer und Querstreben

3. Legen Sie die Rahmenhölzer (A) parallel zueinander hin. Legen Sie zwei Querstreben (B) mit der Unterkante an die unteren Markierungen (44 bzw. 112,5 cm) und zwei mit der Oberkante an die oberen Markierungen (23 bzw. 66,5 cm) der Rahmenhölzer. Rücken Sie die Querstreben so zurecht, dass die Markierungen (12,5 cm) an der Außenkante der Rahmenhölzer sitzen. Befestigen Sie die Querstreben danach mit drei Drahtstiften der Größe 2 × 30 mm je Verbindungsstelle an den Rahmenhölzern. (So werden alle senkrecht stehenden Bauteile dieses Projekts befestigt.)

4. Setzen Sie einen Abstandhalter (C), der kein Bauteil des fertigen Spaliers ist, mit der Breitseite nach unten genau unter die Querstrebe (B), die Sie an der obersten Markierung (23 cm) angebracht haben. Setzen Sie einen weiteren Abstandhalter unter die bei 66,5 cm befestigte Querstrebe. Legen Sie dicht unter die Abstandhalter eine Querstrebe; die Enden der Querstreben müssen an den Rahmenhölzern jeweils 12,5 cm überstehen. Befestigen Sie die beiden Querstreben an den Rahmenhölzern (A) und entfernen Sie die Abstandhalter.

5. Setzen Sie einen Abstandhalter (C) genau oberhalb der Querstrebe (B), die Sie an der untersten Markierung angebracht haben, und einen weiteren Abstandhalter (C) genau oberhalb der nächsten Querstrebe (bei 112,5 cm) an. Legen Sie dann dicht oberhalb der Abstandhalter je eine Quer-

strebe an, befestigen diese wie oben beschrieben und entfernen die Abstandhalter wieder.

6. Drehen Sie das Gerüst um, so dass die Rahmenhölzer (A) nach oben zeigen.

Befestigen der Senkrechtstreben

7. Messen Sie von der Außenkante der Rahmenhölzer (A) aus 5 cm auf jeder Querstrebe (B) ab und markieren Sie die Stellen.

8. Legen Sie eine Senkrechtstrebe (D) mit der Innenkante an die 5-cm-Markierungen. Legen Sie eine zweite Senkrechtstrebe auf die andere Seite des Gerüsts; richten Sie auch diese Strebe an den 5-cm-Markierungen auf den Querstreben aus. Rücken Sie die beiden Senkrechtstreben so, dass ihre Enden mit denen der Rahmenhölzer (A) in einer Flucht liegen. Nageln Sie beide Senkrechtstreben fest.

9. Setzen Sie je einen Abstandhalter (C) mit der Breitseite nach unten an die Innenkante der Rahmenhölzer (A). Legen Sie je eine Senkrechtstrebe (D) mit der Außenkante an die Innenkante der Abstandhalter. Richten Sie die Senkrechtstreben so aus, dass deren obere Enden 2,5 cm höher als die Enden der Rahmenhölzer liegen. (Ihre oberen Enden sollen die oberste Querstrebe (B) um 25 cm überragen.) Nageln Sie beide Senkrechtstreben fest und entfernen Sie die Abstandhalter.

10. Messen Sie von der Innenkante der beiden Senkrechtstreben (D), die Sie soeben am Gerüst befestigt haben, auf jeder Querstrebe (B) 25 cm ab und markieren Sie die Stellen.

11. Legen Sie die beiden übrigen Senkrechtstreben (D) mit der Außenkante an den 25-cm-Markierungen auf die Querstreben (B); diese beiden mittleren Senkrechtstreben müssen etwa 10 cm Abstand voneinander haben. Rücken Sie die beiden Streben so zurecht, dass sie 30,5 cm über der obersten Querstrebe enden und nageln Sie sie fest.

Befestigen der gebogenen Leisten

12. Drehen Sie das Gerüst erneut um, so dass die Querstreben (B) oben liegen.

13. Setzen Sie die kurzen Abstandhalter (F) hochkant und mit einem Ende an der oberen Querstrebe (B) an die beiden mittleren Senkrechtstreben (D). Legen Sie eine Leiste (E) hochkant und quer über die Senkrechtstreben (D) und drücken Sie sie gegen die kurzen Abstandhalter. An dieser Stelle ist die Leiste noch gerade, ihre Enden müssen mit den Enden der Querstreben in einer Flucht liegen.

14. Legen Sie, ehe Sie mit dem Bohren und Nageln beginnen, einen Holzrest (Querschnitt 1,9 × 3,8 cm) unter die Senkrechtstreben (D). Bohren Sie in die Schmalseite der Leiste (E) zwei Führungslöcher vor, die mittig über den Kreuzungspunkten der Leiste mit den beiden mittleren Senkrechtstreben liegen. Schlagen Sie durch die Löcher je einen Drahtstift der Größe 3 × 50 mm in die mittleren Senkrechtstreben ein. Versenken Sie die Nagelköpfe.

15. Setzen Sie zur Markierung eines 3,8 cm breiten Abstands je einen Abstandhalter (C) genau an der Oberkante der obersten Querstrebe (B) auf die beiden äußeren Senkrechtstreben (D). Spannen Sie ein Ende der Leiste E in ihrer jetzigen Position mit einer Bügelzwinge an der äußeren Senkrechtstrebe fest. Biegen Sie das andere Ende der Leiste bis an den Abstandhalter. Spannen Sie das Ende der gebogenen Leiste mit einer Bügelzwinge am Abstandhalter und am Ende der Querstrebe fest.

16. Nehmen Sie die Zwinge am ersten Leistenende ab, biegen Sie die Leiste (E) und spannen Sie sie am anderen Abstandhalter und am Ende der Querstrebe (B) fest.

17. Bohren Sie durch die Schmalseite der gebogenen Leiste (E) in die entgegengesetzten Richtungen an jeder Verbindungsstelle zwei schräg verlaufende Führungslöcher vor, die knapp bis in die Rahmenhölzer (A) und die Senkrechtstreben (D) – auch in die mittleren Senkrechtstreben – reichen.

Die immergrüne Waldrebe wächst rasch und eignet sich sehr gut als Kletterpflanze für Spaliere. Sie bringt im Frühjahr duftende sternförmige Blüten hervor.

Schlagen Sie in die Führungslöcher Nägel der Größe 3×50 mm ein und versenken Sie die Nagelköpfe gut. Nehmen Sie die Bügelzwingen ab und entfernen Sie die Abstandhalter.

18. Positionieren Sie mit Hilfe eines Abstandhalters (C) eine zweite Leiste (E) 3,8 cm oberhalb der ersten und zwingen Sie sie fest. Befestigen Sie die Leiste analog Arbeitsschritt 17 an den Rahmenhölzern (A) und den Senkrechtstreben (D).

19. Bringen Sie die beiden anderen Leisten (E) unterhalb der unteren Querstrebe (B) an; wiederholen Sie dazu die Arbeitsschritte 13 – 18.

Befestigen der Spalierleisten

20. Befestigen Sie zunächst die fünf 71 cm langen Spalierleisten (G) an den mittleren und inneren Senkrechtstreben (D). Ordnen Sie die Leisten wie in Abb. 1 an und nehmen Sie dabei einen Abstandhalter (C) zu Hilfe. Achten Sie darauf, dass die Leisten mittig auf den Senkrechtstreben und die Leistenenden fluchtgerecht liegen.

21. In Abb. 1 auf Seite 50 sehen Sie vier 45,5 cm lange Leisten (H), die mittig auf den mittleren Senkrechtstreben (D) in der unteren Spalierhälfte liegen. Nageln Sie die oberen drei Leisten an Ort und Stelle; nehmen Sie dazu wieder den Abstandhalter zu Hilfe und arbeiten Sie von oben nach unten. Setzen Sie die vierte (und unterste) Leiste genau zwischen die dritte Leiste und die Querstrebe (B).

22. Befestigen Sie nun die beiden Leisten (H) in der oberen Spalierhälfte. Setzen Sie dazu zunächst den Abstandhalter (C) auf die oberste der 71 cm langen Leisten (G), legen Sie dicht daran die erste Leiste (H) und nageln Sie diese fest. Setzen Sie den Abstandhalter hochkant genau an die Kante der Leiste, die Sie soeben befestigt haben. Legen Sie dann die zweite Leiste (H) an den Abstandhalter und nageln Sie sie an die vorgesehene Stelle.

23. In der Spaliermitte sind zehn 45,5 cm lange Leisten (H) an den äußersten und mittleren Senkrechtstreben (D) sowie an den Rahmenhölzern (A) befestigt. Arbeiten Sie auch hier von oben nach unten und setzen Sie stets den Abstandhalter ein. Befestigen Sie zunächst an beiden Spalierseiten die beiden oberen und dann die beiden unteren Leisten. Richten Sie die Leistenenden an der Seite so aus, dass sie mit der Außenkante der äußeren Senkrechtstreben bündig abschließen. Legen Sie die restlichen beiden Leisten in die Mitte des verbliebenen Zwischenraums und nageln Sie sie fest.

24. Befestigen Sie nun alle 18 cm langen Leisten (I) an den Senkrechtstreben (D) und an den Rahmenhölzern (A). Richten Sie diese Leisten an der jeweils links bzw. rechts befestigten Leiste aus.

25. Nageln Sie im oberen und im unteren Teil des Spaliers mittig zwischen der Querstrebe (B) und der darüber bzw. darunter liegenden gebogenen Leiste (E) je eine 27,5 cm lange Leiste (J) fest.

26. Setzen Sie einen kurzen Abstandhalter (F) hochkant an die oberste gebogene Leiste (E), legen Sie daran eine 20,5 cm lange Leiste (K) mittig auf die ganz innen liegenden Senkrechtstreben und nageln Sie sie fest. Befestigen Sie auf diese Weise die zweite Leiste (K) unterhalb der untersten gebogenen Leiste (E). (Beide Leisten (K) stehen an beiden Seiten der mittleren Senkrechtstreben über.)

Anreißen und Sägen der Rundungen

27. Zeichnen Sie auf die Pappe einen Kreis von 56 cm Durchmesser und schneiden Sie die Kreisfläche mit dem Mehrzweckmesser aus. Legen Sie den Pappkreis wie in Abb. 1 dargestellt in die Mitte des Spaliers und übertragen Sie die Kreislinie auf die Spalierleisten. Sägen Sie den Kreis anschließend mit der Stichsäge oder der Laubsäge aus.

28. Sägen Sie die Enden der vier äußeren Senkrechtstreben (D) und der beiden Rahmenhölzer (A) zu einem flachen Bogen zurecht (siehe obere gestrichelte Linie in

Abb. 1). Die beiden Senkrechtstreben in der Spaliermitte bleiben wie sie sind.

29. Sägen Sie alle sechs Senkrechtstreben (D) am unteren Ende des Spaliers zu einer Bogenlinie zurecht (siehe Abb. 1). Die beiden Rahmenhölzer (A) bleiben unverändert.

Aufstellen des Spaliers

30. Setzen Sie an die Rückseite der beiden Rahmenhölzer (A) je einen Pfahl (L); die Pfähle müssen 75 cm über das untere Ende der Rahmenhölzer hinausragen. Bohren Sie in gleichen Abständen jeweils sechs Führungslöcher vor und verschrauben Sie Pfahl und Rahmenholz mit 75 mm langen Holzschrauben.

31. Heben Sie für die beiden Pfähle (L) zwei 75 cm tiefe Löcher aus. Stellen Sie die unteren Pfahlenden in die Löcher und füllen Sie die Löcher wieder dicht mit Erde auf. Jetzt können Sie an einem bequemen Platz ausspannen und die Nachmittagssonne genießen, die durch das Spalier hindurch faszinierende Schatten auf die Wand wirft.

Zur Beachtung: Bei Außenbauten hält auch druckimprägniertes Holz nicht ewig, besonders dann, wenn es direkten Kontakt mit feuchtem Erdreich hat. Beginnen die in den Boden eingelassenen Pfähle zu faulen, graben Sie das Spalier einfach aus, schrauben die verrottenden Pfähle ab und ersetzen sie durch neue.

AUS DER GESCHICHTE
der Rundbögen, Pergolen und Spalier

Vor über 2000 Jahren begannen chinesische Bauern in einem Tal bei Turfan, einem alten Handelszentrum in Westchina, Wein anzubauen. Noch heute wachsen dort an tausenden Rankgerüsten kernlose helle Trauben, die zu erstklassigen Rosinen getrocknet werden.

Der Tyrann und spätere König von Syrakus, Hieron II. (306 bis 215 v.Chr.) besaß einen Garten voller Efeu und Weinreben, der auf dem Deck eines riesigen Schiffes angelegt war. Bei der gärtnerischen Gestaltung half ihm sein Verwandter, der griechische Mathematiker Archimedes, von dem der berühmte Ausruf „Heureka!" (Ich habe (es) gefunden!) stammt.

Die Gärten des mittelalterlichen Europa waren oftmals von spalierbedeckten Mauern umgeben. Die Wege in diesen Gärten widerspiegelten den Glauben, dass das Leben direkt zu Gott führt; sie waren stets gerade oder schnitten einander in Form eines Kreuzes.

Die traditionellen Gärten in den Ländern des Islam, deren Zentrum stets ein Springbrunnen bildete, zeigten gewundene Pfade, die oftmals zu kleinen, mit leuchtend bunten Fliesen ausgelegten Pavillons führten. Diese Pavillons traf man später unter der Bezeichnung *glorietta* in den Gärten Spaniens an.

Kronprinz Friedrich, der spätere preußische König Friedrich II., legte in seinem Wohnsitz Schloss Rheinsberg ein Weingartenlabyrinth an, in dessen Zentrum eine Statue des Bacchus stand. Das Labyrinth musste zum Schutz der Orangen- und Granatapfelbäume, die ebenfalls dort wuchsen, im Winter mit Glas abgedeckt werden.

Für die Aufführung des Stomp Dance, eines traditionellen religiösen Tanzes der Cherokee-Indianer, werden rund um das Feuer und die Tanzfläche stets sieben Bögen aus langen Stangen und Reisig aufgestellt. Jeder Bogen stellt einen der sieben Stämme dar.

GIEBELPERGOLA

Bearbeiteter Entwurf von Olivier Rollin

Das brauchen Sie:

Werkzeug-Grundausrüstung
Ausrüstung zum Graben
Zusätzliche Werkzeuge
- 2,5-mm-Bohrer zum Vorbohren für 65 mm lange Holzschrauben
- 3-mm-Bohrer zum Vorbohren für 100 mm lange Holzschrauben
- Kreissäge
Materialien und Hilfsmittel
- 2 Sperrholzplatten (Reste), Abmessungen etwa 1,9×30,5×30,5 cm
- Latten für Kreuzverstrebung
Kleineisenwaren
- 0,5 kg Holzschrauben für den Außenbau, Länge 65 mm
- 0,5 kg Holzschrauben für den Außenbau, Länge 75 mm
- 0,5 kg Holzschrauben für den Außenbau, Länge 90 mm
- 0,5 kg Holzschrauben für den Außenbau, Länge 100 mm

Zur Beachtung: Diese Pergola besteht aus zwei Pfosten-Giebel-Baueinheiten, die durch Querstreben miteinander verbunden werden. Bauen Sie zunächst die beiden Einheiten und setzen Sie die Pfosten und Giebel mit den Querstreben zu einer kompletten Pergola zusammen, bevor Sie die Konstruktion in die Pfostenlöcher einsetzen. Das provisorische Verankern im Boden entfällt bei diesem Projekt, da die Pergola als fertig montiertes Ganzes aufgestellt wird.

Diese Giebelpergola, die wie der Gipfel eines fernen Berges erscheint, lässt kleine Gärten in die Höhe streben. Zur Stabilisierung der Konstruktion haben wir quer über die Giebelform eine Strebe gesetzt; ein paar zusätzliche Querstreben sollen den Kletterpflanzen mehr Halt bieten.

Schnittliste

Buchstabe	Bezeichnung	Menge	Abmessungen
A	Giebelteil	4	9×9×96,5 cm
B	Zierstreben		
B-1	Untere Strebe	2	4×4×63,5 cm
B-2	Mittelstrebe	2	4×4×26,5 cm
C	Pfosten	4	9×9×270 cm
D	Querstrebe	20	4×4×91,5 cm

Erst die Zeit bringt ein Rankgerüst so richtig zur Wirkung. Kurz nach dem Aufbau sieht die Konstruktion noch recht kahl und schmucklos aus.

Sechs Monate später hat sich das Bild gewandelt. An der Pergola wächst eine Rose empor und rundum blühen noch andere Blumen.

der Pergola seitlich und parallel zueinander auflegen können. Setzen Sie die Querstreben an den markierten Stellen auf die Außenseiten der Pergolahälften, bohren Sie 5 cm von den Enden der Querstreben Führungslöcher vor und befestigen Sie die Querstreben mit 65 mm langen Schrauben an den Pfosten und Giebelteilen. Achten Sie darauf, dass die Enden der Querstreben mit den Außenkanten der Pfosten und der Giebelteile bündig abschließen.

Aufstellen der Pergola

14. Lesen Sie sich nochmals den Abschnitt über die Vorbereitung des Standortes (siehe S. 23) und über das Ausheben der Pfostenlöcher (siehe S. 26) durch; die richtigen Abmessungen finden Sie in Abb. 1 auf Seite 56. Heben Sie die vier Pfostenlöcher für Ihre Pergola aus.

15. Holen Sie wieder Ihre Helfer herbei. Stellen Sie die Pergola aufrecht hin und setzen Sie die Pfosten vorsichtig in die Löcher ein. Prüfen Sie mit der Wasserwaage, ob die Konstruktion genau senkrecht steht. Wenn nötig, regulieren Sie die Höhe der Pfosten, indem Sie auf den Grund der Pfostenlöcher noch etwas groben Kies oder Schotter schütten. Füllen Sie die Löcher rund um die Pfosten mit Erde auf und nehmen Sie dann die provisorische Kreuzverstrebung ab. Setzen Sie eine nicht zu rasch wachsende Pflanze an die Pergola.

Abwandlung

TÜRKISBLAUE GIEBELPERGOLA

Entwurf von
Antique Rose Emporium

Arbeiten Sie nach der Anleitung zum Bau der Giebelpergola und ändern Sie die Abmessungen passend zu Ihrem Entwurf. Verlängern Sie die Pfosten. Damit der Giebel spitzer wird, setzen Sie die Giebelteile weiter unten an. Setzen Sie auf die Giebelspitze ein Zierelement. Streichen Sie die Pergola in irgendeiner Regenbogenfarbe an und setzen Sie an das Rankgerüst üppig blühende Kletterpflanzen.

KUNSTHANDWERKLICHE PERGOLA

Bearbeiteter Entwurf von Olivier Rollin

Diese imposante Pergola hat etwas Robustes an sich, das jedem Garten einen besonderen Akzent verleiht. Wir haben die Seitengeländer bis zum Boden verlängert, damit an den Streben viele Blütenpflanzen wie an einem Spalier emporranken können.

Das brauchen Sie:

Werkzeug-Grundausrüstung
Ausrüstung zum Graben
Zusätzliche Werkzeuge
- 2,5-mm-Bohrer zum Vorbohren für 65 mm lange Holzschrauben
- 3-mm-Bohrer zum Vorbohren für 90 mm und 100 mm lange Holzschrauben
- 6-mm-Bohrer zum Vorbohren für 10-mm-Ankerschrauben
- Stichsäge
- Kreissäge (optional)

Materialien und Hilfsmittel
- Schmaler, biegsamer Holzstreifen, Stärke knapp 1 cm, Länge ca. 245 cm
- Latten für Bodenverstrebung
- Latten für Kreuzverstrebung

Kleineisenwaren
- 0,5 kg Holzschrauben für den Außenbau, Länge 65 mm
- 0,5 kg Holzschrauben für den Außenbau, Länge 90 mm
- 8 Ankerschrauben, Größe 10×115 mm, mit Unterlegscheiben

Schnittliste

Buchstabe	Bezeichnung	Menge	Abmessungen
A	Querträger	2	3,8×14×279,5 cm
B	Pfosten	4	9×9×305 cm
C	Seitenträger	2	3,8×9×115,5 cm
D	Seitengeländer		
D-1	Riegel	4	3,8×9×97,8 cm
D-2	Zaunlatte	14	3,8×3,8×91,5 cm
E	Dachsteg	3	3,8×9×279,5 cm

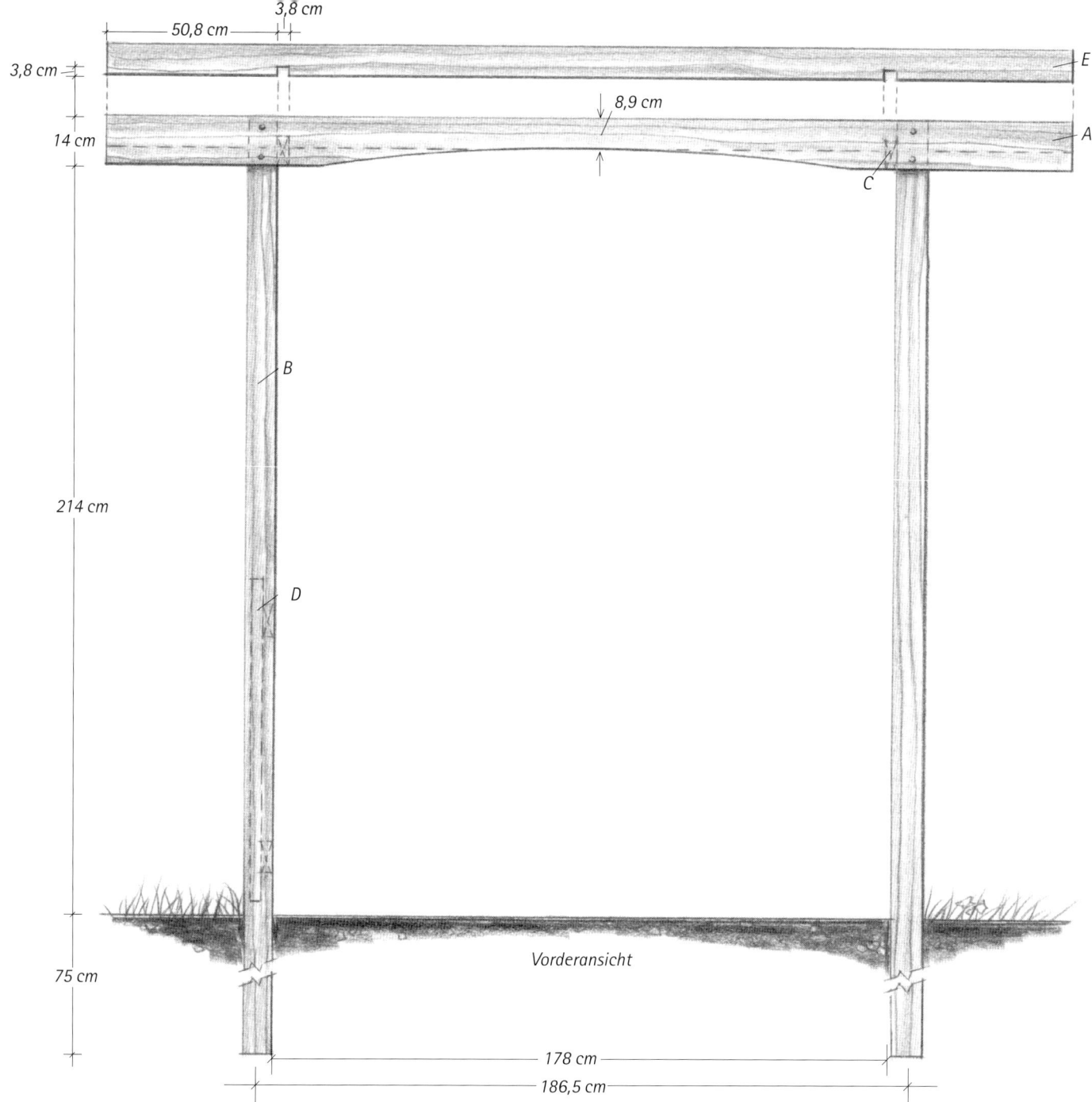

3,8 cm

50,8 cm

3,8 cm

8,9 cm

E

14 cm

A

C

B

214 cm

D

75 cm

Vorderansicht

178 cm

186,5 cm

Abb. 1: Kunsthandwerkliche Pergola

Anleitung
Zuschneiden der Teile
1. Messen Sie die Teile wie in der Schnitt-liste angegeben ab und sägen Sie sie auf Länge. Reißen Sie die Aussparungen an den Dachstegen (E) an (siehe Abb. 1), arbeiten Sie sie jedoch noch nicht aus.

Die Wölbungen an den Querträgern
2. Die Querträger (A) sind mit flachen Wölbungen versehen, die der Pergola eine unauffällige Schlichtheit verleihen. Wegen des großen Radius verwenden Sie zum Anreißen der Bögen anstelle eines Zirkels

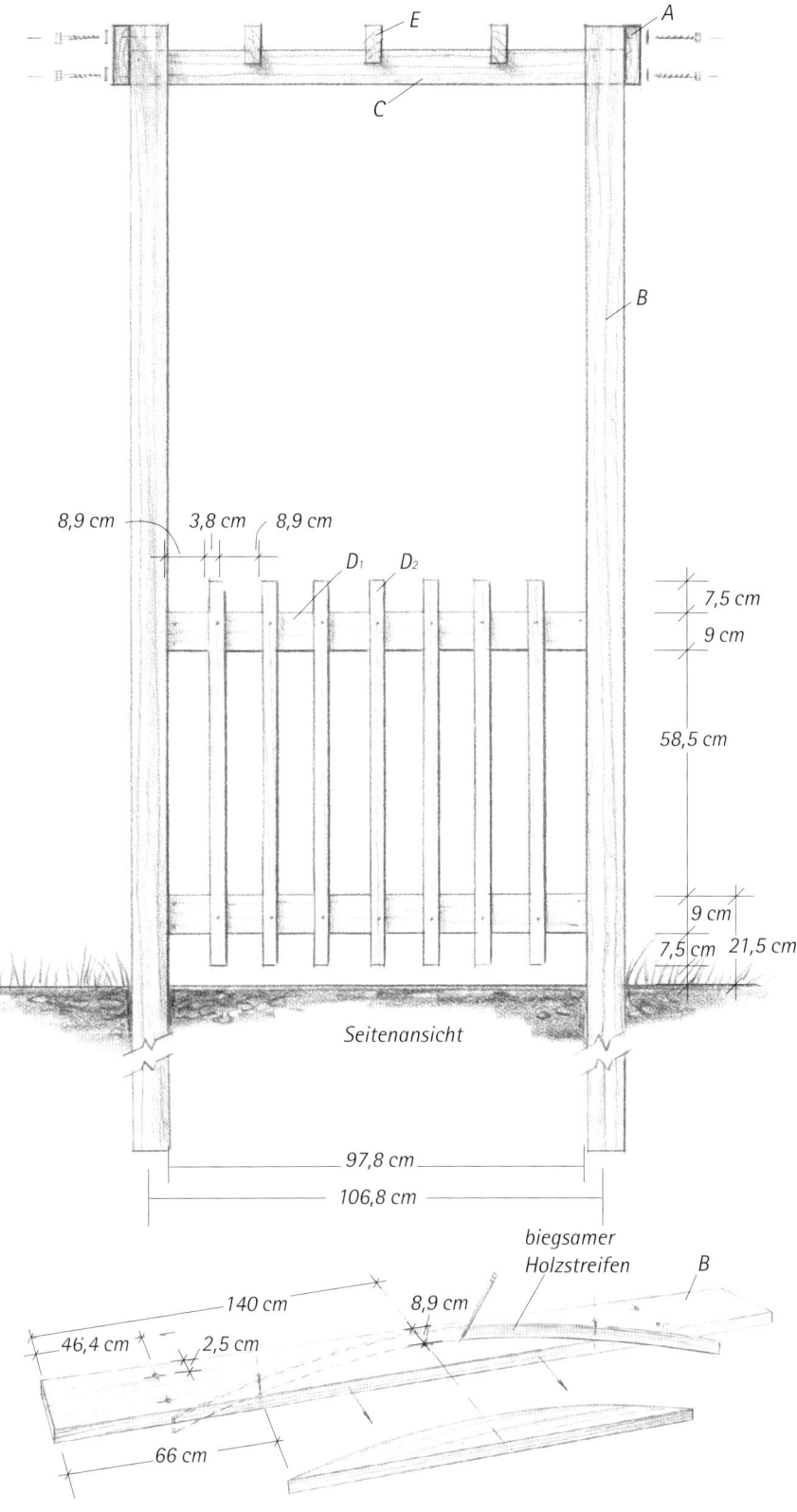

E

A

C

B

8,9 cm   3,8 cm   8,9 cm

D_1 D_2

7,5 cm

9 cm

58,5 cm

9 cm

7,5 cm   21,5 cm

Seitenansicht

97,8 cm

106,8 cm

biegsamer
Holzstreifen

B

140 cm   8,9 cm

46,4 cm   2,5 cm

66 cm

Abb. 2: Anreißen der Bogenform

oder eines Stangenzirkels am besten einen Streifen biegsames Holz (siehe Abb. 2). Drehen Sie drei Schrauben – eine am Anfang, eine in der Mitte und die dritte am Ende des Bogens – bis auf halbe Länge in das Holz des Querträgers ein. Die Schrauben sollen den Holzstreifen für den nächsten Arbeitsschritt in der gewünschten Position halten.

3. Bitten Sie Ihren Helfer den Holzstreifen gegen die drei Schrauben zu drücken. Übertragen Sie die Form des gebogenen Streifens mit Bleistift auf das Holz für den Querträger.

4. Markieren Sie entsprechend den Maßangaben in Abb. 2 vier Punkte und bohren Sie an diesen Stellen 6 mm breite Führungslöcher für die Ankerschrauben in den Querträger.

5. Wiederholen Sie die Arbeitsschritte 2 – 4 am zweiten Querträger.

6. Sägen Sie mit der Stichsäge an beiden Querträgern die Bogenformen aus.

Zusammenbau der Pfosten und Querträger

7. Legen Sie zwei Pfosten (B) im Abstand von 178 cm und parallel zueinander auf den Boden; die oberen Pfostenenden müssen in einer Flucht liegen (siehe Abb. 1). Schieben Sie als Unterlage einige Holzreste (4×9 cm) unter. Legen Sie einen Querträger so auf die Pfosten, dass seine Oberkante mit den Pfostenenden bündig abschließt. Rücken Sie die vorgebohrten Führungslöcher im Querträger mittig auf die Pfosten. Spannen Sie den Querträger mit Bügelzwingen an den Pfosten fest. Prüfen Sie mit Zimmermannswinkel und Bandmaß, ob die Pfosten wirklich senkrecht zum Querträger, parallel zueinander und im Abstand von 178 cm liegen. Bohren Sie mit dem 6-mm-Bohrer durch die Führungslöcher des Querträgers hindurch 6,5 cm tief in die Pfosten hinein. Befestigen Sie den Querträger an diesen Stellen mit Ankerschrauben an den beiden Pfosten.

8. Halten Sie die Pfosten mit einer provisorischen Kreuzstrebung in der richtigen Position (siehe S. 28).

9. Montieren Sie die zweite Baueinheit aus Pfosten und Querträger. Wiederholen Sie dazu die Arbeitsschritte 7 und 8.

Für Kletterpflanzen wie die Clematis lanuginosa 'Candida' *kann selbst ein Zaunpfosten eine willkommene Rankhilfe sein.*

Einsetzen der Baueinheiten in den Boden

10. Lassen Sie sich bei diesem Arbeitsschritt wieder von jemandem helfen. Sehen Sie sich nochmals die Abschnitte über die Vorbereitung des Standortes und über das Ausheben der Pfostenlöcher (siehe S. 23 und 26) an. Heben Sie die Pfostenlöcher entsprechend den Maßangaben in Abb. 1 aus.

11. Setzen Sie mit Ihrem Helfer beide Baueinheiten aus Pfosten und Querträgern in die Pfostenlöcher. Vergewissern Sie sich, dass beide Baueinheiten lotrecht und in einer Flucht stehen und die Pfosten über der Bodenoberfläche 228 cm lang sind. Verankern Sie die Baueinheiten provisorisch mit Latten im Boden (siehe S. 28).

Befestigen der Seitenträger

12. Lassen Sie Ihren Helfer das eine Ende eines Seitenträgers (C) an die vorgesehene Stelle halten und befestigen Sie das andere Ende an der Innenseite eines Pfostens; rücken Sie dabei das Ende des Seitenträgers dicht an die Rückseite des Querträgers. Bohren Sie Führungslöcher durch den Seitenträger hindurch und drehen Sie 90 mm lange Schrauben durch den Seitenträger in den Pfosten ein. Schieben Sie die andere Baueinheit aus Pfosten und Querträger dicht an das andere Ende des Seitenträgers und schrauben Sie den Seitenträger wie zuvor fest.

13. Befestigen Sie den zweiten Seitenträger. Wiederholen Sie dazu Arbeitsschritt 12.

Bau und Einsetzen der Seitengeländer

14. Die Seitengeländer (D) bestehen jeweils aus zwei Riegeln (D-1) und sieben Zaunlatten (D-2). Suchen Sie sich zum Zusammenbau der Geländer eine ebene Arbeitsfläche und legen Sie zwei Riegel im Abstand von 58,5 cm und parallel zueinander auf diese Fläche. Legen Sie die Zaunlatten in gleichmäßigen Abständen von 8,9 cm so auf die Riegel, dass die oberen und unteren Enden jeweils 7,5 cm überstehen (siehe S. 62, Abb. 1). Setzen Sie nötigenfalls einen passenden Holzrest als Abstandhalter zwischen die einzelnen Latten, damit die Zwischenräume gleichmäßig breit werden. Bohren Sie Führungslöcher durch die Zaunlatten und drehen Sie 65 mm lange Schrauben bis in die Riegel ein. Achten Sie darauf, dass Latten und Riegel miteinander rechte Winkel bilden.

15. Bauen Sie das zweite Seitengeländer zusammen. Wiederholen Sie dazu Arbeitsschritt 14.

16. Setzen Sie ein Seitengeländer so zwischen zwei Pfosten, dass die Oberkante des unteren Riegels 21,5 cm über dem Boden liegt und beide Riegel an der Innenseite der Pergola bündig mit den Pfosten abschließen (siehe Abb. 1). Die Zaunlatten müssen an der Außenseite der Riegel sitzen. Rücken Sie die Pfosten dicht an die Enden der Riegel, damit das Ganze passgenau sitzt. Bohren Sie durch die Enden der Riegel schräg verlaufende Führungslöcher bis in die Pfosten und drehen Sie zum Befestigen des Seitengeländers an den Pfosten 75 mm lange Schrauben ein. Wiederholen Sie den Arbeitsschritt mit dem anderen Seitengeländer.

17. Prüfen Sie nochmals, ob alle Teile wirklich gerade sind und senkrecht stehen und füllen Sie die Löcher rund um die Pfosten dicht mit Erde auf. Nehmen Sie die provisorischen Verstrebungen ab.

Befestigen der Dachstege

18. Vergewissern Sie sich, dass die Aussparungen an den Dachstegen (E), die Sie in Arbeitsschritt 1 angerissen haben, mit der Oberseite der Seitenträger (C) zusammenpassen. Arbeiten Sie die Aussparungen aus, setzen Sie die Dachstege auf die Seitenträger und arbeiten Sie die Aussparungen nötigenfalls etwas nach (siehe S. 19, Ausarbeiten von Aussparungen). Bohren Sie schräg verlaufende Führungslöcher vor und befestigen Sie die Dachstege mit 65 mm langen Schrauben, die schräg durch die Dachstege in die Seitenträger eingedreht werden. Damit haben Sie eine Pergola in der bekannten kunsthandwerklichen Tradition fertig gestellt. Vielleicht sollten Sie anschließend gleich noch ein oder zwei Bänke bauen und in der Nähe der Pergola in Ihrem Garten aufstellen?

KÖNIGSBLAUE RUNDBÖGEN

Bearbeiteter Entwurf von Olivier Rollin

Diese flotten Rundbögen brauchen nicht nur eine prächtige Farbe, sondern sehen erst richtig gut aus, wenn statt eines einzelnen Rundbogens mehrere aufgestellt werden. Wir haben den Entwurf etwas aufgemöbelt und die Querstreben immer paarweise angesetzt. Das Zuschneiden, Verleimen und Verschrauben ist unkompliziert, und wenn Ihnen eine solche Konstruktion gelungen ist, können Sie sich als Rundbogen-Baumeister betrachten.

Die Bogenteile passen nur bei genauem Zuschnitt richtig zusammen.

Das brauchen Sie:

Werkzeug-Grundausrüstung

Ausrüstung zum Graben

Zusätzliche Werkzeuge

- ⬥ 2,5-mm-Bohrer zum Vorbohren für 30 mm und 65 mm lange Schrauben
- ⬥ 3-mm-Bohrer zum Vorbohren für 75 mm lange Schrauben
- ⬥ Elektrischer Schleifer mit grob gekörntem Sandpapier (optional)
- ⬥ Bandschleifer mit grob gekörntem Schleifband (optional)
- ⬥ Kreissäge (optional)
- ⬥ Stufenleiter (besser zwei davon)

Materialien und Hilfsmittel

- ⬥ Nassfester Holzleim
- ⬥ Arbeitsfläche aus Sperrholz, Abmessungen 122×245 cm
- ⬥ 2 Rahmenhölzer als provisorische Abstandsriegel, Abmessungen 4×9×61 cm
- ⬥ Latten für Bodenverstrebung
- ⬥ Latten für Kreuzverstrebung

Kleineisenwaren

- ⬥ 0,5 kg Holzschrauben für den Außenbau, Länge 30 mm
- ⬥ 0,5 kg Holzschrauben für den Außenbau, Länge 65 mm
- ⬥ 0,5 kg Holzschrauben für den Außenbau, Länge 75 mm

Schnittliste

Buchstabe	Bezeichnung	Menge	Abmessungen	Material
A	Bogen	2		
A-1	mittleres Bogenstück	2	1,3×8,9 cm breit	A-1, A-2 aus Sperrholz für Außenbau, Abmessungen 1,5×122×123 cm
A-2	Zapfenteil	4	1,3×8,9 cm breit	
A-3	Halbbogen	8	3,8×8,9 cm breit	2 Bohlen 3,8×28,6×245 cm
B	Pfosten	4	8,9×8,9×270 cm	
C	Seitensteg	30	3,8×3,8×91,4 cm	

Zur Beachtung: Die Bogenteile sind so zusammengesetzt, dass sie mit der Materialstärke der Pfosten übereinstimmen.

Die Bogenteile müssen mit der Stichsäge exakt zugeschnitten werden. Die Sägeschnitte werden genauer, wenn Sie nicht direkt auf, sondern neben der Risslinie auf der Verschnittseite sägen. So bleibt die Schnittlinie beim Sägen und später beim Glattschleifen der Bögen unbeschädigt.

Verwenden Sie druckimprägniertes Holz, versehen Sie das fertige Projekt nicht sofort mit einem Anstrich, sondern lassen Sie es bis zu einem Jahr lang auswittern. Das Warten lohnt sich, denn die Rundbögen geben Ihrem Garten eine ganz besondere Note. Erfreuen Sie sich also in der Zwischenzeit an der Holzfarbe der tollen Konstruktion.

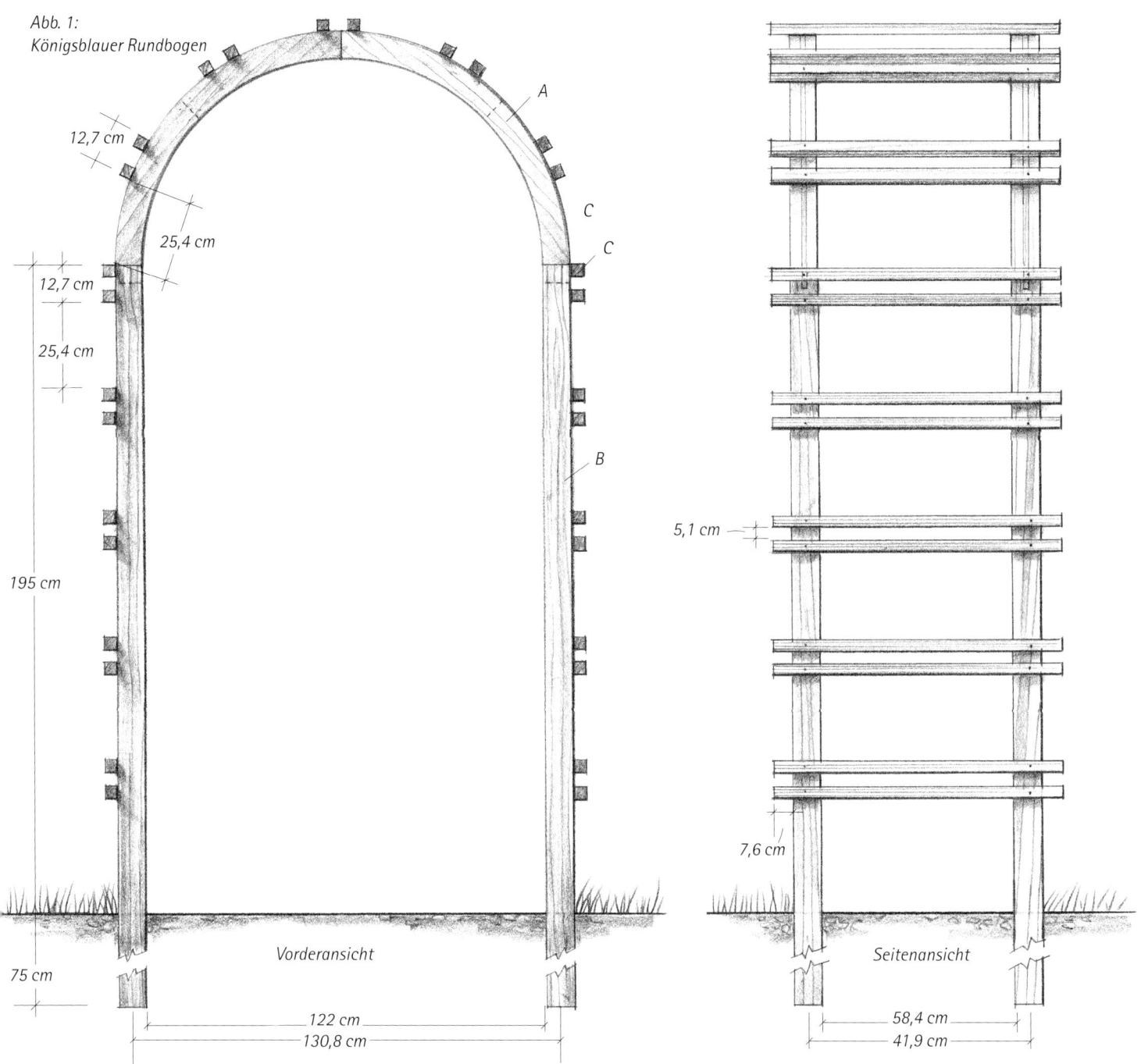

Abb. 1:
Königsblauer Rundbogen

12,7 cm

25,4 cm

A

C

C

12,7 cm

25,4 cm

195 cm

B

5,1 cm

7,6 cm

75 cm

Vorderansicht

122 cm
130,8 cm

Seitenansicht

58,4 cm
41,9 cm

Anleitung *(für einen Rundbogen)*
Anreißen und Zuschneiden der Bogenteile

1. Abb. 1 zeigt Ihnen, wie die Teile zusammengebaut werden. Beginnen Sie mit den Bogenteilen (A-1 und A-2) aus Sperrholz. Die 1,3 cm starken Sperrholzteile werden zur Stabilisierung später zwischen zwei 3,8 cm starke Bogenstücke aus Massivholz gelegt. Ziehen Sie auf dem 1,3 cm starken Sperrholz zwischen den Punkten C-1 und C-2 eine senkrechte Mittellinie (siehe Abb. 2). Achten Sie darauf, dass die Mittel-

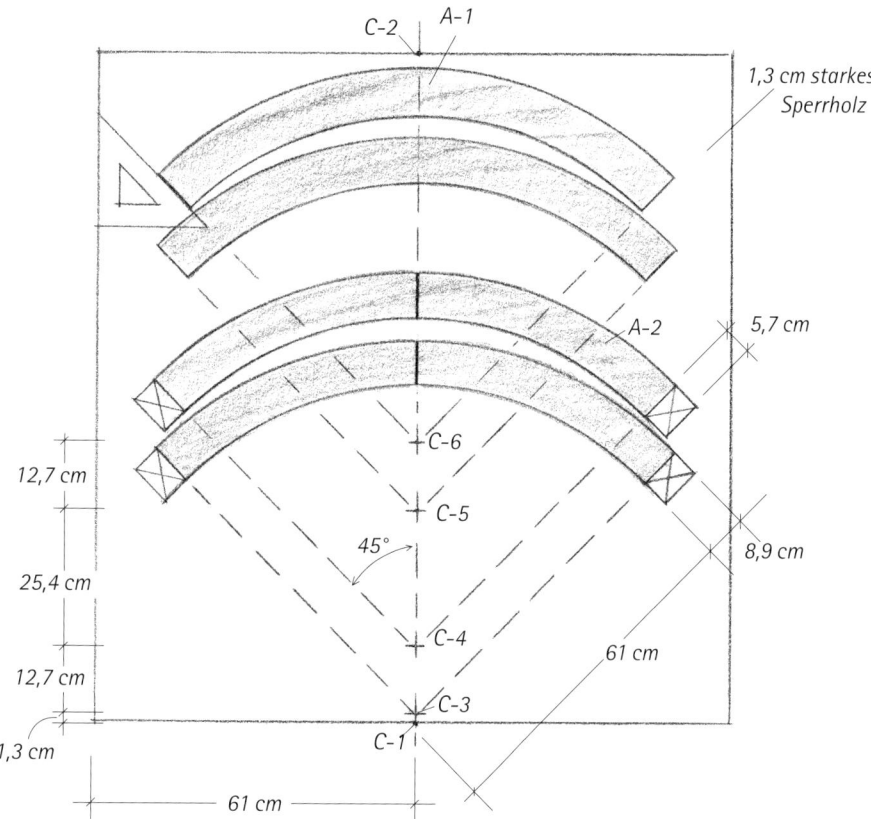

Abb. 2: Anreißen der Bogenteile

linie parallel zu den Seitenkanten der Sperrholzplatte liegt.

Markieren Sie den jeweiligen Mittelpunkt der Bogenteile auf der Linie; Sie müssen am Ende vier Mittelpunkte (C-3, C-4, C-5 und C-6) haben.

2. Ziehen Sie von jedem der vier Mittelpunkte mit Zeichendreieck und Bleistift zwei Linien im Winkel von 45°; diese Linien sind in Abb.2 gestrichelt dargestellt. Zeichnen Sie mit Hilfe des selbst gefertigten Stangenzirkels von den Mittelpunkten aus für jedes der vier Bogenteile zwei konzentrische Kreislinien mit einem Radius von 61 bzw. 69,9 cm. (Die Anleitung zum Anfertigen des Stangenzirkels finden Sie auf Seite 16.)

3. Die beiden unteren Bogenteile in Abb. 2 werden später an der Mittellinie durchgesägt; aus ihnen entstehen dann die vier Zapfenteile (A-2). Sie erfordern beim An-

reißen etwas mehr Arbeit. Reißen Sie an beiden Enden der Bogenteile mit Zeichendreieck und Bleistift einen 5,7 cm langen Zapfen an (Abmessungen siehe Abb. 2).

4. Sind Sie mit dem Anreißen der Bogenteile aus Sperrholz fertig, sägen Sie die Teile entlang der Risslinien mit der Stichsäge aus. Sägen Sie die beiden unteren Bogenteile mitten durch, damit Sie am Ende vier Zapfenteile (A-2) haben. Suchen Sie dasjenige mittlere Bogenstück (A-1), an dem der Sägeschnitt am ordentlichsten ausgeführt ist, als Schablone zum Anreißen der Halbbögen (A-3) aus. Legen Sie die übrigen Bogenteile beiseite.

5. Legen Sie das mittlere Bogenstück (A-1) auf das für die Halbbögen (A-3) vorgesehene Holz. Übertragen Sie mit Bleistift den Umriss insgesamt achtmal, so dass Sie am Ende acht Halbbögen angerissen haben. Sägen Sie die acht Halbbögen entlang der Bleistiftlinien sorgfältig mit der Stichsäge aus.

Arbeitsfläche vorbereiten

6. Zeichnen Sie auf Ihre Arbeitsfläche aus Sperrholz den Bogen als Orientierungshilfe für den Zusammenbau der Bogenteile auf. Ziehen Sie 69,9 cm von der 122 cm langen Oberkante eine waagerechte Linie quer über die Sperrholzplatte und zeichnen Sie die Mittelachse ein. Stellen Sie den Stangenzirkel auf einen Radius von 69,9 cm ein, setzen Sie ihn auf die Mittellinie und zeichnen Sie einen Kreisbogen auf das Sperrholz. Dass die unteren Enden des Bogens über die Sperrholzplatte hinausgehen, hat seine Richtigkeit.

Anpassen der Bogenteile

7. Abb. 3 zeigt, wie die beiden Bögen zusammengesetzt werden. Jeder Bogen besteht aus drei Schichten – einer Mittelschicht aus den Sperrholzformen (A-1 und A-2) und den Halbbögen (A-3) aus Massivholz, die die Außenschichten bilden. Die mittlere Schicht reicht über die unteren Enden des Bogens hinaus; die überstehenden Stücke

bilden die Zapfen. Ehe Sie die Teile miteinander verleimen, setzen Sie sie zunächst ohne Klebstoff zusammen um sicherzugehen, dass alles genau zusammenpasst. Legen Sie dazu zwei Halbbögen (A-3) mit den Oberkanten an die Kreislinie, die Sie in Arbeitsschritt 6 auf Ihrer Arbeitsfläche gezogen haben. Die Halbbögen treffen am Scheitelpunkt der Kreislinie aufeinander, ihre unteren Enden reichen an der waagerechten Linie (siehe Arbeitsschritt 6) über die Sperrholzplatte hinaus.

8. Legen Sie das mittlere Bogenstück (A-1) auf die Halbbögen; rücken Sie es mittig auf die Verbindungsstelle zwischen den beiden Halbbögen. Vervollständigen Sie die Mittelschicht und legen Sie an beiden Enden des mittleren Bogenstückes die beiden Zapfenteile (A-2) an. Achten Sie darauf, dass die Zapfen an beiden Halbbögen 5,7 cm weit überstehen (siehe Abb. 3).

9. Legen Sie zuletzt die beiden übrigen Halbbögen (A-3) auf die Sperrholzformen. Prüfen Sie nach, ob die unteren Enden der vier Halbbögen ordentlich ausgerichtet sind, damit später eine rechtwinklige Verbindung mit den oberen Pfostenenden zu Stande kommt. Nehmen Sie die evtl. nötigen Änderungen vor.

Führungslöcher und Schrauben zum Positionieren

10. Nehmen Sie die zwei oberen Halbbögen (A-3) ab und legen Sie sie beiseite. Befestigen Sie dann die beiden verbliebenen Schichten mit Bügelzwingen an der Sperrholzunterlage; achten Sie darauf, dass die Teile an der richtigen Stelle liegen.

11. Bohren Sie 5 cm von den Enden der Sperrholzteile mittig liegende Führungslöcher vor und drehen Sie durch diese Löcher hindurch 50 mm lange Schrauben in die beiden unteren Halbbögen ein. Nehmen Sie die Bügelzwingen ab.

12. Legen Sie die beiden oberen Halbbögen wieder auf die Sperrholzschicht auf. Rücken Sie alle Teile zurecht und spannen Sie sie mit Bügelzwingen an der Sperrholzunterlage

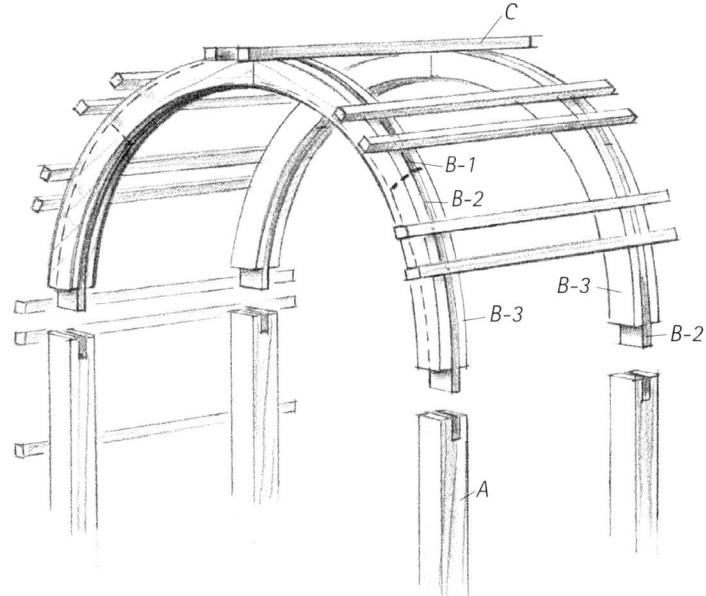

Abb. 3: Der zusammengesetzte Bogen

fest. Versehen Sie die zuoberst liegenden Teile wie in Arbeitsschritt 11 mit Führungslöchern, drehen Sie jedoch noch keine Schrauben ein.

13. Entfernen Sie die Bügelzwingen, nehmen Sie die oberen Teile ab und drehen Sie in die Führungslöcher 50 mm lange Schrauben ein; die Schrauben müssen an der Rückseite der Bauteile 6 mm weit aus dem Holz herausschauen. Legen Sie die Teile beiseite.

14. Lockern Sie die 50-mm-Schrauben in der Mittelschicht, so dass sich die Bauteile lösen lassen. Nehmen Sie die Teile ab und drehen Sie die Schrauben wieder ein, so dass sie 6 mm weit aus den Sperrholzteilen herausschauen. Lassen Sie die untere Holzschicht des Bogens auf der Sperrholzunterlage liegen.

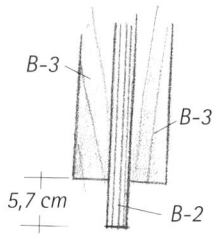

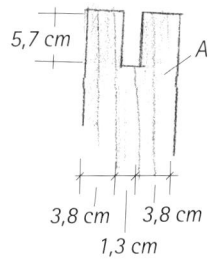

Zapfenteil und Pfostenende mit Nut

Da der Rundbogen so leicht und körperlos wirkt, passt seine kräftige Farbe gut zu den ebenfalls leuchtend bunten Blüten.

Montage der Bogenteile

15. Versehen Sie alle Verbindungsstellen mit Holzleim. (Die Teile der Mittelschicht müssen auf beiden Seiten mit Leim bestrichen werden. Die überstehenden Enden der Zapfenteile bleiben vorläufig leimfrei.)

16. Legen Sie zunächst die Mittelschicht aus Sperrholz wieder auf die untere Holzschicht auf; richten Sie die vorstehenden Schraubenenden an den darunter liegenden Führungslöchern aus. Drehen Sie die 50-mm-Schrauben vollständig ein, damit die Teile fest an Ort und Stelle gehalten werden. Legen Sie dann die obere Schicht richtig auf und drehen Sie zum Verbinden aller drei Schichten 75 mm lange Schrauben in die Führungslöcher ein. Drehen Sie neben den Positionierungsschrauben zusätzliche 75-mm-Schrauben ein, die die drei Schichten zusammenhalten.

17. Entfernen Sie mit einem Lappen oder einem Holzrest von den Seiten des Bogens, von den Zapfenstücken und von der Sperrholzunterlage allen überschüssigen Leim, der beim Verschrauben der Verbindungsstellen ausgetreten ist. Legen Sie den Bogen auf einer ebenen Fläche ab.

18. Bauen Sie den zweiten Bogen zusammen. Wiederholen Sie dazu die Arbeitsschritte 7 – 17.

19. Legen Sie beide Bögen auf der ebenen Fläche aufeinander. Beschweren Sie sie mindestens eine Nacht lang mit Steinen oder Betonblöcken, bis der Leim abgebunden hat.

20. Da Sie die Rundbögen wahrscheinlich erst dann streichen, wenn der Leim völlig abgebunden hat, schleifen Sie die Seiten der Bögen jetzt glatt; runden Sie dabei jedoch nicht die Kanten ab. Glätten Sie die Kanten mit der Holzraspel, mit einem Bandschleifer oder einem anderen elektrischen Schleifer. Tragen Sie dabei eine Schutzmaske, wenn Sie mit druckimprägniertem Holz arbeiten.

21. Sind die Bogenformen geglättet, schleifen Sie sie nochmals mit feinem Sandpapier nach. Glätten Sie auf die gleiche Weise auch die Vorderseite des Bogens, d. h. die Seite, an der keine Schraubenköpfe zu sehen sind.

Ausarbeiten der Nuten

22. Sehen Sie sich nochmals den Abschnitt über das Ausarbeiten von Aussparungen (siehe S. 19) an; die richtigen Abmessungen für die Nuten in den vier Pfosten finden Sie in Abb. 3. Prüfen Sie mit Hilfe des Zimmermannswinkels, ob die Pfostenenden, an denen die Nuten vorgesehen sind, rechtwinklig und gerade sind. Arbeiten Sie die Nuten mit Fuchsschwanz und Beitel aus. Sind die Nuten fertig, sägen Sie die Pfosten auf 268 cm Länge.

Zusammenbau der Pfosten und Bögen

23. Legen Sie einen der Bögen auf die Sperrholzunterlage. Richten Sie den Bogen an den Linien aus, die Sie in Arbeitsschritt 6 auf das Sperrholz gezeichnet haben, und spannen Sie ihn mit Bügelzwingen an der Unterlage fest. Legen Sie einen Pfosten neben das Sperrholz und setzen Sie einige Abstandhalter darunter, damit er auf gleicher Höhe mit dem Sperrholz liegt. Setzen Sie das Zapfenstück des Bogens in die Nut ein und prüfen Sie die Passgenauigkeit der Verbindung. Eventuell notwendige Veränderungen können Sie mit dem Beitel jetzt noch vornehmen.

24. Passen die Bauteile genau zusammen, tragen Sie auf die Verbindungsstellen Leim auf und setzen das Zapfenstück in das obere Pfostenende ein. Der Pfosten muss dabei genau an der Kante der Sperrholzunterlage liegen bleiben. Stabilisieren Sie die Verbindung mit 75 mm langen Schrauben.

25. Wiederholen Sie die Arbeitsschritte 23 und 24 mit dem anderen Pfosten.

26. Bringen Sie an den beiden Pfosten eine provisorische Kreuzverstrebung (siehe S. 28) an. Sägen Sie die Enden der Verstrebungslatten bündig mit den Pfosten ab, damit sie später beim Anbringen der Seitenteile nicht im Weg sind. Damit haben Sie eine Baueinheit aus einem Bogen und zwei Pfosten fertig gestellt.

27. Montieren Sie die zweite Baueinheit aus Bogen und Pfosten. Wiederholen Sie dazu die Arbeitsschritte 23 – 26.

Zusammenbau des Rundbogens

28. Legen Sie die beiden Baueinheiten wie in Abb. 4 gezeigt auf den Boden. Damit beide Teile im richtigen Abstand voneinander liegen bleiben, sägen Sie fünf Abstandsriegel mit den Abmessungen 3,8 × 8,9 × 61 cm zurecht. Vergewissern Sie sich, dass beide Bögen exakt ausgerichtet sind und befestigen Sie die Abstandsriegel provisorisch mit 65 mm langen Schrauben (siehe Abb. 4).

29. Schrauben Sie die Seitenteile an den beiden provisorisch verbundenen Baueinheiten fest. Reißen Sie entsprechend den Maßangaben in Abb. 1 die Positionen der Seitenteile an den Pfosten und Bögen an. Bauen Sie sich aus zwei Holzstücken mit dem Querschnitt 3,8 × 8,9 cm einen 7,6 cm starken Abstandhalter zusammen. Setzen Sie diesen Abstandhalter an die Enden der Seitenteile, die an den Seiten des Rundbogens 7,6 cm überstehen sollen. Legen Sie die Seitenteile an die Markierungen. Bohren Sie 12,7 cm von den Enden der Seitenteile Führungslöcher vor und drehen Sie an diesen Stellen 65 mm lange Schrauben in die Seiten des Rundbogens ein. Nehmen Sie die Abstandsriegel wieder ab. Der Rundbogen ist nun fertig.

Vorbereiten des Standortes und Ausheben der Löcher

30. Lassen Sie sich jetzt von jemandem helfen. Sehen Sie sich nochmals den Abschnitt über die Vorbereitung des Standortes (siehe S. 23) und über das Ausheben der Pfostenlöcher (siehe S. 26) an. Heben Sie die Pfostenlöcher entsprechend den Maßangaben in Abb. 1 auf Seite 67 aus.

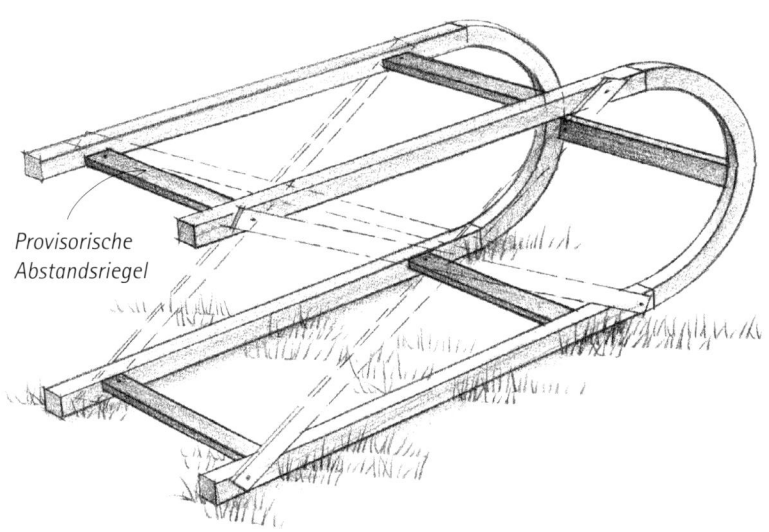

Provisorische Abstandsriegel

Abb. 4: Bogen und Pfosten, mit Kreuzverstrebungen und Abstandsriegeln versehen

Aufstellen des Rundbogens

31. Stellen Sie den Rundbogen auf die „Beine" und setzen Sie die unteren Enden in die Pfostenlöcher ein. Vergewissern Sie sich, dass die Konstruktion wirklich senkrecht steht, bevor Sie die Erde rund um die Pfosten auffüllen. Nehmen Sie die Kreuzverstrebungen ab.

32. Haben Sie für den Rundbogen druckimprägniertes Holz verarbeitet, müssen Sie das Material vor dem Streichen mindestens sechs Monate lang (oder länger) auswittern lassen. Besteht Ihr Rundbogen aus unbehandeltem Holz, können Sie sofort Konservierungsmittel oder Farbe auftragen. Übrigens kann das Rankgerüst auch mehrfarbig gestrichen werden – tun Sie sich keinen Zwang an und malen Sie es ganz bunt an, wenn Sie wollen.

GROSSER TORBOGEN

Bearbeiteter Entwurf von Olivier Rollin

Dieses Rankgerüst

mit seinen gerundeten Bögen und den majestätischen Linien steht zwischen zwei Gartenebenen. Wir haben zur Vereinfachung des Entwurfs druckimprägniertes Holz handelsüblicher Abmessungen verwendet und als Abschluss für die Pfosten fertig gekaufte Zierelemente eingesetzt.

Das brauchen Sie:

Werkzeug-Grundausrüstung
Ausrüstung zum Graben
Zusätzliche Werkzeuge
- 2,5-mm-Bohrer zum Vorbohren für 30 mm und 65 mm lange Holzschrauben
- 3-mm-Bohrer zum Vorbohren für 75 mm lange Holzschrauben
- 6-mm-Bohrer zum Vorbohren für 10-mm-Ankerschrauben
- Stichsäge
- Kreissäge (optional)
- Gehrungssäge (optional)
Materialien und Hilfsmittel
- Nassfester Holzleim
- 2 Abstandhalter (Holzreste), Länge 14 cm
- Holzrest, Abmessungen 4×9×30,5 cm
- Sperrholzplatte o.ä., Abmessungen 1,9×122×244 cm, als Arbeitsfläche
- Latten für Bodenverstrebung
- Latten für Kreuzverstrebung
Kleineisenwaren
- 0,5 kg Holzschrauben für den Außenbau, Länge 30 mm
- 0,5 kg Holzschrauben für den Außenbau, Länge 65 mm
- 0,5 kg Holzschrauben für den Außenbau, Länge 75 mm
- 8 Ankerschrauben 10×100 mm, mit Unterlegschreiben

Schnittliste

Buchstabe	Bezeichnung	Menge	Abmessungen
A	Seitengitter	2	
A-1	Senkrechtstrebe	6	1,9×3,8×213,4 cm
A-2	Querstrebe	22	1,9×3,8×80 cm
B	Bogen	2	
B-1		2	3,8×28,6×151,8cm
B-2		2	3,8×14×151,8 cm
C	Bogenzierleisten		
C-1	untere Leiste	2	1,9×3,8×108 cm
C-2	Mittelleiste	2	1,9×3,8×28 cm
C-3	Seitenleiste	4	1,9×3,8×28 cm
D	Pfosten	4	8,9×8,9×272 cm
E	Seitenstrebe	2	3,8×8,9×88,9 cm
F	Dachsteg	2	3,8×8,9×88,9 cm
G	Zierelement	4	(fertig gekauft, mit Ankerschraube)

Anleitung
Zuschneiden der Bauteile

1. Abb. 1 zeigt den Gesamtentwurf des Projekts. Sägen Sie die Bauteile nach den Maßangaben in der Schnittliste zurecht. Die Seitenleisten (C-3) sind an einem Ende im Winkel von 22° angeschrägt (siehe Abb. 4). Sägen Sie das Holz für die Bögen entsprechend den angegebenen Maßen zurecht; die Bogenformen stellen Sie später fertig.

Abb. 1: Großer Torbogen

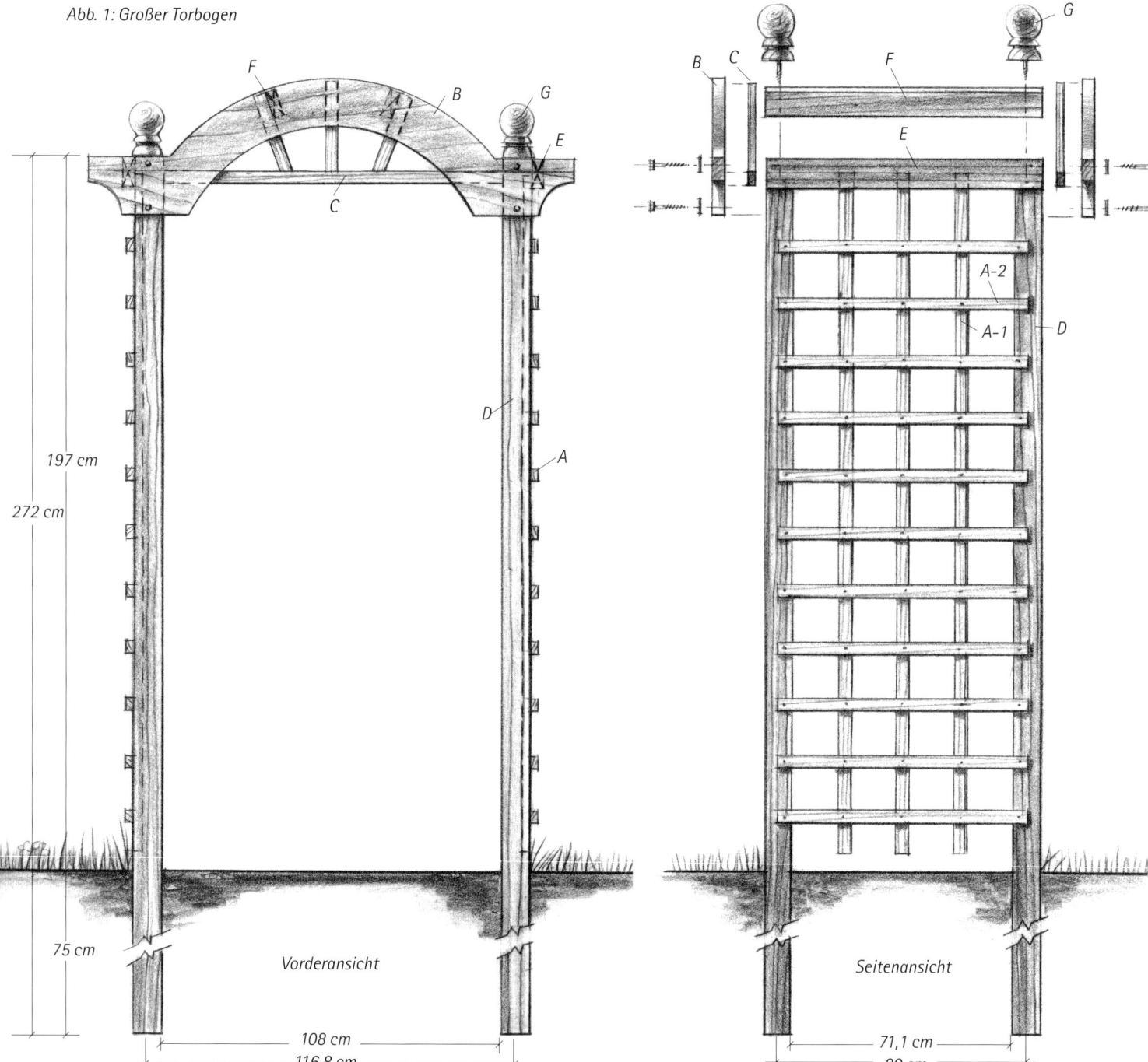

Vorderansicht

Seitenansicht

197 cm
272 cm
75 cm
108 cm
116,8 cm

71,1 cm
80 cm

Bau der Seitengitter

2. Die 28 Streben der beiden Seitengitter (A) werden zusammengebaut und die Seitengitter später an die Seiten des Torbogens geschraubt. Stellen Sie zunächst ein Seitengitter fertig. Legen Sie 11 Querstreben (A-2) im Abstand von jeweils 14 cm auf der Sperrholzunterlage aus (siehe Abb. 2). Setzen Sie die 14 cm breiten Abstandhalter zwischen die Querstreben. Richten Sie die Streben mit Hilfe des Richtscheits und des Zimmermannswinkels gerade und rechtwinklig aus. Damit die Querstreben beim Arbeiten an Ort und Stelle bleiben, bohren Sie 2,5 cm von den Enden Führungslöcher vor und drehen 30 mm lange Schrauben ein, die ein Stück in die Sperrholzunterlage hineinreichen. Die selben Löcher benutzen Sie später noch einmal, wenn Sie die Seitengitter an den Pfosten befestigen.

3. Messen Sie vom Ende der oberen und der unteren Querstrebe jeweils 34,3 cm ab und markieren Sie die Stellen. Setzen Sie eine Senkrechtstrebe (A-1) mit einer Kante so an die Markierungen, dass ein Ende 20,3 cm über die obere Querstrebe hinausragt. Bohren Sie Führungslöcher vor und befestigen Sie die Senkrechtstrebe mit 30 mm langen Schrauben an allen Querstreben. Setzen Sie die 14 cm langen Abstandhalter an die Senkrechtstrebe und legen Sie die restlichen beiden Senkrechtstreben zu beiden Seiten der mittleren Strebe auf die Querstreben. Achten Sie darauf, dass die oberen Enden der Senkrechtstreben an der oberen Querstrebe ebenfalls 20,3 cm überstehen. Befestigen Sie die beiden Senkrechtstreben mit 30 mm langen Schrauben an den Querstreben. Stellen Sie das fertige Gitter beiseite.

4. Bauen Sie das zweite Seitengitter zusammen. Wiederholen Sie dazu die Arbeitsschritte 2 und 3. Stellen Sie auch das zweite Gitter beiseite.

Herstellen des Bogenrohlings

5. Bei diesem Projekt gibt es zwei Bögen (B). Um sie herzustellen, setzen Sie die Teile paarweise zusammen und verleimen Sie miteinander. Jeder Bogen (B) wird aus einem 42,5 cm breiten Holzrohling ausgesägt, den Sie aus zwei kantenverleimten Brettern (B-1 und B-2) herstellen. Bestreichen Sie dazu jeweils eine Kante der Teile gleichmäßig mit Leim und spannen Sie beide Teile mit 60 cm langen Parallelschraubzwingen zusammen. Ist der Leim getrocknet, nehmen Sie eines der kantenverleimten Bretter und legen es auf Ihre Arbeitsfläche.

6. Jeder Bogen hat einen Außenradius von 66 cm. Da der Mittelpunkt für die Kreislinie außerhalb des Bogenrohlings liegt, brauchen Sie einen Holzrest, der den Rohling zum Anreißen der Kreislinie ausreichend vergrößert. Setzen Sie also einen ausreichend langen

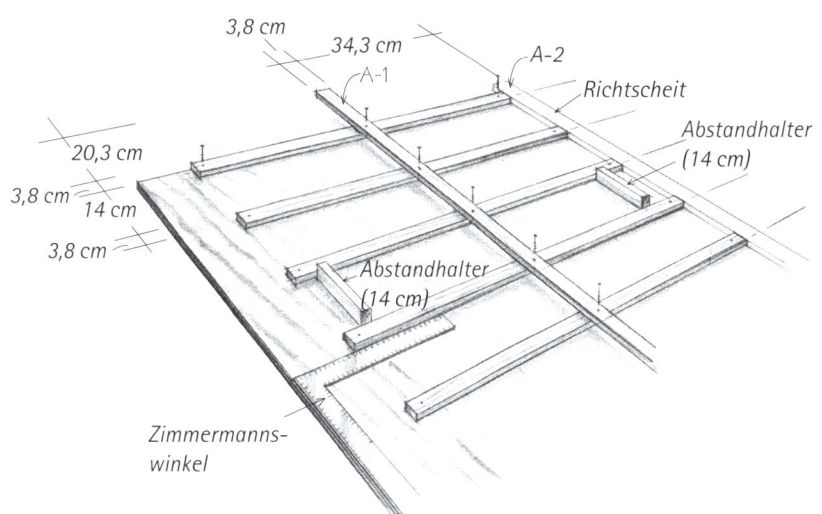

Abb. 2: Zusammenbau des Seitengitters

Der breite, beiderseits bepflanzte Aufgang bildet eine schöne Ergänzung zu dem majestätischen, mit vielen Details versehenen Torbogen.

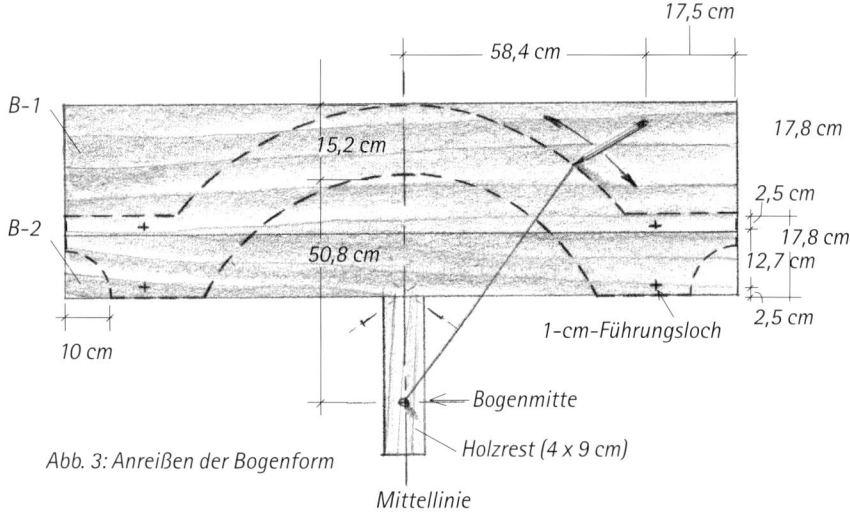

17,5 cm

58,4 cm

B-1

15,2 cm

17,8 cm

2,5 cm

B-2

17,8 cm

50,8 cm

12,7 cm

1-cm-Führungsloch

2,5 cm

10 cm

Bogenmitte

Holzrest (4 x 9 cm)

Abb. 3: Anreißen der Bogenform

Mittellinie

Holzrest (4×9 cm) mittig an die Längsseite des Holzrohlings und nageln Sie ihn schräg an. Ziehen Sie auf dem Holzrest und dem Rohling eine Mittellinie (siehe Abb. 3).
7. Zeichnen Sie mit Hilfe des selbst gefertigten Stangenzirkels (siehe S. 16) auf den Bogenrohling zwei Kreislinien mit einem Radius von 66 cm für den äußeren Bogen bzw. 50,8 cm für den inneren Bogen.
8. Reißen Sie die restlichen Linien des Bogens an (siehe Abb. 3). Ziehen Sie an den Enden des Bogens mit dem Zirkel zwei

Viertelkreise von 10 cm Radius. Markieren und bohren Sie vier 6 mm breite Führungslöcher für die Ankerschrauben vor.
9. Sägen Sie mit der Stichsäge entlang der Risslinien die Bogenform aus.
10. Fertigen Sie den zweiten Bogen an. Wiederholen Sie dazu die Arbeitsschritte 5 – 9.

Zusammenbau der Bogenzierleisten

11. Abb. 4 zeigt die Position der vier Zierleisten an einem Bogen (C-1, C-2 und zweimal C-3). Legen Sie zunächst die Mittelleiste (C-2) mittig auf die untere Leiste (C-1). Bohren Sie in die untere Leiste ein Führungsloch und drehen Sie eine 75 mm lange Schraube ein, die beide Teile miteinander verbindet.
12. Legen Sie 10 cm von der Mittelleiste die Seitenleisten auf. Bohren Sie wie zuvor Führungslöcher vor und befestigen Sie die Seitenleisten mit 75 mm langen Schrauben an der unteren Leiste.
13. Bauen Sie den zweiten Satz Bogenzierleisten zusammen. Wiederholen Sie dazu die Arbeitsschritte 11 und 12. Legen Sie beide Baueinheiten beiseite.

Fertigstellen der Bögen

14. Schrauben Sie die beiden Baueinheiten aus Bogenzierleisten (C) an der vorgesehenen Stelle fest (siehe Abb. 4). Setzen Sie dazu jede Baueinheit genau in die Mitte der Bogenrückseite. Bohren Sie durch die Zierleisten hindurch Führungslöcher und befestigen Sie die Leisten mit 30 mm langen Schrauben an den Bögen. Stellen Sie die fertigen Bögen beiseite.

Zusammenbau der Bögen und Pfosten und Aufstellen des Torbogens

15. Bauen Sie erst eine, dann die andere Bogen-Pfosten-Einheit zusammen. Legen Sie dazu an einer ebenen Stelle zwei Pfosten (D) parallel zueinander auf den Boden. Legen Sie dann einen Bogen (B) mit den Zierleisten nach unten auf die Pfosten. Die oberen geraden Kanten des Bogens müssen

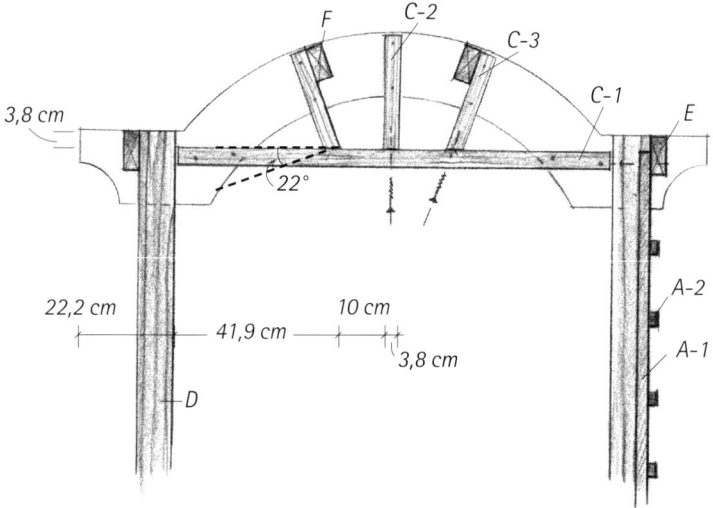

F

C-2

C-3

C-1

3,8 cm

E

22°

22,2 cm

41,9 cm

10 cm

A-2

3,8 cm

A-1

D

Abb. 4: Bogendetail

mit den oberen Pfostenenden abschließen (siehe Abb. 4). Rücken Sie als Nächstes beide Pfosten an die Enden der unteren Bogenzierleiste (C-1) und spannen Sie die Pfosten mit Bügelzwingen provisorisch am Bogen fest.

16. Überprüfen Sie mit Hilfe des Zimmermannswinkels, ob die Pfosten wirklich senkrecht zum Bogen liegen. Messen Sie außerdem den Abstand zwischen den beiden unteren Pfostenenden nach; er muss 108 cm betragen, wenn die Pfosten parallel zueinander liegen.

17. Verlängern Sie die im Bogen bereits vorhandenen Führungslöcher mit dem 6-mm-Bohrer bis in die Pfosten. Drehen Sie danach die vier Ankerschrauben samt Unterlegscheiben ein und verbinden Sie so den Bogen mit den Pfosten.

18. Befestigen Sie die Latten für eine provisorische Kreuzverstrebung mit 30 mm langen Schrauben an der Baueinheit aus Bogen und Pfosten (siehe S. 28).

19. Bauen Sie die beiden übrigen Pfosten und den zweiten Bogen zusammen. Wiederholen Sie dazu die Arbeitsschritte 15–18.

20. Lassen Sie sich bei den folgenden Arbeiten von jemandem helfen. Lesen Sie nochmals den Abschnitt über die Vorbereitung des Standortes und über das Ausheben der Pfostenlöcher auf Seite 23 nach und heben Sie dann die Pfostenlöcher entsprechend den Maßangaben in Abb. 1 aus.

21. Setzen Sie die Pfosten einer Baueinheit so weit in die Löcher ein, dass sich die oberen Pfostenenden 197 cm über dem Boden befinden. Prüfen Sie mit der Wasserwaage, ob die Baueinheit wirklich senkrecht steht. Verankern Sie die Pfosten provisorisch im Boden. Setzen Sie die Latten der Verstrebungen unterhalb des Bogens an die Innenseiten der Pfosten, damit sie Ihnen beim Befestigen der Seitengitter nicht im Weg sind.

22. Wiederholen Sie den Arbeitsschritt 21 mit der zweiten Baueinheit. Vergewissern Sie sich, dass die zweite Baueinheit im Abstand von 71,1 cm von der ersten Einheit

und auf einer Höhe mit dieser steht. Verstreben Sie auch die zweite Baueinheit provisorisch.

Befestigung der Seitenstreben und Dachstege

23. Stellen Sie sich auf die Stufenleiter und befestigen Sie die beiden Seitenstreben (E) mit 65 mm langen Schrauben an den Pfosten (B) wie in Abb. 1 dargestellt. Schieben Sie die Baueinheiten aus Bogen und Pfosten dicht an die Enden der Seitenstreben, damit Sie eine feste Verbindung herstellen können.

24. Befestigen Sie als Nächstes die Dachstege (F) mit 65 mm langen Schrauben, die Sie schräg in die Dachstege und den Bogen eindrehen.

Befestigung der Seitengitter und Zierelemente

25. Spannen Sie die Seitengitter (A) mit Bügelzwingen provisorisch an den vorgesehenen Stellen am Torbogen fest (siehe Abb. 1). Drehen Sie danach in die Führungslöcher, die Sie bereits in Arbeitsschritt 2 vorgebohrt haben, 30 mm lange Schrauben ein und befestigen Sie so die Seitengitter an den Pfosten. Befestigen Sie die oberen Enden der drei Senkrechtstreben (A-1) mit 30 mm langen Schrauben an der Rückseite der Seitenstreben (E) wie in Abb. 1 gezeigt.

26. Prüfen Sie noch einmal mit der Wasserwaage, ob die ganze Konstruktion wirklich senkrecht steht. Füllen Sie die Erde rund um die Pfosten auf und nehmen Sie die provisorischen Verstrebungen ab.

27. Bohren Sie zum Schluss in die oberen Pfostenenden Führungslöcher für die Ankerschrauben und drehen Sie die vier Zierelemente ein. Gehen Sie dann an Ihrem Torbogen auf und ab, gehen Sie hindurch und rund herum und erfreuen Sie sich aus allen Perspektiven am Anblick Ihres Werkes.

Die herrlichen Blüten der Clematis-Hybride 'Blue Ravine' sind zweimal im Jahr zu bewundern. Sie erscheinen im Frühjahr und dann schon wieder im Sommer.

PERGOLA FÜR DIE EWIGKEIT

Bearbeiteter Entwurf von Olivier Rollin

Eine so schöne Pergola ist etwas, woran man sich ewig erfreuen möchte. Wir haben die Schrägen an beiden Enden ein wenig komplizierter gemacht, so dass die Querbalken etwas flotter aussehen.

Das brauchen Sie:

Werkzeug-Grundausrüstung
Ausrüstung zum Graben
Zusätzliche Werkzeuge
- 2,5-mm-Bohrer zum Vorbohren für 65 mm lange Holzschrauben
- 3-mm-Bohrer zum Vorbohren für 75 mm lange Holzschrauben
- 6-mm-Bohrer zum Vorbohren für 10-mm-Ankerschrauben
- Stichsäge
- Kreissäge (optional)
Materialien und Hilfsmittel
- Latten für Bodenverstrebungen
Kleineisenwaren
- 0,25 kg Holzschrauben für den Außenbau, Länge 65 mm
- 0,5 kg Holzschrauben für den Außenbau, Länge 75 mm
- 8 Ankerschrauben, 10 × 115 mm

Schnittliste

Buchstabe	Bezeichnung	Menge	Abmessungen
A	Pfosten	4	8,9 × 8,9 × 294,5 cm
B	Querbalken	2	3,8 × 18,4 × 238,8 cm
C	Strebe	4	8,9 × 8,9 × 68,6 cm
D	Seitenteile		
D-1	Seitenleiste	8	3,8 × 3,8 × 212 cm
D-2	Mittelleiste	12	3,8 × 3,8 × 114,3 cm
D-3	Gitterwand	2	122 × 212 cm
E	Dachsteg	5	3,8 × 14 × 182,9 cm

Anleitung
Zuschneiden der Teile

1. Sägen Sie alle Bauteile entsprechend den Maßangaben in der Schnittliste zurecht. Sägen Sie mit der Stichsäge die 45°-Winkel und die 90°-Absätze an den Enden der Querbalken (B) sowie die 45°-Schrägen an den oberen Streben (E) zu. Reißen Sie an den Dachstegen die Schnittlinien für die Aussparungen an, arbeiten Sie die Aussparungen jedoch noch nicht aus. Bohren Sie mit dem 6-mm-Bohrer 36,8 cm von beiden Enden der Querbalken jeweils zwei Führungslöcher vor (siehe Abb. 1).

Abb. 1: Pergola für die Ewigkeit

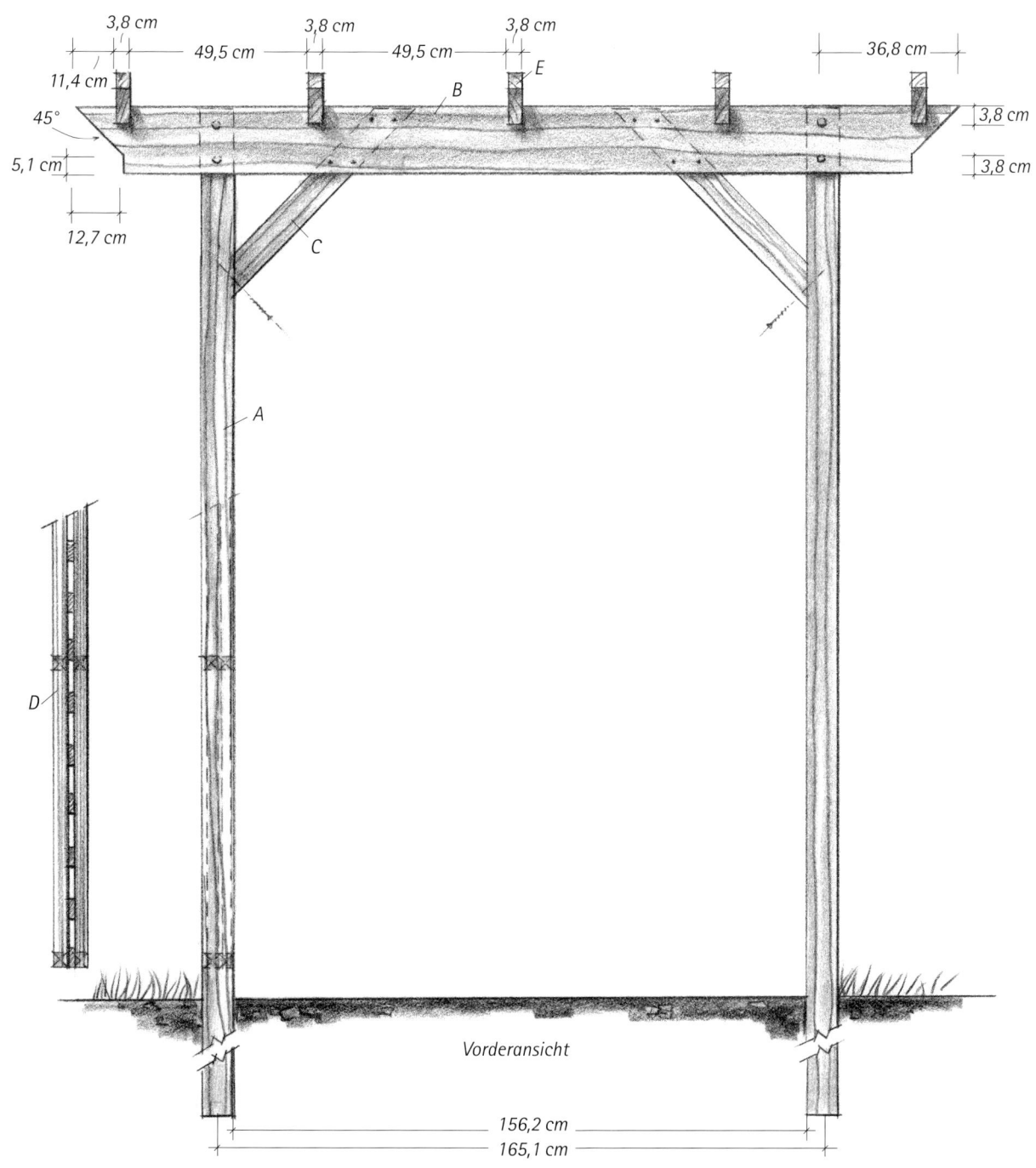

Vorderansicht

Zusammenbau der Pfosten und Querbalken

2. Montieren Sie zunächst eine Baueinheit aus Pfosten und Querbalken. Legen Sie dazu zwei Pfosten (A) im Abstand von 156,2 cm parallel zueinander und mit den Pfostenenden in einer Flucht auf den Boden.

Legen Sie unter die Pfosten einige Holzreste (Querschnitt 4×9 cm). Legen Sie wie in Abb. 1 gezeigt einen Querbalken (B) so auf die Pfosten, dass er mit deren oberen Enden bündig abschließt. Prüfen Sie mit Bandmaß und Zimmermannswinkel, ob die Pfosten

Die exquisite alte Rosen-sorte 'Rosette Delizy' verleiht jeder Pergola ein elegantes Aussehen.

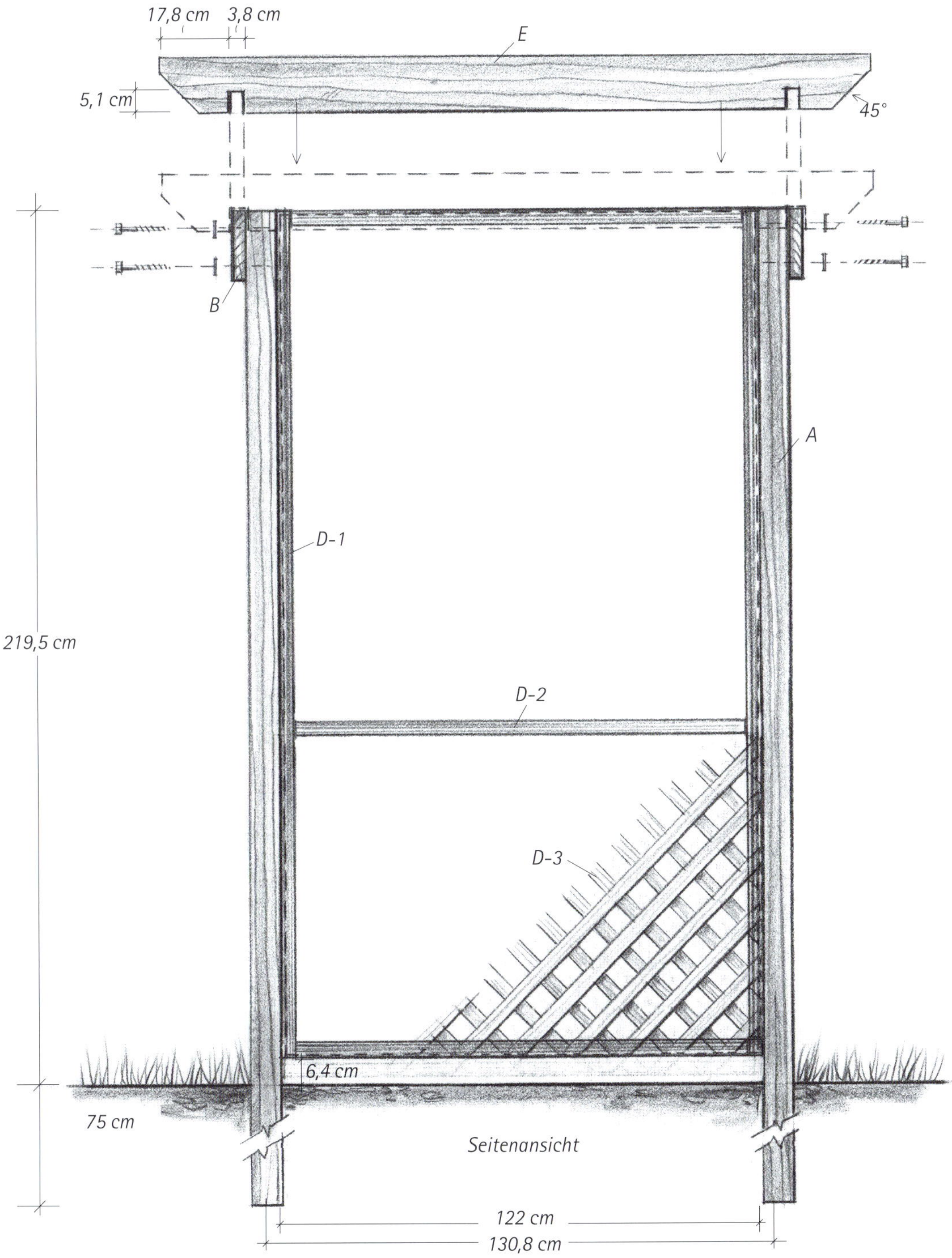

17,8 cm 3,8 cm

E

5,1 cm

45°

B

A

D–1

D–2

D–3

219,5 cm

6,4 cm

75 cm

Seitenansicht

122 cm

130,8 cm

im richtigen Abstand voneinander und genau senkrecht zum Querbalken liegen. Spannen Sie den Querbalken mit Bügelzwingen provisorisch an den Pfosten fest. Bohren Sie mit dem 6-mm-Bohrer Führungslöcher durch den Querbalken hindurch in die Pfosten. Drehen Sie mit Unterlegscheiben versehene Ankerschrauben ein und verbinden Sie so den Querbalken mit den Pfosten.

3. Lassen Sie sich bei diesem Arbeitsschritt von jemandem helfen. Drehen Sie die Baueinheit um ihre Längsachse auf die andere Seite. Vermeiden Sie dabei die Belastung der Verbindungsstellen. Prüfen Sie mit Bandmaß und Zimmermannswinkel, ob die drei Bauteile noch rechtwinklig zueinander liegen. Legen Sie eine Strebe (C) wie in Abb. 1 dargestellt so auf die Baueinheit, dass ein Ende mit der Oberkante des Querbalkens, das andere mit den Innenkanten eines Pfostens abschließt. Spannen Sie die Strebe mit zwei Bügelzwingen an den Querbalken. Bohren Sie durch die Strebe hindurch vier 3 mm breite Führungslöcher in den Querbalken. Drehen Sie in diese Verbindungsstelle 75 mm lange Schrauben ein.

4. Bohren Sie durch die Strebe hindurch etwa 5 cm von deren Ende zwei 6,4 cm voneinander entfernte 3-mm-Führungslöcher in den Pfosten. Drehen Sie in die vorgebohrten Löcher 75 mm lange Schrauben ein; die Strebe darf dabei nicht am Pfosten wegrutschen. Nehmen Sie die Bügelzwingen ab und spannen Sie damit die andere Strebe fest um die erste Baueinheit aus Pfosten und Querbalken fertig zu stellen.

5. Montieren Sie die zweite Baueinheit. Wiederholen Sie dazu die Arbeitsschritte 2 – 4.

Zusammenbau der Seitenteile

6. Die beiden Seitenteile bestehen jeweils aus einem Gitter (D-3), das zwischen zwei Rahmen (D, D-1 und D-2) liegt, wie Sie in Abb. 2 sehen können. Bauen Sie aus zwei Seitenleisten (D-1) und drei Mittelleisten (D-2) zunächst einmal einen Rahmen zusammen (siehe Abb. 2). Damit die Rahmenverbindungen nicht verrutschen, während Sie daran arbeiten, spannen Sie auf jeder Verbindungsstelle einen Sperrholzrest mit einer Bügelzwinge fest, bis Sie die Schraube zum Verbinden der Bauteile eingedreht haben. Bohren Sie an jeder Verbindungsstelle ein Führungsloch vor und drehen Sie jeweils eine 75 mm lange Schraube ein. *Zur Beachtung:* Hat das Holz für die Seitenleisten nicht die erforderliche Länge, so dass Sie die Seitenleisten aus zwei Teilen zusammensetzen müssen, sägen Sie die eine Hälfte der Teile auf 90 cm, die andere Hälfte auf 122 cm Länge. Legen Sie später beim Zusammenbau der Gitterseiten den oberen und den unteren Rahmen so aufeinander, dass die Verbindungsstellen versetzt liegen (siehe Abb. 2). Drehen Sie in die versetzt liegenden Abschnitte jeweils zwei 75 mm lange Schrauben ein.

7. Bauen Sie die restlichen drei Rahmen zusammen. Wiederholen Sie dazu Arbeitsschritt 6.

8. Als Nächstes bauen Sie die Rahmen und die Gitterwände (D-3) zusammen. Stellen Sie zunächst eine Seite fertig. Legen Sie dazu eine Gitterwand auf einen fertigen Rahmen (siehe Abb. 2). Legen Sie einen zweiten Rahmen obenauf, so dass die Gitterwand zwischen zwei Rahmen liegt. Halten Sie die drei Bauteile mit Bügelzwingen zusammen, bohren Sie 3 mm breite Führungslöcher vor und verbinden

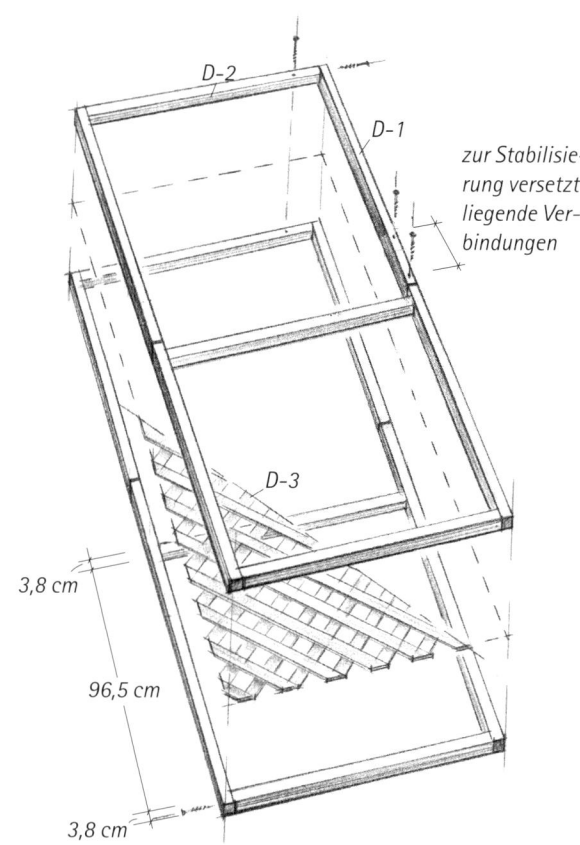

D-2

D-1

zur Stabilisierung versetzt liegende Verbindungen

D-3

3,8 cm

96,5 cm

3,8 cm

Abb. 2: Zusammenbau eines Seitenteils

Sie die Teile mit 75 mm langen Schrauben. Setzen Sie die Schrauben stets dort ein, wo sich zwei Leisten am Rand des Gitters kreuzen.

9. Stellen Sie die zweite Gitterseite fertig. Wiederholen Sie dazu die Arbeitsschritte 6–8.

Aufstellen der Baueinheiten und Anbringen der Seitenteile

10. Lassen Sie sich hierbei wieder von jemandem helfen. Sehen Sie sich nochmals die Abschnitte über die Vorbereitung des Standortes (siehe S. 23) und das Ausheben der Pfostenlöcher (siehe S. 26) an. Heben Sie die Pfostenlöcher nach den Maßangaben in Abb. 1 auf Seite 81 aus.

11. Setzen Sie die beiden Baueinheiten aus jeweils zwei Pfosten und einem Querbalken in die Pfostenlöcher ein. Vergewissern Sie sich, dass die Bauteile in einer Flucht stehen und die Pfosten und Querbalken 219,5 cm über dem Boden enden.

12. Setzen Sie an einer Seite der Pergola eines der Seitenteile zwischen die Pfosten; es muss bündig mit den oberen Pfostenenden abschließen und mittig zwischen den beiden Pfosten sitzen. Halten Sie das Seitenteil mit Bügelzwingen fest an Ort und Stelle und befestigen Sie es mit 75 mm langen Schrauben, die Sie in vorgebohrte 3-mm-Führungslöcher eindrehen. Wiederholen Sie diesen Arbeitsschritt mit dem anderen Seitenteil.

13. Prüfen Sie nochmals, ob die Konstruktion wirklich senkrecht steht und der Querbalken waagerecht liegt. Füllen Sie dann die Löcher rund um die Pfosten mit Erde auf.

Aufsetzen der Dachstege

14. Prüfen Sie nach, ob die an den Dachstegen (E) angerissenen Aussparungen (siehe Arbeitsschritt 1) zu den oberen Schmalflächen der Querbalken passen. Sägen und stechen Sie die Aussparungen aus, setzen Sie die Dachstege probeweise auf die Querbalken auf und arbeiten Sie die Aussparungen nötigenfalls noch etwas nach (siehe S. 19). Bohren Sie Führungslöcher vor und befestigen Sie die Dachstege mit 65 mm langen Holzschrauben für den Außenbau; drehen Sie die Schrauben schräg durch die Dachstege in die Querbalken ein. Eine solche schöne Pergola wird bestimmt zahlreiche Besucher anlocken. Setzen Sie deshalb Duftrosen oder Jasmin an diese Stelle, damit Sie und Ihre Gäste auch den Wohlgeruch der Blüten genießen können.

Eine weiß gestrichene Pergola bietet auch im Winter einen sehr reizvollen Anblick.

POETENPERGOLA

Bearbeiteter Entwurf von Olivier Rollin

Das brauchen Sie:

Werkzeug-Grundausrüstung
Ausrüstung zum Graben
Zusätzliche Werkzeuge
- Gegenstand zum Beschweren der Konstruktion
- Schraubstock
- 3-mm-Bohrer zum Vorbohren für 75 mm lange Holzschrauben
- 2,5-mm-Bohrer zum Vorbohren für 30 mm und 50 mm lange Holz-schrauben
- Stichsäge
- Tischsäge oder Gehrungssäge
Materialien und Hilfsmittel
- Sandpapier, Körnung 100
- Reißzwecken
- Wetterbeständiger Holzleim
- Sperrholzplatte, Abmessungen 1,9×122×244 cm
- 2 Stück Presspappe, Abmessungen 71×112 cm
- Latten für Bodenverstrebungen
Kleineisenwaren
- 1 kg Holzschrauben für den Außenbau, Länge 30 mm
- 1,5 kg Holzschrauben für den Außenbau, Länge 50 mm
- 1,5 kg Holzschrauben für den Außenbau, Länge 75 mm

Sie ist so schön wie ein lyrisches Gedicht und braucht eine üppig bepflanzte Umgebung, die zu ihrer majestätischen Größe passt. Auch wenn diese Pergola eher etwas für den erfahrenen Holzhandwerker ist, wird sie auch einem Anfänger gelingen, der genügend Zeit und Geduld dafür hat.

Schnittliste

Buchstabe	Bezeichnung	Menge	Abmessungen
A	Bogen	3	
A-1	Vorderes Bogenteil	6	1,9×21,6×86,4 cm
A-2	Verstärkungsteil	3	1,9×21,6×77,5 cm
A-3	Randstück	6	1,9×14,6×33 cm
A 4	Kurzer Sparren	6	1,9×14×57,2 cm
A-5	Langer Sparren	6	1,9×14×78,7 cm
B	Ziergitterleiste	88	3,8×3,8×17,8 cm
C	Pfosten	8	8,9×8,9×279,5 cm
D	Querbalken	4	3,8×8,9×127 cm
E	Seitensteg	20	3,8×8,9×127 cm
F	Dachsteg	16	1,9×8,9×170,2 cm

Zur Beachtung: Dieses Projekt besteht aus zahlreichen Einzelteilen. Es empfiehlt sich die Bauteile nicht schon alle vor der Montage zuzuschneiden, sondern wie in der Anleitung angegeben erst dann, wenn sie gebraucht werden.

Tipp: Wenn Sie mit der Stichsäge geschweifte Formen aus starkem Holz aussägen und das fertige Werkstück dann als Schablone für weitere Bauteile benutzen, riskieren Sie, eventuell entstandene Sägefehler auf die anderen Teile zu übertragen. Wir haben unsere Schablonen aus Presspappe angefertigt, die dünner und einfacher zu schneiden ist. Dieses Material lässt sich genauer bearbeiten, was bei der eleganten Wölbung des Pergolabogens wichtig ist.

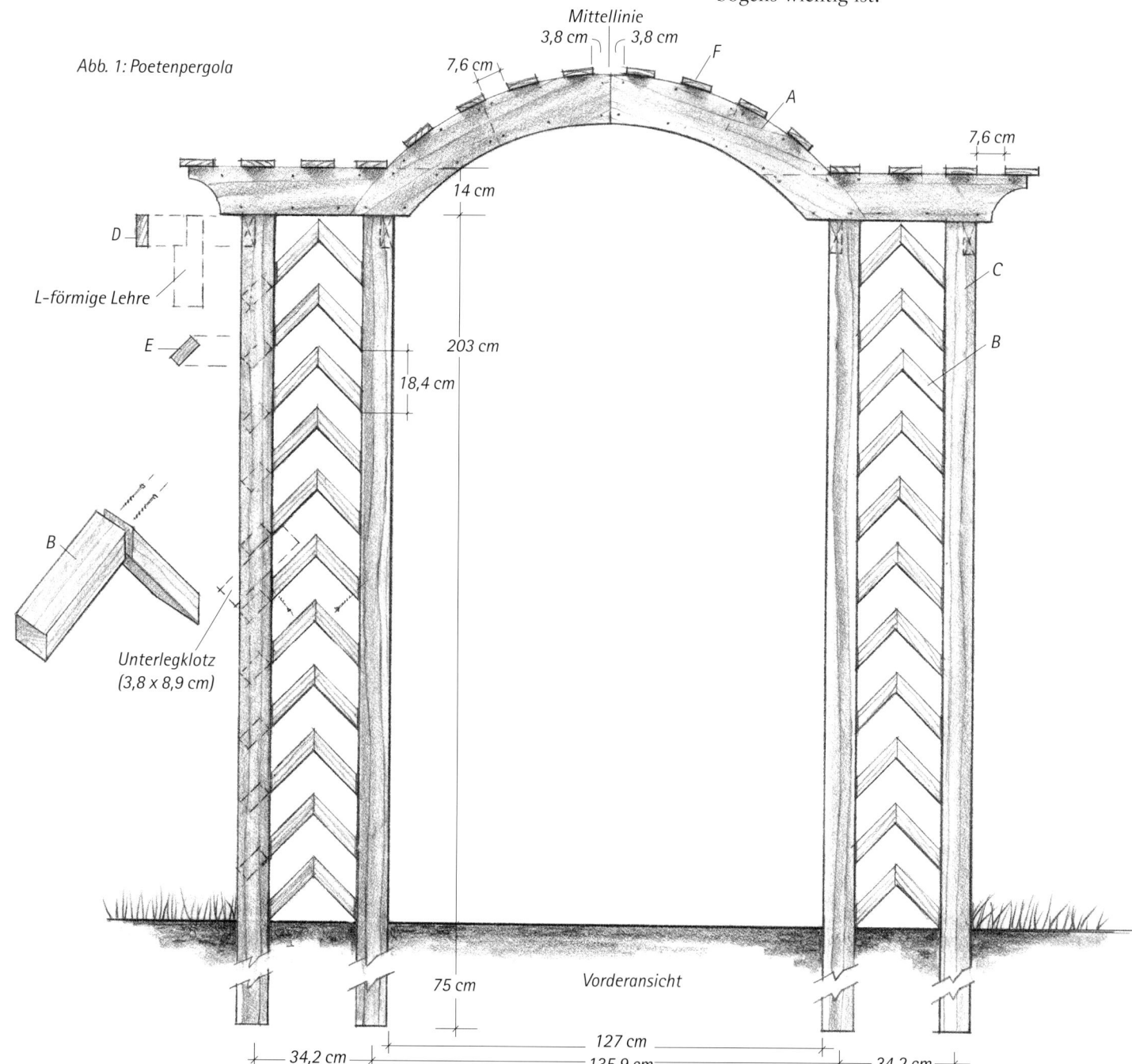

Abb. 1: Poetenpergola

Mittellinie

3,8 cm   3,8 cm

7,6 cm   F

A

7,6 cm

14 cm

D

L-förmige Lehre

C

E

B

203 cm

18,4 cm

B

Unterlegklotz
(3,8 x 8,9 cm)

75 cm   Vorderansicht

34,2 cm   127 cm   34,2 cm
135,9 cm

Anleitung

Anfertigen der ersten Schablone

1. Jeder Bogen dieses Projekts besteht aus neun Bauteilen, die in Schichten angeordnet werden (siehe S. 89, Abb. 6). Für die Bögen brauchen Sie insgesamt fünf Schablonen – drei für die geschweifte Form und zwei für die geraden Abschnitte. Fertigen Sie nach Abb. 2 auf Seite 88 die erste bogenförmige Schablone (A-1) an. Kleben Sie zunächst die beiden Pappen an der 112 cm langen Kante mit Kreppband aneinander, so dass Sie eine Fläche mit den Abmessungen 142 × 112 cm haben.

Die stabile Poetenpergola bietet einer so wüchsigen Kletterpflanze wie der Bougainvillea 'Tahitian Dawn' den nötigen Halt.

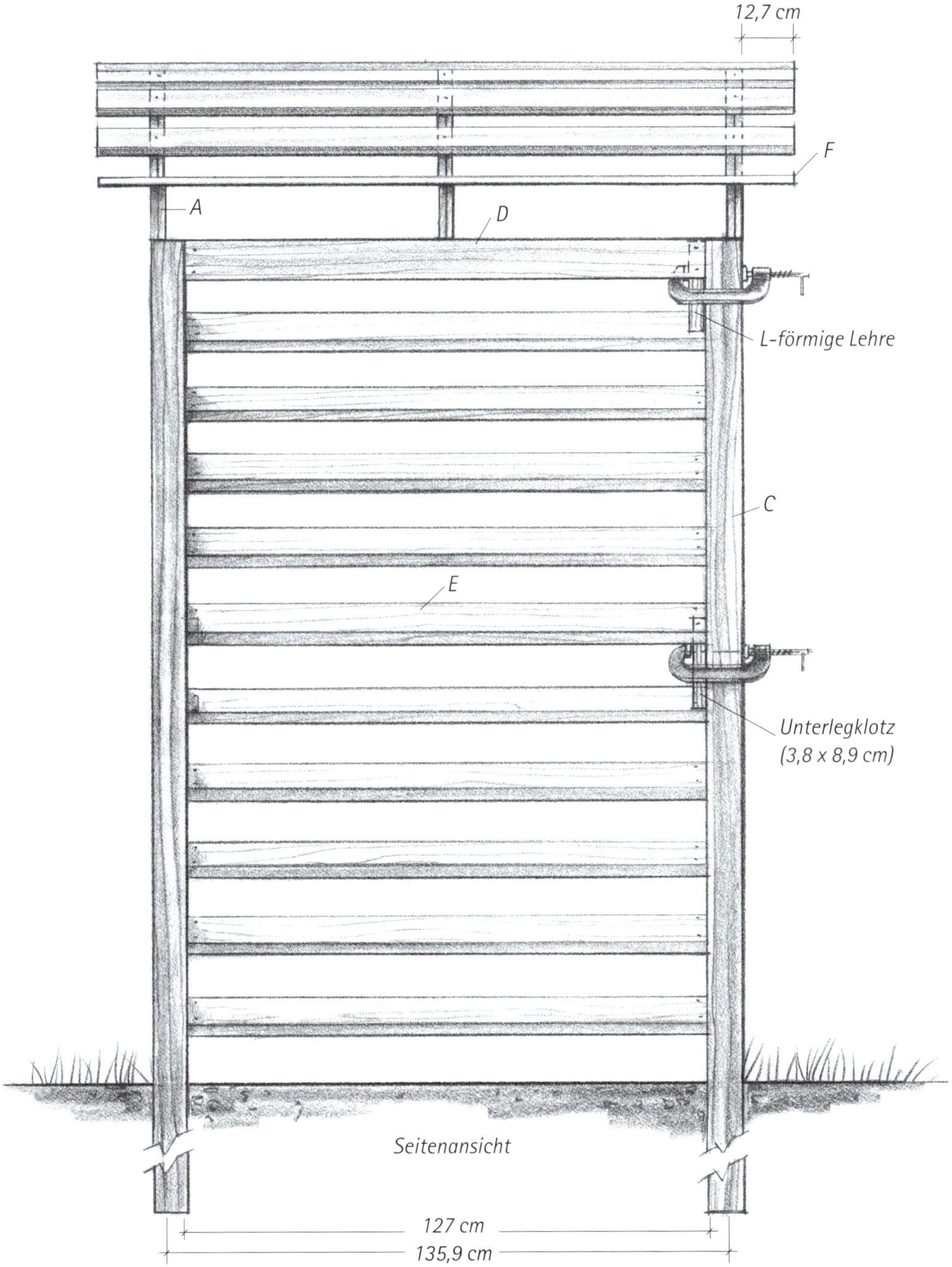

12,7 cm

F

A

D

L-förmige Lehre

C

E

Unterlegklotz
(3,8 x 8,9 cm)

Seitenansicht

127 cm
135,9 cm

2. Drehen Sie die Presspappe so, dass die längere Kante die Vertikale bildet. Messen Sie von der rechten Kante 1,3 cm ab und ziehen Sie in diesem Abstand parallel zur Kante mit dem Bleistift eine Linie (siehe Abb. 2). Reißen Sie auf der senkrechten Linie die Messpunkte C, C-1, C-2, C-3 und C-4 an. Lassen Sie unterhalb des Punktes C mindestens 30,5 cm frei; den Rest der Pappe brauchen Sie später noch.

3. Ziehen Sie von den Punkten C-3 und C-4 ausgehend waagerechte Linien über die gesamte Breite der Platte.

4. Zeichnen Sie mit Hilfe des selbst gefertigten Stangenzirkels (siehe S. 16) von Punkt C aus zwei Kreisbögen, die die Punkte C-1 und C-2 schneiden. Beide Kreisbögen beginnen an der senkrechten Randlinie und enden an der unteren Waagerechten, die durch Punkt C-4 verläuft (siehe Abb. 2).

5. Die untere waagerechte Linie und der untere Kreisbogen schneiden sich im Punkt C-5. Ziehen Sie eine Linie zwischen den Punkten C und C-5 und verlängern Sie diese Linie über die Kreisbögen hinaus. Ziehen Sie eine weitere Linie zwischen den Punkten C-5 und C-1. Kennzeichnen Sie die Mitte dieser Strecke als Punkt C-6. Ziehen Sie von C nach C-6 eine über die Kreisbögen hinausreichende Mittellinie.

6. Schneiden Sie mit dem Mehrzweckmesser die Schablone A-1 (in Abb. 2 hellgrau unterlegt) sorgfältig aus. Zwei weitere bogenförmige Schablonen fertigen Sie später an, indem Sie die Vorlage A-1 abwandeln.

Anfertigen der geraden Schablonen

7. Schneiden Sie von dem übrig gebliebenen Pappstück zwei Streifen mit den Maßen 112 × 14 cm ab. Fertigen Sie nun die Schablone für die kurzen Sparren (A-4) an. Legen Sie dazu die Vorlage A-1 so auf einen der Streifen, dass der äußere Kreisbogen die Oberkante des Streifens 57,2 cm von der linken Seitenkante schneidet (siehe Abb. 3). Übertragen Sie den linken Kreisbogenabschnitt von A-1 auf den Streifen. Zeichnen Sie auf die linke untere Ecke des Streifens mit dem auf 10,2 cm Radius eingestellten Zirkel einen Viertelkreis.

8. Benutzen Sie zum Anfertigen der Schablone für die langen Sparren (A-5) ebenfalls die Vorlage A-1. Legen Sie diese wie soeben beschrieben auf den anderen Streifen. Übertragen Sie diesmal den rechten Kreisbogenabschnitt auf den Streifen. Zeichnen Sie in die linke untere Ecke des Streifens einen Viertelkreis von 10,2 cm Radius.

9. Schneiden Sie beide Schablonen mit dem Mehrzweckmesser aus und legen Sie sie beiseite.

Herstellen der vorderen Bogenteile

10. Für einen Bogen brauchen Sie zwei vordere Bogenteile (A-1), für drei Bögen also insgesamt sechs solcher Teile. Befestigen Sie die Pappschablone mit zwei Reißzwecken auf einem Brett mit dem Querschnitt 1,9 × 23,5 cm und übertragen Sie den Umriss mit gut gespitztem Bleistift 6-mal.

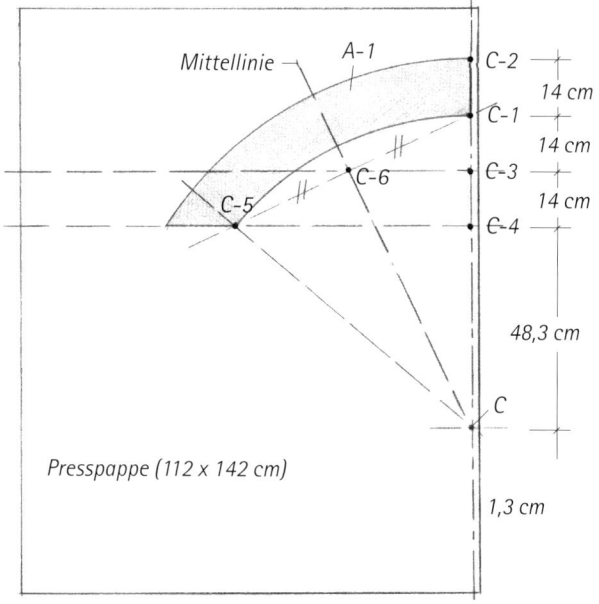

Abb. 2: Bogenschablone A-1

Mittellinie

A-1

C-2

14 cm

C-1

14 cm

C-6

C-3

14 cm

C-5

C-4

48,3 cm

C

Presspappe (112 x 142 cm)

1,3 cm

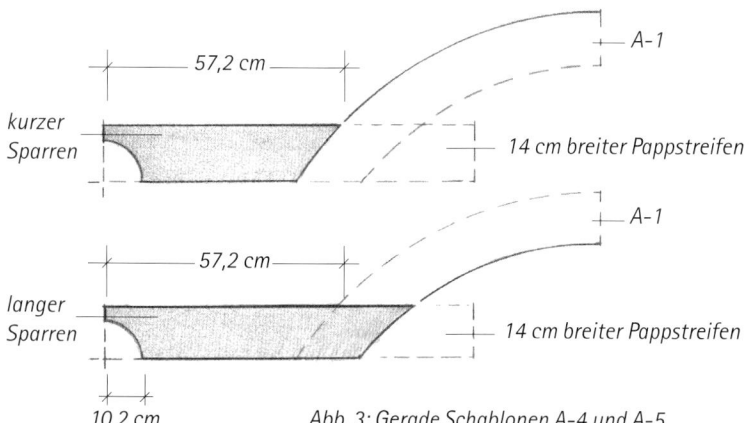

kurzer Sparren

57,2 cm

A-1

14 cm breiter Pappstreifen

langer Sparren

57,2 cm

A-1

14 cm breiter Pappstreifen

10,2 cm

Abb. 3: Gerade Schablonen A-4 und A-5

Legen Sie die Schablone beiseite; sie wird später noch gebraucht.

11. Sägen Sie mit der Stichsäge die sechs vorderen Bogenteile aus. Legen Sie die Teile beiseite.

Herstellen der Verstärkungsteile

12. Zum Anreißen der drei Verstärkungsteile (A-2) wird zunächst die Schablone A-1 zu Schablone A-2 umgearbeitet. Schneiden Sie wie in Abb. 4 dargestellt den unteren Teil von A-1 mit dem Mehrzweckmesser ab. Auf der Schablone verbleiben zwei Markierungslinien, die Sie später zum Anfertigen der Schablone A-3 nutzen.

13. Reißen Sie mit Hilfe der neuen Schablone A-2 auf einem Brett mit dem Querschnitt 1,9 × 23,5 cm drei Verstärkungsteile an. Übertragen Sie dabei auch die Mittellinie, die Sie in Arbeitsschritt 5 auf der Schablone markiert haben.

14. Sägen Sie die drei Verstärkungsteile mit der Stichsäge aus und legen Sie sie beiseite.

Herstellen der Randstücke

15. Fertigen Sie zunächst die Schablone für die sechs Randstücke (A-3) an. Schneiden Sie dazu die Schablone A-2 an den verbliebenen Markierungslinien auseinander. Sie brauchen den mittleren Abschnitt (siehe Abb. 5). Übertragen Sie den Umriss dieser neuen Schablone A-3 sechsmal auf ein Brett mit dem Querschnitt 1,9 × 18,5 cm.

16. Sägen Sie die sechs Randstücke mit der Stichsäge aus und legen Sie sie beiseite.

Herstellen der Sparren

17. Reißen Sie auf einem Brett mit dem Querschnitt 1,9 × 14 cm nach der Schablone A-4 sechs kurze Sparren (A-4) an und sägen Sie die Teile mit der Stichsäge aus. Reißen Sie dann auf einem Brett mit dem Querschnitt 1,9 × 14 cm nach der Schablone A-5 sechs lange Sparren (A-5) an und sägen Sie die Teile aus. Legen Sie die zwölf Sparren beiseite.

Zusammenbau der Bögen

18. Damit Ihnen die Montage der Bögen leichter von der Hand geht und die Teile wirklich genau zusammengesetzt werden, sägen Sie sich zunächst eine Vorlage aus der Sperrholzplatte zurecht (siehe Abb. 6). Legen Sie dazu das Richtscheit bündig an die Unterkante der Platte und ziehen Sie entlang der oberen Richtscheitkante eine Linie auf dem Sperrholz. Legen Sie das Richtscheit beiseite und zeichnen Sie von der Linie ausgehend den Umriss des Bogens auf das Sperrholz (siehe Abb. 6). Zeichnen Sie mit dem selbst gefertigten Stangenzirkel den äußeren und den inneren Kreisbogen auf; der Stangenzirkel ist dabei auf dieselben Radien eingestellt wie in Arbeitsschritt 4. Damit Sie den richtigen Ansatzpunkt für den Zirkel haben, befestigen Sie provisorisch einen Holzrest mit dem Querschnitt

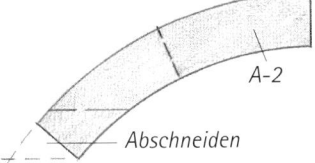

Abb. 4: Bogenförmige Schablone A-2

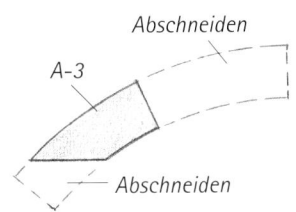

Abb. 5: Bogenförmige Schablone A-3

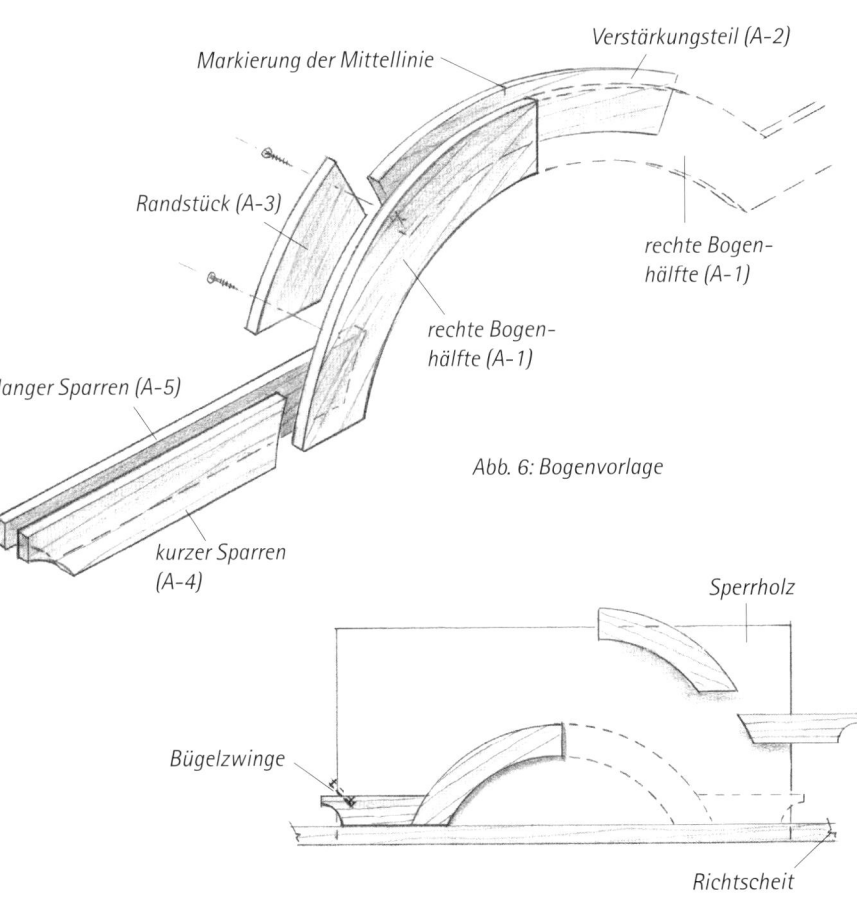

Abb. 6: Bogenvorlage

Der Sumpfjasmin ist im Süd-osten der USA heimisch. Seine auffallenden gelben Blüten erscheinen im Frühjahr und dann noch einmal im Herbst.

1,9 × 8,9 cm an der Unterkante der Sperr-holzplatte (siehe S. 76, Abb. 3). Nachdem Sie die Kreisbögen gezeichnet haben, legen Sie das Richtscheit wieder an die Unter-kante der Schablone und befestigen es dort mit ein paar Schrauben oder Nägeln.

Prüfen der Passgenauigkeit

19. Wie in Abb. 6 zu sehen ist, besteht jeder der drei Bögen aus zwei Lagen. Zum Prüfen der Passgenauigkeit der neun Einzel-teile je Bogen fügen Sie die Bauteile zu-nächst trocken, d.h. ohne Leim zusammen. Setzen Sie dazu als Erstes sämtliche Teile für einen Bogen (A-1 bis A-5) auf dem Umriss, den Sie zuvor auf die Sperrholz-platte gezeichnet haben, zusammen. Legen Sie dann die Teile der zweiten Lage auf die erste Lage auf. Mit Hilfe des Richt-scheits lassen sich die Teile gerade anord-nen. Sollten die Bauteile nicht genau zusammenpassen, können sie jetzt noch passgerecht nachgearbeitet werden. Prüfen Sie auf die gleiche Weise die Genauigkeit der Formen und Verbindungsstellen der übrigen Bögen.

20. Passen die Bauteile schließlich alle ge-nau zusammen, legen Sie die Teile für einen Bogen auf die Vorlage und spannen die Sparren mit Bügelzwingen fest, damit sie nicht verrutschen (siehe Abb. 6). Bohren Sie durch jedes obenauf liegende Bogenteil zwei Führungslöcher für 30 mm lange Schrauben in die darunter befindliche Lage. Diese Führungslöcher brauchen Sie, wenn Sie im nächsten Arbeitsschritt die einzelnen Bauteile richtig zusammensetzen. Für die Montage eines Bogens brauchen Sie etwa 46 Stück 30 mm lange Holz-schrauben für den Außenbau. Die Schrau-benköpfe sollten bündig mit der Holzober-fläche sitzen und symmetrisch angeordnet sein (siehe Abb. 1).

Verleimen der Bogenteile

21. Nehmen Sie die zuoberst liegenden Bauteile ab und lassen Sie die Bauteile der unteren Lage an ihrem Platz. Drehen Sie in die Führungslöcher, die Sie in Arbeits-schritt 20 in die Teile der oberen Lage ge-bohrt haben, 30 mm lange Schrauben so weit ein, dass ihre Enden an der Unterseite der Bauteile etwa 6 mm herausschauen. Bestreichen Sie die miteinander zu ver-klebenden Flächen der oberen und der unteren Lage mit Holzleim. Fügen Sie die beiden Lagen zusammen, indem Sie die Schraubenenden in der oberen Lage in die Führungslöcher der unten liegenden Bau-teile einsetzen. Drehen Sie dann die Schrauben von oben fest in die untere Lage ein um beide Lagen miteinander zu verbinden.

22. Haben Sie alle Schrauben von der oberen in die untere Lage eingedreht, wen-den Sie den Bogen und drehen Schrauben von der unteren Lage in die obere ein. Arbeiten Sie zügig und verschrauben Sie erst den gesamten Bogen, ehe Sie vielleicht eine Pause einlegen. Durch den Druck der Schrauben quillt sicher etwas Holzleim an den Seiten heraus; wischen Sie den Leim gleich mit einem feuchten Lappen ab. Sitzen sämtliche Schrauben an Ort und Stelle, legen Sie den Bogen zum Trocknen auf eine ebene Fläche. Legen Sie obenauf ein paar schwere Gegenstände, die den Bogen flach halten. Entfernen Sie alle Leimreste von der Sperrholzvorlage, bevor Sie den nächsten Bogen zusammenbauen.

23. Bauen Sie die beiden anderen Bögen zusammen. Wiederholen Sie dazu die Arbeitsschritte 19 – 22. Nehmen Sie die Beschwerungsteile vom ersten Bogen ab, legen Sie die beiden anderen fertigen Bögen auf den ersten und beschweren Sie den Stapel wieder.

24. Ist der Leim trocken, glätten Sie die Schnittkanten des Holzes mit einer Raspel und mit Sandpapier (Körnung 100); schlei-fen Sie dabei jedoch nicht die Kanten rund.

Zuschnitt und Zusammenbau der Ziergitterleisten

25. Die größte Länge der auf Gehrung gesägten Ziergitterleisten beträgt 17,8 cm. Die Leisten müssen akkurat zugeschnitten werden. Führen Sie die Schnitte im Winkel von 45° mit der Tischsäge oder der Gehrungssäge aus. Für ein Pfostenpaar werden elf Paar, für die ganze Pergola also insgesamt 44 Paar Ziergitterleisten benötigt.

26. Spannen Sie jeweils ein Leistenpaar so in den Schraubstock, dass beide Leisten einen rechten Winkel bilden. Versehen Sie die Eckverbindung mit zwei Führungslöchern für 50 mm lange Schrauben. Bestreichen Sie anschließend die Verbindungsflächen mit Leim, setzen Sie das Leistenpaar wieder zusammen und drehen Sie die Schrauben ein. Wischen Sie allen überschüssigen Leim von den Leisten ab.

Einsetzen der Leisten

27. Zwischen jeweils zwei Pfosten (C) werden elf Paar Ziergitterleisten mit nach oben zeigenden Spitzen gesetzt. Legen Sie die Sperrholzvorlage, mit deren Hilfe Sie in Arbeitsschritt 18 die Bögen zusammengefügt haben, auf eine ebene Fläche, die für die Pfosten lang genug ist. Legen Sie zwei Pfosten nebeneinander auf das Sperrholz. Rücken Sie den einen Pfosten so an das Richtscheit auf der Vorlage, dass seine Oberkante mit der Sperrholzkante bündig abschließt. Spannen Sie diesen Pfosten mit Bügelzwingen fest.

28. Setzen Sie das oberste Leistenpaar zwischen die Pfosten; die Leistenspitze muss in einer Linie mit der Sperrholzkante und dem Ende des festgespannten Pfostens liegen. Setzen Sie einige Dutzend Zentimeter unterhalb des ersten Leistenpaares ein zweites als Abstandhalter zwischen die Pfosten. Spannen Sie dann den zweiten Pfosten an der Sperrholzunterlage fest.

29. Markieren Sie nach den Maßangaben in Abb. 1 an beiden Pfosten die Positionen der übrigen Leistenpaare. Messen Sie die Zwischenräume genau ab, damit die Leis-

ten in gleichmäßigen Abständen angeordnet sind.

30. Befestigen Sie die Leisten nun an den Pfosten. Beginnen Sie mit dem obersten Paar. Bohren Sie durch die Enden beider Leisten schräg verlaufende Führungslöcher in die Pfostenseiten und drehen Sie an diesen Stellen je eine 50 mm lange Schraube ein (siehe Abb. 1). Schrauben Sie an den Pfostenmarkierungen auch die übrigen Leistenpaare fest. Übertragen Sie anschließend die Positionen der Zierleisten mit Bleistift auf die Sperrholzunterlage und stellen Sie dann das fertige Pfostenpaar beiseite. Die Markierungen dienen Ihnen als Vorlage für die Befestigung der Zierleisten an den übrigen drei Pfostenpaaren.

31. Versehen Sie die übrigen drei Pfostenpaare ebenfalls mit Ziergitterleisten. Wiederholen Sie dazu die Arbeitsschritte 27 – 30.

Aufstellen der Pfostenpaare

32. Für diese Arbeit brauchen Sie einen Helfer. Sehen Sie sich nochmals den Abschnitt über die Vorbereitung des Standortes auf Seite 23 und über das Ausheben der Pfostenlöcher auf Seite 26 an. Heben Sie die Pfostenlöcher entsprechend den Maßangaben in Abb. 1 aus.

33. Setzen Sie die vier Pfostenpaare in den Boden ein. Vergewissern Sie sich, dass sie senkrecht und in einer Höhe stehen und verankern Sie die Pfosten provisorisch im Boden. Setzen Sie die Verstrebungslatten unterhalb der für die Bögen vorgesehenen Positionen an die Innenseite der Pergola, damit sie bei den weiteren Arbeiten nicht im Wege sind.

Zuschneiden und Befestigen der Balken

34. Da die Balken (D) und die Seitenstege (E) gleich lang sein müssen, können sie zusammen zugeschnitten werden. Sägen Sie sie mit der Tisch- oder der Gehrungssäge auf die in der Schnittliste angegebenen

Maße. Legen Sie die Seitenstege vorläufig beiseite.

35. Fertigen Sie sich aus Holzresten mit dem Querschnitt 3,8 × 8,9 cm zwei L-förmige Lehren an (siehe Abb. 1). Diese Lehren halten die Balken (D) an Ort und Stelle, während Sie diese an den Pfosten befestigen.

36. Jetzt brauchen Sie wieder einen Helfer. Befestigen Sie den ersten Balken. Spannen Sie dazu erst einmal die Lehren an den oberen Enden der Pfosten mit Bügelzwingen fest (siehe Abb. 1). Stellen Sie sich auf die Leiter und setzen Sie den Balken mit den Enden in die Ecken der beiden Lehren ein. Rücken Sie die Pfosten dicht an die Balkenenden. Bohren Sie an den Balkenenden zwei schräg verlaufende Führungslöcher vor und drehen Sie durch beide Löcher zwei 75 mm lange Schrauben in die Pfosten ein.

37. Setzen Sie die Lehren an die nächsten beiden Pfosten und befestigen Sie den nächsten Balken. Wiederholen Sie dazu Arbeitsschritt 36.

Dieser ländliche Torbogen ist mit breiten roten Bändern und einer Girlande aus immergrünen Zweigen geschmückt. Eine hübsche Ergänzung wären einige elektrische Miniaturkerzen, die Ihre Gäste am Abend willkommen heißen.

Befestigen der Seitenstege

38. Die bereits zugeschnittenen Seitenstege (E) müssen genau wie die Balken zwischen den Pfosten sitzen (siehe Abb. 1). Sie werden im gleichen Winkel wie die Ziergitterleisten angebracht. Setzen Sie beim Befestigen der Stege zwei hölzerne Unterlegklötze mit den Abmessungen 3,8 × 8,9 × 30,5 cm unter die Stegenden, damit diese im richtigen Winkel liegen. Richten Sie die Unterlegklötze an den Ziergitterleisten aus und spannen Sie sie mit Bügelzwingen fest (siehe Abb. 1). Legen Sie die Seitenstege immer auf die Unterlegklötze. Beginnen Sie an der zweituntersten Ziergitterleiste und arbeiten Sie weiter nach oben. Bohren Sie in die Enden der Seitenstege schräg verlaufende Führungslöcher und befestigen Sie die Stege mit 75 mm langen Schrauben an den Pfosten.

39. Befestigen Sie die Seitenstege auch an der anderen Seite der Pergola und füllen Sie die Pfostenlöcher dann mit Erde auf, damit die Konstruktion sicher steht. Nehmen Sie die Verstrebungslatten ab.

Zuschneiden und Befestigen der Dachstege

40. Sägen Sie die Dachstege (F) nach den Maßangaben in der Schnittliste zurecht. Legen Sie die Stege, in der Mitte der Bögen beginnend, im Abstand von jeweils 7,6 cm auf (siehe Abb. 1) und befestigen Sie sie mit 50 mm langen Schrauben an den Bögen. Die Dachstege ragen an beiden Enden 12,7 cm über die Bögen hinaus. Die Längskanten der beiden äußeren Dachstege sollten an den Bogenenden leicht überstehen. Sind alle Arbeiten abgeschlossen, geben Sie zur Feier Ihrer großartigen Bauleistung ein Gartenfest.

Rosen, Rosen, Rosen

Eine Pergola zu bauen hat nach Meinung vieler Gartenliebhaber nur den einen Grund, dass man einen Platz zur Präsentation seiner Rosen braucht. Die Liebe zu den unglaublich schönen, duftenden Rosen scheint tief in der menschlichen Seele verwurzelt zu sein. Die Rose gehört zu den ältesten Pflanzen der Erde. Fossile Überreste belegen, dass sie bereits seit mindestens 35 Millionen existiert. Sie ist auch jene Blütenpflanze, deren Kultivierung historisch am weitesten zurückreicht und wahrscheinlich bereits vor mehr als 5000 Jahren in den Gärten Chinas begann. Die Rose nahm in ihrer ganzen langen Geschichte stets

Weiße Banksrose

einen Ehrenplatz ein. Die Ägypter brachten der Göttin Isis Rosenopfer dar. Der Legende nach verwandelte sich jeder Schweißtropfen Mohammeds, der auf die Erde fiel, in eine Rose. Die Mönche des Benediktinerordens hegten die Rose in ihren Klöstern und machten sie zum Symbol ihrer Frömmigkeit. Die alten Perser gewannen als Erste Rosenöl, ein ätherisches Öl aus den Blütenblättern der Rose; viele Jahrhunderte später wurde das Geheimnis in Frankreich neu entdeckt und so der Grundstein für die weltberühmte Parfümindustrie gelegt.

'Rosette Delizy'

Die Wildarten der Rose kommen in den meisten Gebieten der nördlichen Halbkugel vor, doch die Wiege der heutigen Gartenrosen stand im Nahen Osten und in China. Die „abendländischen" Rosen waren zwar auch schön, blühten jedoch nur einmal im Jahr. 1792 führte man aus China eine neue Rose nach Europa ein, die die erstaunliche Eigenschaft hatte, den ganzen Sommer lang zu blühen.

Rosen brauchen Rankhilfen wie Pergolen und Spaliere um so richtig in die Höhe wachsen zu können. Sie besitzen lange biegsame Triebe, die man an Stützen fixiert um eine bestimmte Wuchsform zu erzielen. In der Waagerechten erzogene Rosen bringen mehr Blüten hervor. Das ist auch der Grund, weshalb die Flor an der Oberseite eines Rankgerüsts oftmals sehr üppig ist.

Kletterrosen werden in drei Kategorien unterteilt: Rambler- oder Kaskadenrosen, Schlingrosen und die klassischen Kletterrosen. Kaskadenrosen sind sehr wüchsig, können mit ihrer Masse ein Rankgerüst also stark belasten, und haben im Allgemeinen kleinere Blüten. Schlingrosen sind sehr robust und bringen mittelgroße Blüten von 5 – 7,5 cm Durchmesser hervor. Die so genannten klassischen Kletterrosen haben große Blüten, von denen immer mehrere ein Büschel bilden. Manche Kletterrosen zeigen ihre Pracht nur für einige Wochen im Jahr, andere wiederum blühen die ganze Saison über.

Rosen gedeihen auch in Gegenden mit kalten Wintern, brauchen während der Vegetationszeit täglich aber mindestens sechs Stunden lang Sonnenschein. Gießen Sie Ihre Rosen stets frühmorgens. So verhindern Sie, dass die Blätter in der Hitze des Tages verbrennen. Wassergaben am Abend können Pilzerkrankungen hervorrufen. Manche Rosen sind anspruchsvoll und brauchen viel Pflege. Andere wiederum gelten als robust und überleben selbst dann recht gut, wenn man sie etwas vernachlässigt. Es gibt Rosen, die bei erfahrenen und unerfahrenen Gärtnern gleichermaßen gut gedeihen. In ihrem Reich findet man eine erstaunliche Vielfalt an Farben, Größen und Düften, ja sogar einige stachellose Arten. Wenn Sie von einer Rosenpergola bisher nur geträumt haben, dann ist es jetzt an der Zeit, ein solches Rankgerüst für Ihren Garten zu bauen.

'Dream Weaver'

MAJESTÄTISCHE PERGOLA

Bearbeiteter Entwurf von Olivier Rollin

Diese Pergola im Kolonial- stil fügt sich prächtig in traditionelle, gut gepflegte Gärten und insbesondere in ausgedehnte Grünanlagen ein, die zur majestätischen Größe der Pergola passen. Wir haben bei unserem Projekt das Leistendesign vereinfacht und die Stabilität der Pergola durch zusätzliche Streben im oberen Teil verbessert.

Zur Beachtung: Wegen der Größe und des Gewichts der Pergola müssen die Pfosten- löcher rund 90 cm tief ausgehoben werden (siehe Abb. 1). Außerdem haben wir die Pfosten mit fertig gekauften Wandstoß- leisten verziert, doch eignen sich dafür auch andere Leisten, sofern sie ähnliche Abmessungen haben.

Das brauchen Sie:

Werkzeug-Grundausrüstung
Ausrüstung zum Graben
Zusätzliche Werkzeuge
- 2,5-mm-Bohrer zum Vorbohren für 65 mm lange Holzschrauben
- 3-mm-Bohrer zum Vorbohren für 90 mm lange Holz- schrauben
- 6-mm-Bohrer, Länge mindestens 125 mm, zum Vor- bohren für 10-mm-Ankerschrauben
- 25-mm-Spitzbohrer
- Stichsäge
- Kreissäge
- Gehrungssäge
- Tischsäge

Materialien und Hilfsmittel
- Nassfester Holzleim
- 1 Stück Presspappe, Abmessungen 71 × 112 cm
- Latten für Bodenverstrebungen

Kleineisenwaren
- 0,25 kg galvanisierte Drahtstifte, Größe 3 × 50 mm
- einige Nägel, Größe 4 × 90 mm
- 0,5 kg Holzschrauben für den Außenbau, Länge 65 mm
- 0,5 kg Holzschrauben für den Außenbau, Länge 90 mm
- 4 Ankerschrauben, Größe 10 × 150 mm, mit Unterleg- scheiben

Schnittliste

Buchstabe	Bezeichnung	Menge	Abmessungen
A	Pfosten	4	14 × 14 × 335 cm
B	Querriegel	4	3,8 × 18,4 × 300 cm
C	Strebe	4	14 × 14 × 86,4 cm
D	Dachsteg	7	3,8 × 18,4 × 203 cm
E	Sockelteil	16	3,8 × 14 × 21,6 cm
F	Zierleiste	80	1,9 × 3,2 × 20,3 cm
G	Zierelement mit Ankerschraube	4	Durchmesser 15 cm, Länge 20 cm

Anleitung
Zuschneiden der Teile

1. Sägen Sie sämtliche Teile nach den Maßangaben in der Schnittliste, auch die Querriegel (B) und die Dachstege mit den geschweiften Schnittlinien, zurecht. Die Streben sind an beiden Enden im Winkel von 45° angeschrägt; ihre größte Länge misst 86,4 cm. Die Leisten (F) werden erst später zurechtgesägt.

2. Fertigen Sie zum Anreißen der geschweiften Schnittlinien der Querriegel (B) und der Dachstege (D) zunächst eine Schablone an. Übertragen Sie die Vorlage in Abb. 2 in den

Abb. 1: Majestätische Pergola

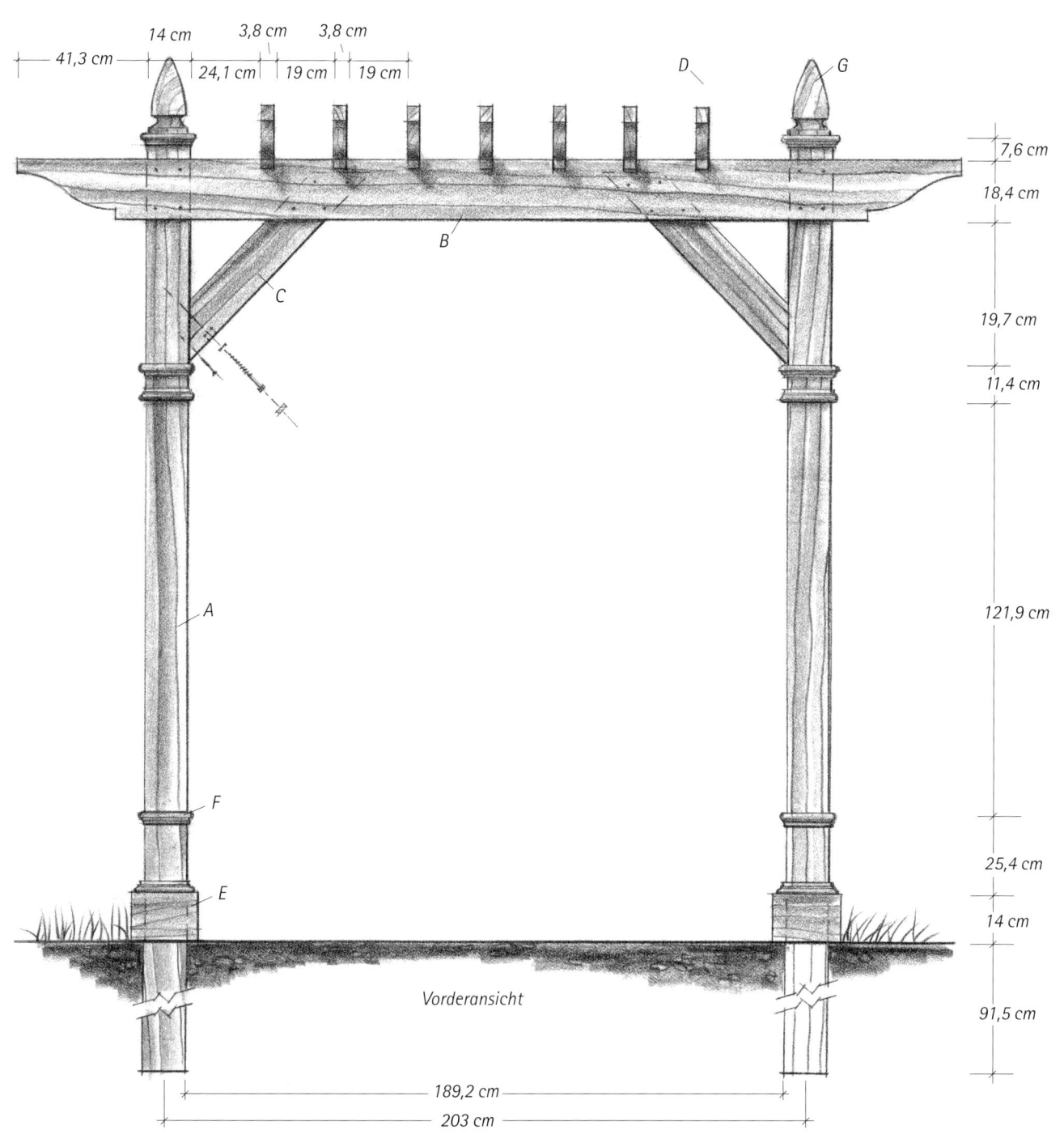

Vorderansicht

gewünschten Abmessungen auf die Pappe und schneiden Sie die Schablone dann mit der Schere oder einem scharfen Messer aus. Übertragen Sie den Umriss der Schablone auf die für Querriegel und Dachstege vorgesehenen Hölzer. Sägen Sie die geschweiften Formen mit der Stichsäge aus.

3. Reißen Sie die Aussparungen an den Dachstegen (D) an (siehe Abb. 1), schneiden Sie sie jedoch jetzt noch nicht aus.

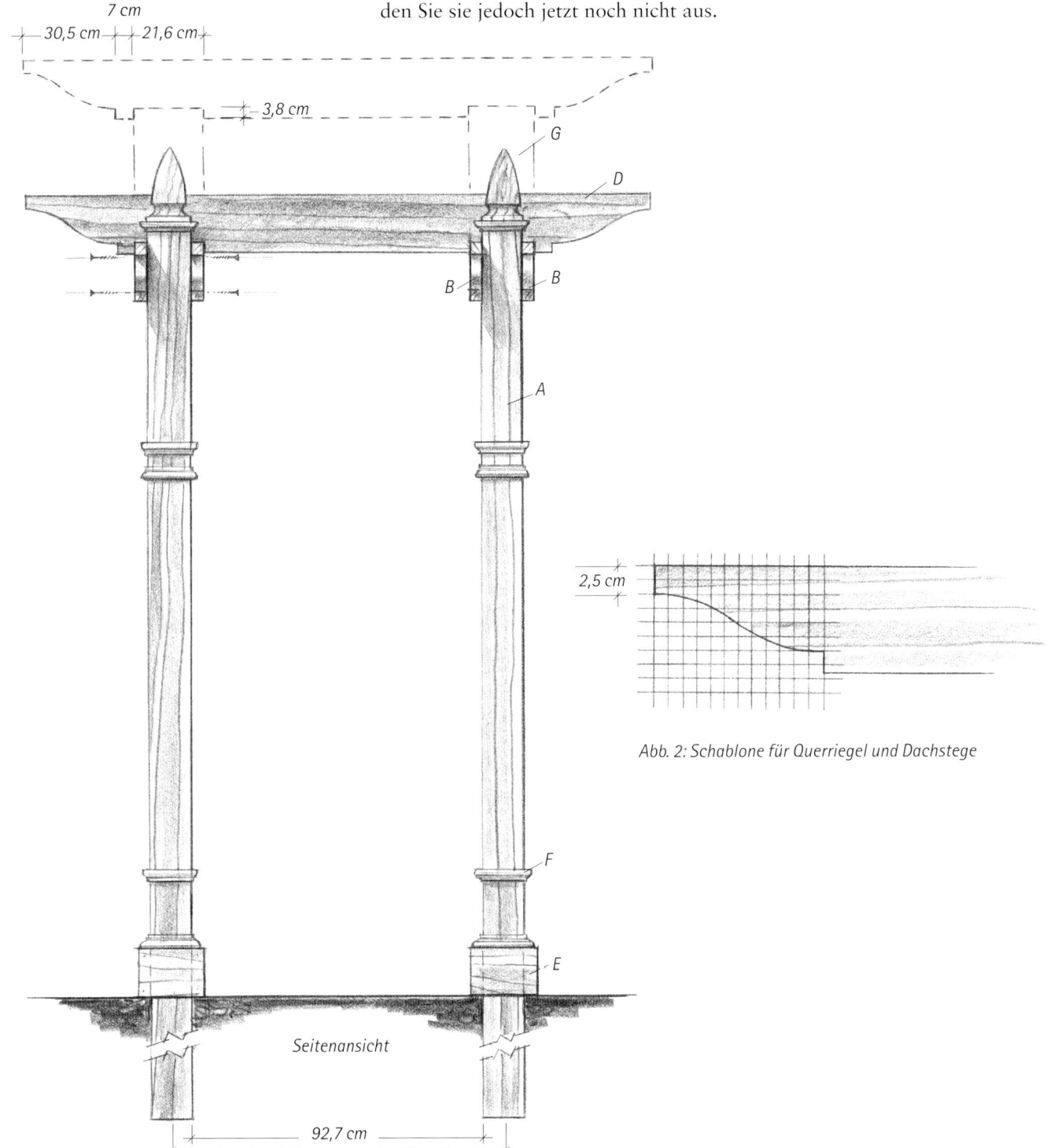

Abb. 2: Schablone für Querriegel und Dachstege

Die Clematis 'Rouge Cardinal' schmückt sich im Spätsommer mit prachtvollen samtig roten Blüten.

Aufstellen der Pfosten

4. Lassen Sie sich bei dieser Arbeit von jemandem helfen. Sehen Sie sich nochmals den Abschnitt über die Vorbereitung des Standortes (siehe S. 23) und über das Ausheben der Pfostenlöcher (siehe S. 26) an. Heben Sie die Pfostenlöcher entsprechend den Maßangaben in Abb. 1 aus. Setzen Sie anschließend die Pfosten (A) in die Löcher ein; achten Sie darauf, dass die Pfosten alle in der gleichen Höhe stehen. Verankern Sie die Pfosten provisorisch im Boden.

Befestigen der Querriegel

5. Sitzen die Pfosten richtig in den Löchern, können die Querriegel (B) angebracht werden. Messen Sie zunächst von den oberen Enden der Pfosten jeweils 26 cm ab und markieren Sie die Stellen.

6. Jetzt brauchen Sie wieder Helfer. Achten Sie bei den folgenden Arbeiten darauf, dass alle vier Pfosten in der gleichen Höhe stehen. Messen Sie an beiden Enden der Querriegel jeweils 41,3 cm ab. Schlagen Sie zunächst an den beiden vorderen Pfosten einen Nagel der Größe 4 × 90 mm zur

Hälfte in die markierte Stelle (siehe Arbeitsschritt 5) ein. Legen Sie einen Querriegel dicht an den Pfosten auf die Nägel auf und rücken Sie den Riegel so, dass dessen Markierungspunkte bei 41,3 cm in einer Linie mit der Außenseite der Pfosten liegt. Verringern oder vergrößern Sie nötigenfalls den Pfostenabstand passend zu den Markierungen. Lassen Sie Ihre Helfer den Querriegel an Ort und Stelle halten, während Sie Führungslöcher vorbohren und 90 mm lange Schrauben durch den Querriegel in die Pfosten eindrehen. Wiederholen Sie den Arbeitsschritt mit den restlichen drei Querriegeln. Ziehen Sie zum Schluss die 90 mm langen Stütznägel wieder aus dem Holz heraus.

Befestigen der Streben

7. Befestigen Sie stets erst eine Strebe (C) vollständig, ehe Sie mit der nächsten beginnen. In Abb. 1 sehen Sie, dass der obere Teil der Streben genau zwischen jeweils zwei Querriegel (B) passt und die abgeschrägten unteren Enden an der Innenseite der Pfosten (A) sitzen. Senken Sie zunächst mit dem

Ein elegantes, ganzheitliches Aussehen erhält ein Garten, wenn sich die Bauten darin in ihrem Stil ähneln. Dieser Torbogen ist kleiner als die Majestätische Pergola, folgt jedoch vergleichbaren Entwurfsprinzipien. Hier wiederholen sich die Zierelemente des Torbogens an den Zaunpfosten.

Spitzbohrer ein 2,5 cm tiefes Loch von oben in die abgeschrägte Fläche der Strebe, das 10,2 cm von der Spitze der Schräge und auf halber Strebenbreite liegt (siehe Abb. 1). Bohren Sie durch die Mitte des angesenkten Loches ein 6-mm-Führungsloch in die Strebe. Versehen Sie auch die anderen drei Streben mit diesen Bohrungen.

8. Bringen Sie 45 cm von der Unterkante der Querriegel eine Markierung an den Pfosten an. Setzen Sie eine der Streben zwischen die Querriegel; rücken Sie die untere Schräge so, dass sie an der Pfostenmarkierung sitzt. Bohren Sie zwei Führungslöcher vor und drehen Sie 3,8 cm vom unteren Ende der Strebe zwei 65 mm lange Schrauben in die Strebe und den Pfosten ein. Bohren Sie anschließend ein Führungsloch durch den Querriegel in den oberen Teil der Strebe und drehen Sie zur provisorischen Befestigung der Strebe an dieser Stelle eine 65 mm lange Schraube ein. Prüfen Sie den richtigen Sitz der Schräge am Pfosten.

9. Befestigen Sie das untere Ende der Strebe mit einer Ankerschraube am Pfosten. Bohren Sie dazu in das angesenkte Loch ein 6 mm breites Führungsloch in den Pfosten und drehen Sie durch die Strebe eine 150 mm lange Ankerschraube in den Pfosten ein. Versenken Sie den Schraubenkopf bis unter die Oberfläche der Strebe.

10. Befestigen Sie den oberen Teil der Strebe an den Querriegeln. Bohren Sie dazu Führungslöcher vor und drehen Sie durch den Riegel 90 mm lange Schrauben in die Strebe (siehe Abb. 1). Achten Sie darauf, dass die Schrauben durch beide Seiten der Querriegel gehen.

11. Befestigen Sie die übrigen drei Streben. Wiederholen Sie dazu die Arbeitsschritte 8 – 10.

Befestigen der Dachstege

12. Die Dachstege (D) ragen 41,3 cm über die Pfosten hinaus und überbrücken beide Querriegelpaare (siehe Abb. 1). Setzen Sie zunächst die Dachteile auf die Querriegel auf und prüfen Sie, ob die Aussparungen, die Sie in Arbeitsschritt 3 angerissen haben, mit den Querriegeln zusammenpassen. Sägen und stechen Sie die Aussparungen aus (Anleitung siehe S. 19), setzen Sie sie auf die Querriegel und arbeiten Sie sie nötigenfalls etwas nach, bis sie genau passen. Bohren Sie schräg verlaufende Führungslöcher vor und drehen Sie 65 mm lange Schrauben durch die Dachstege in die Querriegel ein.

Befestigen der Sockelteile und Zierleisten

13. Die Maßangaben für den Zuschnitt und das Anschrägen der Sockelteile (E) finden Sie in Abb. 1. Führen Sie die Gehrungsschnitte mit der Tischsäge aus; sägen Sie die einzelnen Teile etwa um die Stärke einer Bleistiftlinie länger zu als angegeben, damit an den Eckverbindungen später nicht etwa Lücken klaffen. Setzen Sie die Sockelteile in Bodenhöhe an, bohren Sie Führungslöcher vor und befestigen Sie die Sockelteile mit 65 mm langen Schrauben an den Pfosten.

14. Zum Befestigen der Zierleisten (F) an den Pfosten brauchen Sie eine Leiter. Markieren Sie die Ansatzhöhen für die Leisten entsprechend den Maßangaben in Abb. 1. Sägen Sie die Leistenenden mit der Gehrungssäge schräg zu. Bohren Sie Führungslöcher vor und befestigen Sie die Leisten mit Drahtstiften der Größe 3 × 50 mm an den Pfosten. Versenken Sie die Nagelköpfe mit dem Nageltreiber.

Aufsetzen der Zierelemente

15. Setzen Sie zur Vervollständigung des Designs die vier Zierelemente (G) auf die Pfosten. Bohren Sie in die oberen Pfostenenden Führungslöcher für die Ankerschrauben der Zierelemente vor und drehen Sie die Zierelemente fest. Nun können Sie Ihr Werk bewundern. Genießen Sie dazu einen Mint-Julep und lassen Sie sich von wohliger Mattigkeit übermannen.

PERGOLA ZUM AUSRUHEN

Bearbeiteter Entwurf von Olivier Rollin

Pflanzenregal, Bank, Spalier oder Pergola? Alles das und noch mehr ist dieser perfekte Sitzplatz, an dem Sie für sich sein und nach einem anstrengenden Tag etwas ausruhen können. Die sanft geschwungenen Teile verleihen dem Projekt ein besonderes Aussehen.

Das brauchen Sie:

Werkzeug-Grundausrüstung
Zusätzliche Werkzeuge
- 2,5-mm-Bohrer zum Vorbohren für 65 mm lange Holzschrauben
- 3-mm-Bohrer zum Vorbohren für 75 mm lange Holzschrauben
- Stichsäge
- Kreissäge
- Schaufel

Materialien und Hilfsmittel
- Holzrest, Stärke 1,9 mm
- Presspappe, Abmessungen 71×112 cm

Kleineisenwaren
- 1 kg Holzschrauben für den Außenbau, Länge 65 mm
- 1 kg Holzschrauben für den Außenbau, Länge 75 mm

Schnittliste

Buchstabe	Bezeichnung	Menge	Abmessungen
A	Unterlage	4	3,8×14×122 cm
B	Pfosten	8	3,8×8,9×220 cm
C	Seitensteg	20	3,8×3,8×59,7 cm
D	Bogenteil	2	3,8×18,4×195,6cm
E	Sitzstütze	2	3,8×8,9×76,2 cm
F	Sitzlatten		
F-1	kurze Sitzlatte	2	3,8×8,9×116,8 cm
F-2	lange Sitzlatte	7	3,8×8,9×139,7 cm
G	Eckstütze	4	3,8×14×30,5 cm
H	Mittelstütze	1	3,8×8,9×71,1 cm
I	Dachsteg	7	3,8×8,9×101,6 cm

Anleitung
Zuschneiden der Teile

1. Sägen Sie nach den Maßangaben in der Schnittliste alle Teile mit Ausnahme der Dachstege (I) zurecht; die Dachstege werden später gesägt und passgenau gearbeitet. Vergrößern Sie die Schablonen in Abb. 2 auf die richtige Größe (Anleitung siehe S. 18). Schneiden Sie die Schablonen aus und übertragen Sie die Umrisse auf die für die Bogenteile (D), Eckstützen (G) und Dachteile (I) vorgesehenen Hölzer. Sägen Sie die Bogenteile und die Eckstützen ent-

lang der Umrisslinien mit der Stichsäge aus. Die Dachstege können bereits auf Länge geschnitten werden; die geschweiften Abschnitte arbeiten Sie jedoch erst später aus. Beachten Sie, dass die beiden Sitzstützen (E) an den Enden im Winkel von 30° angeschrägt sind (siehe Abb. 1).

Anfertigen der Unterlagen

2. Die Pfosten der Pergola stehen auf zwei Unterlagen, die aus je zwei 3,8×14×122 cm großen Bohlen zusammengesetzt sind. Verbinden Sie jeweils zwei Bohlen mit 65 mm

Abb. 1: Pergola zum Ausruhen

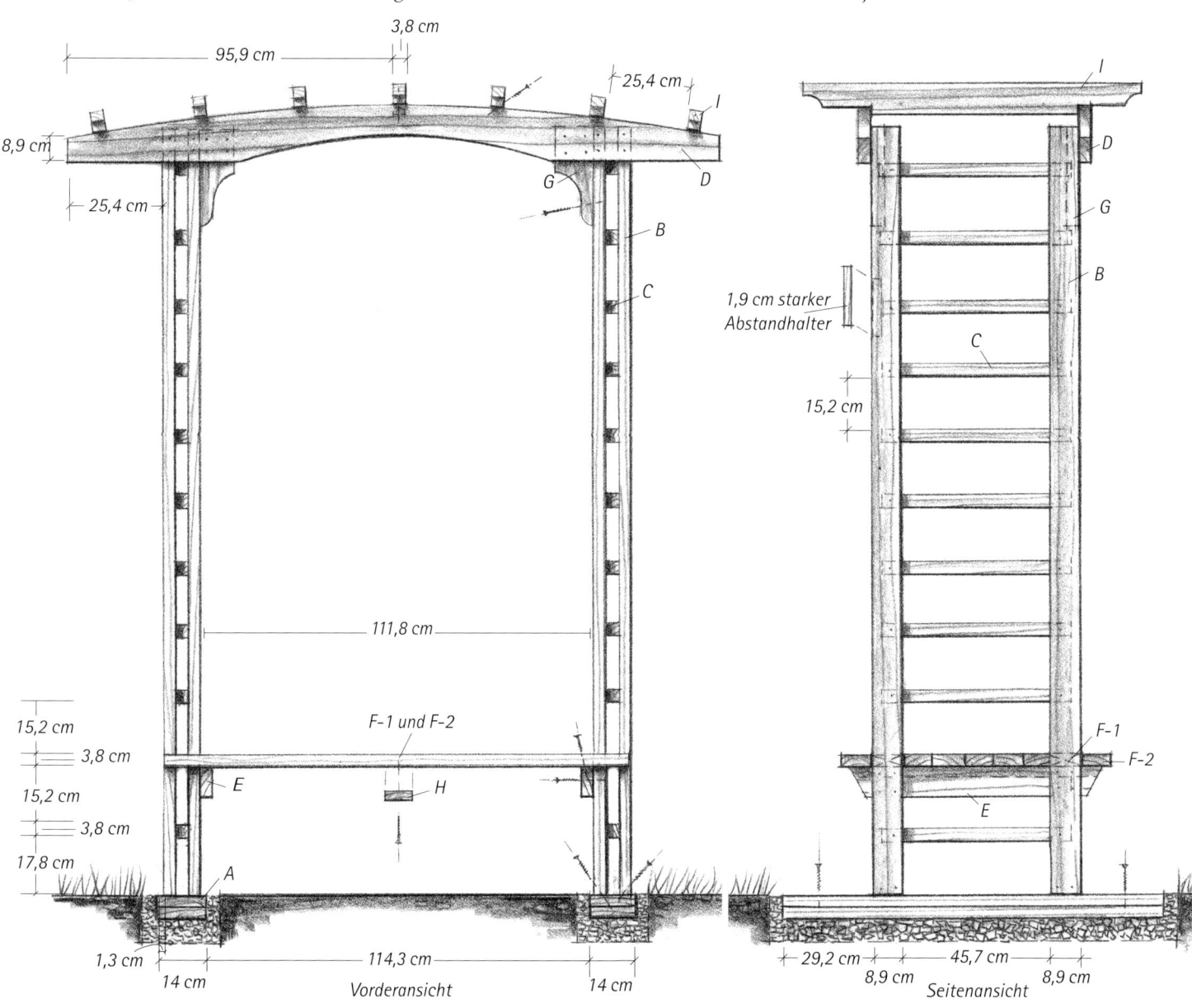

Vorderansicht

Seitenansicht

langen Schrauben. Heben Sie zwei 18 cm
tiefe, 30 cm breite und 152 cm lange Rinnen aus. Füllen Sie die Rinnen 10 cm hoch
mit Kies. Achten Sie darauf, dass die Oberfläche der Kiesschicht eben und waagerecht
ist. Legen Sie die beiden Unterlagen im
Abstand von 114,3 cm parallel zueinander
auf die beiden Kiesflächen. Die Hölzer
müssen waagerecht liegen.

Bau der Seitenteile

3. Die Seitenteile der Pergola werden aus
den Pfosten (B) und den Seitenstegen (C)
zusammengesetzt. Bauen Sie zunächst ein
Seitenteil fertig, bevor Sie mit dem zweiten
beginnen. Markieren Sie an zwei für die
Pfosten vorgesehenen Hölzern die Stellen,
an denen die Seitenstege (C) angebracht
werden sollen (siehe Abb. 1); bringen Sie
die erste Markierung 17,8 cm vom unteren
Ende der Hölzer an. Dort, wo die Sitzlatten
zwischen den Pfosten liegen, ist kein Seiten-
steg vorgesehen.

4. Legen Sie die beiden Pfosten im Abstand
von 45,7 cm mit den markierten Seiten
nach oben auf den Boden. Legen Sie die
Seitenstege auf die Pfostenmarkierungen.
Bohren Sie 5 cm von den Enden der Stege
Führungslöcher vor. Drehen Sie 65 mm
lange Schrauben durch die Seitenstege in
die Pfosten. Damit die Enden der Seitenstege stets den gleichen Abstand von den
äußeren Pfostenkanten haben, legen Sie
beim Festschrauben der Teile einen 1,9 cm
starken Abstandhalter an (siehe Abb. 1).

5. Sind an dem einen Pfostenpaar sämtliche
Seitenstege befestigt, legen Sie das zweite
Paar Pfostenhölzer genau am ersten Paar
ausgerichtet auf die Seitenstege, die sich
nun zwischen jeweils zwei Pfostenhölzer
befinden. Bohren Sie in das zweite Paar
Pfostenhölzer und in die Seitenstege darunter Führungslöcher. Die Löcher sollten auf
halber Pfostenbreite liegen, damit Sie beim
Bohren nicht auf die bereits eingedrehten
Schrauben stoßen. Befestigen Sie dann die
oben liegenden Pfostenhölzer mit 75 mm
lange Schrauben an den Seitenstegen.

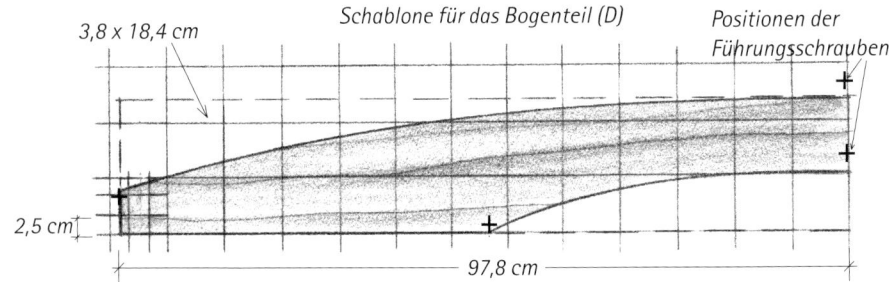

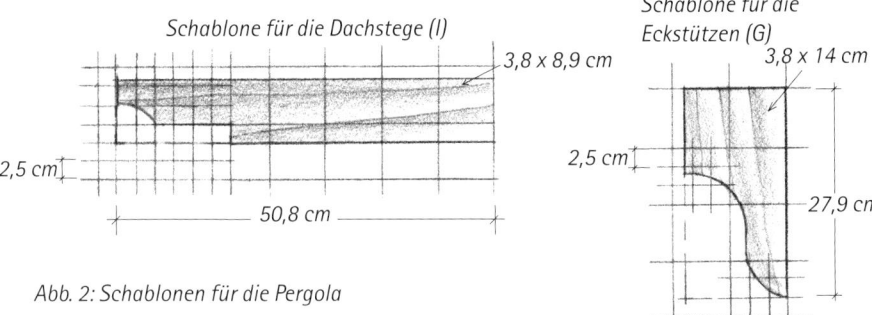

Abb. 2: Schablonen für die Pergola

6. Messen Sie an den zuoberst liegenden
Pfostenhölzern 36,8 cm von den unteren
Enden ab und markieren Sie diese Stellen.

7. Bringen Sie an den Markierungen eine
Sitzstütze (E) so an, dass deren Enden
an den Pfosten gleich weit überstehen.
Bohren Sie dazu Führungslöcher vor und
befestigen Sie die Sitzstütze mit 75 mm
langen Schrauben an den Pfostenhölzern
(siehe Abb. 1).

8. Bauen Sie auch das zweite Seitenteil der
Pergola zusammen. Wiederholen Sie dazu
die Arbeitsschritte 4 – 7.

Befestigen der kurzen Sitzlatten

9. Lassen Sie sich jetzt von jemandem
helfen. Stellen Sie die beiden Seitenteile
parallel zueinander auf den Boden. Legen
Sie eine kurze Sitzlatte (F-1) zwischen den
Pfosteninnenseiten auf die Sitzstützen (E)
und befestigen Sie sie provisorisch mit
Bügelzwingen. Achten Sie darauf, dass
beide Enden der Latte mittig und dicht an
den Pfostenhölzern liegen. Bohren Sie in
beide Enden Führungslöcher und drehen
Sie an diesen Stellen 75 mm lange Schrauben durch die Latte in die Sitzstützen ein.
Wiederholen Sie den Arbeitsgang mit der

Die Anemonenwaldrebe 'Freda' ist eine ideale Be-pflanzung für Pergolen mit Sitzbank. Ihre Blüten haben eine wunderschöne Sommer-farbe und verströmen einen süßen Duft.

zweiten kurzen Sitzlatte. Damit die Konstruktion für die nächsten Arbeitsschritte möglichst leicht bleibt, werden die langen Sitzlatten vorläufig noch nicht befestigt.

Befestigen der Bogenteile und Eckstützen

10. Messen Sie von beiden Enden eines Bogenteils 25,4 cm ab und markieren Sie die Stellen. Setzen Sie das Bogenteil so an die Pfosten, dass seine Unterkante 8,9 cm unterhalb des Pfostenendes liegt und dass das Teil an den Seiten 25,4 cm übersteht (siehe Abb. 1). Halten Sie das Bogenteil mit Bügelzwingen provisorisch an Ort und Stelle. Vergewissern Sie sich mit Hilfe des Zimmermannswinkels, dass Bogen und Pfosten rechte Winkel bilden. Versehen Sie das Bogenteil mit Führungslöchern und drehen Sie durch das Bogenteil jeweils zwei 75 mm lange Schrauben in die Pfostenhölzer der Seitenteile ein (siehe Abb. 1).

11. Bringen Sie an der auf dem Boden liegenden Baueinheit aus Bogenteil und Pfostenhölzern zwei Eckstützen (G) an. Die Eckstützen werden an den inneren Pfostenhölzern und an der Rückseite der Bogenteile befestigt. Setzen Sie zwei Eckstützen an der Rückseite eines Bogenteils dicht an die inneren Pfostenhölzer und spannen Sie sie mit Bügelzwingen provisorisch fest.

12. Bohren Sie in die Rückseite der Eckstützen jeweils vier Führungslöcher und befestigen Sie die Stützen mit 75 mm langen Schrauben an der Rückseite des Bogenteils. Bohren Sie anschließend in die Schmalseite der Eckstütze noch ein Führungsloch und drehen Sie an der Stelle eine 75 mm lange Schraube durch die Stütze in das Pfostenholz ein.

13. Drehen Sie die Konstruktion um und befestigen Sie daran das zweite Bogenteil und das zweite Eckstützenpaar. Wiederholen Sie dazu die Arbeitsschritte 10 – 12.

Aufstellen der Pergola

14. Für diese Arbeit brauchen Sie wieder Helfer. Richten Sie die Pergola auf und stellen Sie sie mittig auf die beiden Unterlagen. Befestigen Sie die Pergola an den Unterlagen. Bohren Sie dazu schräg verlaufende Führungslöcher in die Pfostenhölzer und drehen Sie 75 mm lange Schrauben schräg durch die Hölzer in die Unterlagen ein.

Fertigstellen der Bank

15. Bringen Sie die langen Sitzlatten (F-2) an den Sitzstützen (E). Bohren Sie dazu Führungslöcher vor und befestigen Sie die Latten mit 75 mm langen Schrauben. Setzen Sie zur Stabilisierung die Mittelstütze (H) unter die Latten. Befestigen Sie dazu die Mittelstütze zunächst provisorisch mit Bügelzwingen an der Bankunterseite, bohren Sie Führungslöcher vor und drehen Sie von der Mittelstütze 65 mm lange Schrauben in jede Sitzlatte ein.

Befestigen der Dachstege

16. Reißen Sie an der Oberkante der Bogenteile die Positionen der Dachstege (I) entsprechend den Maßangaben in Abb. 1 an. Wir haben in Abb. 1 nur den mittleren Dachsteg dargestellt, damit Sie die Lage des Teils auf den Bogenteilen deutlich erkennen. Die Unterkanten der Dachstege sind so ausgesägt, dass sie genau zwischen die beiden Bogenteile passen. Prüfen Sie die Passgenauigkeit der in Arbeitsschritt 1 angerissenen Linien, indem Sie jeden Dachsteg an der vorgesehenen Position auf die Bogenteile aufsetzen. Ändern Sie die Risslinien nötigenfalls, bevor Sie die Formen mit der Stichsäge aussägen.

17. Setzen Sie die Dachstege wieder auf die Bogenteile auf, bohren Sie schräg verlaufende Führungslöcher vor und drehen Sie durch die Dachstege 65 mm lange Schrauben in die Bogenteile ein. Ziehen Sie Ihre Arbeitsschuhe aus, setzen Sie sich ins Gras und genießen Sie den seltenen Luxus, nach einer ordentlich ausgeführten Arbeit einmal allein zu sein.

BANKPERGOLA AUS HOLZ UND DRAHT

Entwurf von Jane Wilson

Drahtgeflecht verleiht dieser einfach zu bauenden Bankpergola einen Hauch von graziler Leichtigkeit. Möchten Sie sofort ein schattiges Plätzchen haben, hängen Sie einfach ein Stück Stoff über die Pergola. Lassen Sie Prunkwinden oder andere rasch wachsende Kletterpflanzen daran emporranken, können Sie deren Schatten bis zum Ende der Saison genießen.

Die rasch wachsende Prunk-winde 'Blue Dawn' zeichnet sich durch ihre bemerkens-wert lange Blühsaison – vom Sommer bis zu den ersten Frösten – aus.

Das brauchen Sie:

Werkzeug-Grundausrüstung

Ausrüstung zum Graben

Zusätzliche Werkzeuge

✢ 2,5-mm-Bohrer zum Vorbohren für 50 mm lange Holzschrauben

✢ 6-mm-Bohrer

✢ Gehrungslade oder Gehrungssäge (optional)

Materialien und Hilfsmittel

✢ Rolle kunststoffbeschichteter Maschendraht, Breite 61 cm, Maschenweite 5 × 7,5 cm

Kleineisenwaren

✢ 8 Nägel, Größe 4 × 75 mm

✢ 0,25 kg Holzschrauben für den Außenbau, Länge 50 mm

✢ 4 Schlossschrauben, Größe 6 × 115 mm, mit Muttern und Unterlegscheiben

Schnittliste

Buchstabe	Bezeichnung	Menge	Abmessungen
A	Senkrechter Quadratstab	4	3,8 × 3,8 × 152,4 cm
B	Senkrechte Rechteckleiste	4	1,9 × 3,8 × 152,4 cm
C	Querstab für den Bogen	6	3,8 × 3,8 × 61 cm
D	Querleiste für den Bogen	6	1,9 × 3,8 × 61 cm
E	Sitzstütze	2	3,8 × 8,9 × 61 cm
F	Sitzlatte	6	1,9 × 8,9 × 122 cm
G	Sitzstrebe	4	3,8 × 3,8 × 30,5 cm

Anleitung

Standortvorbereitung und Zuschnitt der Teile

1. Räumen Sie den vorgesehenen Standort frei und rechen Sie die Stelle eben und glatt (siehe S. 23, *Vorbereitung des Standortes*).

2. Sägen Sie sämtliche Teile entsprechend den Maßangaben in der Schnittliste zurecht. Schneiden Sie zuerst die längsten Teile zu und verwenden Sie die Holzreste dann für die Sitzstreben (G). Schrägen Sie die Enden der Sitzstreben mit der Gehrungssäge oder in der Gehrungslade im Winkel von 45° an; die angeschrägten Streben müssen an der längsten Kante 30,5 cm messen.

3. Schneiden Sie mit der Drahtschere eine 4,88 m lange Bahn Maschendraht von der Rolle ab. Tragen Sie bei dieser Arbeit Schutzhandschuhe.

Zusammenbau der Seiten und des Bogens

4. Legen Sie die 4,88 m lange Maschen-drahtbahn in die Mitte der glatt und eben gerechten Fläche. Legen Sie, an einem Ende beginnend, unter die Längskanten der Maschendrahtbahn jeweils einen Quadratstab (A) und genau darüber je eine Rechteck-leiste (B) auf den Draht. Achten Sie darauf, dass der Draht mit den Außenkanten der Hölzer abschließt. Prüfen Sie mit Hilfe des Zimmermannswinkels, ob die Enden der Stäbe und Leisten gerade sind. Bohren Sie in Abständen von etwa 20 cm Führungs-löcher in die Hölzer, ohne den Draht anzubohren, und drehen Sie durch die Rechteckleisten hindurch 50 mm lange Schrauben in die Quadratstäbe. Versehen Sie die andere Seite der Maschendrahtbahn auf die gleiche Weise mit den übrigen vier Senkrechthölzern.

5. Lassen Sie den Draht mit den Rechteckleisten (B) obenauf vorläufig auf dem Boden liegen. Befestigen Sie nun die Querstäbe (C) und die Querleisten (D) für den Bogen daran. Beginnen Sie wieder an einer Seite. Setzen Sie quer über die Drahtbahn eine Querleiste (D) so an die oberen Enden der beiden Rechteckleisten (B), dass ihre Enden mit den Außenkanten der Rechteckleisten bündig abschließen. Schieben Sie dann einen Querstab (C) so unter den Draht, dass er genau mit der darüber liegenden Querleiste und der Außenkante der Drahtbahn abschließt. Bohren Sie an den Enden und in der Mitte der Rechteckleiste Führungslöcher vor und verbinden Sie die Leiste und den Quadratstab mit drei 50 mm langen Schrauben. Wiederholen Sie den Arbeitsschritt an der anderen Seite der Maschendrahtbahn.

6. Messen Sie an beiden Seiten der Bahn 17,8 cm vom ersten bzw. letzten Paar Querhölzer (C und D) ab, setzen Sie an diese Stellen wiederum je eine Querleiste und einen Querstab und verschrauben Sie die Hölzer miteinander. Messen Sie von da aus wiederum an beiden Seiten 17,8 cm ab und befestigen Sie die beiden übrigen Paare aus Querhölzern. Auf der Maschendrahtbahn müssen jetzt insgesamt sechs Querholzpaare in gleichen Abständen befestigt sein (siehe Abb. 1).

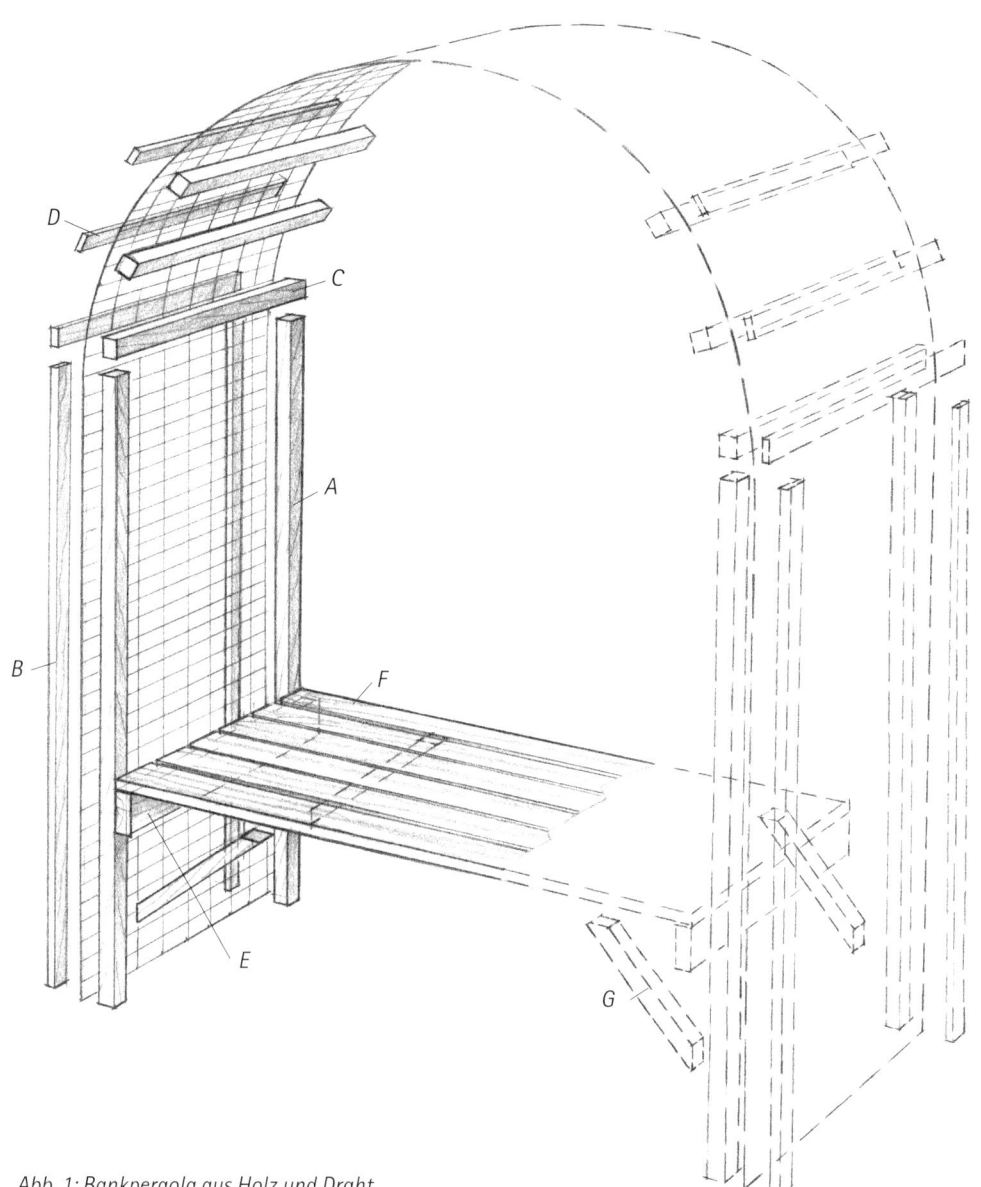

Abb. 1: Bankpergola aus Holz und Draht

Befestigen der Sitzstützen

7. Drehen Sie die Maschendrahtbahn vorsichtig um, so dass die später senkrecht stehenden Quadratstäbe (A) und die Querstäbe (C) für den Bogen nun zuoberst liegen. Messen Sie von den unteren Enden der Quadratstäbe 40,6 cm ab, markieren Sie die Stellen und setzen Sie dort die Oberkanten der Sitzstützen (E) an. Die Enden der Sitzstützen müssen mit den Außenkanten der Quadratstäbe abschließen. Fixieren Sie

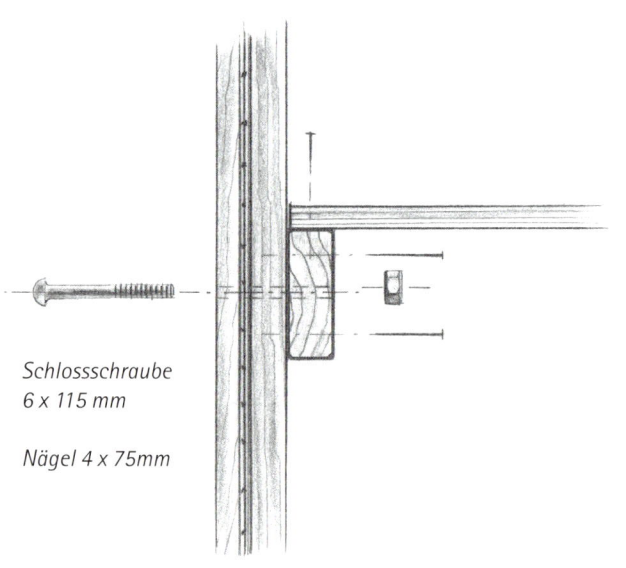

Schlossschraube
6 x 115 mm

Nägel 4 x 75mm

Abb. 2: Befestigen der Sitzstützen und der Sitzlatten

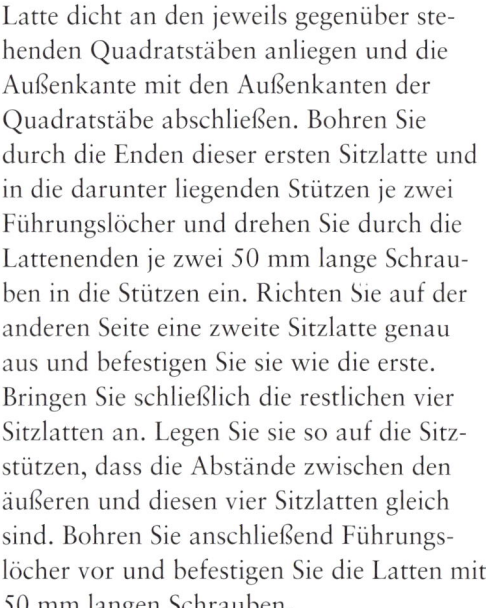

die Enden der Sitzstützen provisorisch mit Bügelzwingen an den Quadratstäben.

8. Befestigen Sie die Sitzstützen mit Schlossschrauben an den Quadratstäben (siehe Abb. 2). Bohren Sie dazu in die Enden zunächst einer Stütze und mittig in die Quadratstäbe je ein 6-mm-Loch. Stecken Sie die Schlossschrauben von der Außen- nach der Innenseite der Pergola durch die Löcher und ziehen Sie die Muttern mit dem Schraubenschlüssel fest (siehe Abb. 2). Schlagen Sie zur Stabilisierung der Verbindungsstellen je zwei Nägel (Größe 4×75 mm) in die Stütze und die Quadratstäbe. Nehmen Sie die Bügelzwingen ab. Wiederholen Sie die Arbeitsgänge mit der zweiten Sitzstütze an der anderen Pergolaseite.

Aufstellen der Pergola und Befestigen der Sitzlatten

9. Für die folgenden Arbeiten brauchen Sie Helfer. Drehen Sie die mit den Hölzern stabilisierte Maschendrahtbahn um und richten Sie sie vorsichtig auf, so dass die Seiten etwa 1,20 m voneinander entfernt stehen und der Drahtgeflechtbogen schön gewölbt ist. Legen Sie eine der Sitzlatten (F) so auf die Sitzstützen zu beiden Seiten, dass die Enden der

Holz und Drahtgeflecht bilden eine Struktur, die stabil und leicht zugleich ist.

Latte dicht an den jeweils gegenüber stehenden Quadratstäben anliegen und die Außenkante mit den Außenkanten der Quadratstäbe abschließen. Bohren Sie durch die Enden dieser ersten Sitzlatte und in die darunter liegenden Stützen je zwei Führungslöcher und drehen Sie durch die Lattenenden je zwei 50 mm lange Schrauben in die Stützen ein. Richten Sie auf der anderen Seite eine zweite Sitzlatte genau aus und befestigen Sie sie wie die erste. Bringen Sie schließlich die restlichen vier Sitzlatten an. Legen Sie sie so auf die Sitzstützen, dass die Abstände zwischen den äußeren und diesen vier Sitzlatten gleich sind. Bohren Sie anschließend Führungslöcher vor und befestigen Sie die Latten mit 50 mm langen Schrauben.

Befestigen der Sitzstreben

10. Bringen Sie zur weiteren Stabilisierung der Konstruktion schließlich die vier Sitzstreben (G) unter den Sitzlatten an (siehe Abb. 1). Prüfen Sie zuvor mit dem Zimmermannswinkel, ob die Sitzfläche und die Seiten der Pergola miteinander rechte Winkel bilden. Setzen Sie dann die Stützen mit den schrägen Enden dicht an die Quadratstäbe und die Unterseite der äußeren Sitzlatten an. Bohren Sie durch die schrägen Enden schräg verlaufende Führungslöcher und drehen Sie durch jedes Ende eine 50 mm lange Schraube in den Quadratstab bzw. in die Sitzlatte. Jetzt können Sie sich auf Ihrer Bankpergola ausruhen, denn Sie haben es sich redlich verdient.

PLAUDERLAUBE

Bearbeiteter Entwurf von Olivier Rollin

Verweilen Sie hier ein wenig und widmen Sie sich
der Kunst der Konversation – die Laube mit ihren schützenden
Seitenwänden und den beiden Sitzbänken lädt Sie dazu ein.
Wir haben zur Vereinfachung der Konstruktion einige Details
verändert, so dass Ihnen mehr Zeit zum Plaudern bleibt.

Die Mandevilla 'Summer Snow' blüht den ganzen Sommer über.

Das brauchen Sie:

Werkzeug-Grundausrüstung

Ausrüstung zum Graben

Zusätzliche Werkzeuge

- 2,5-mm-Bohrer zum Vorbohren für 50 mm und 65 mm lange Holzschrauben
- 3-mm-Bohrer zum Vorbohren für 75 mm lange Holzschrauben
- Stichsäge
- Kreissäge

Materialien und Hilfsmittel

- 1 Stück Presspappe, Abmessungen 71×112 cm
- Holzbohle (Abfallholz), Abmessungen 3,8×8,9×245 cm

Kleineisenwaren

- 0,5 kg Holzschrauben für den Außenbau, Länge 50 mm
- 1 kg Holzschrauben für den Außenbau, Länge 65 mm
- 0,5 kg Holzschrauben für den Außenbau, Länge 75 mm

Schnittliste

Buchstabe	Bezeichnung	Menge	Abmessungen
A	Pfosten	8	8,9×8,9×108 cm
A-1	Verbindungssteg	4	3,8×8,9×27,9 cm
B	Stützrahmen für die Sitzflächen	2	
B-1	Langes Rahmenteil	4	3,8×8,9×118,1 cm
B-2	Kurzes Rahmenteil	6	3,8×8,9×27,9 cm
B-3	Sitzbrett	6	1,9×14×118,1 cm
C	Rückenlehne	2	
C-1	Senkrechtes Rahmenholz	4	3,8×8,9×162,6 cm
C-2	Oberes Querrahmenholz	2	3,8×8,9×100,3 cm
C-3	Mittleres und unteres Querrahmenholz	8	3,8×8,9×36,8 cm
C-4	Stabilisierungsholz	2	3,8×8,9×118,1 cm
C-5	Mittleres Rahmenholz	2	3,8×8,9×67,3 cm
C-6	Lehnenbrett	8	1,9×14×118,1 cm
C-7	Geschweiftes Lehnenbrett	2	1,9×14×118,1 cm
D	Seitenwand	4	
D-1	Geschweiftes Wandbrett	4	1,9×28,6×75,6 cm
D-2	Mittleres Wandbrett	4	1,9×18,4×212,1cm
D-3	Äußeres Wandbrett	2	1,9×14×212,1 cm
D-4	Stützleiste	2	3,8×8,9×19,1 cm
E	Bogen	4	3,8×28,6×242,6cm
F	Dachsteg	8	3,8×8,9×150 cm

Anleitung

Zuschneiden der Teile

1. Schneiden Sie sämtliche Teile entsprechend den Maßangaben in der Schnittliste zu. Für die geschweiften Formen (C-7, D-1) und die Bögen (E) müssen Sie sich Schablonen herstellen. Übertragen Sie dazu die Vorlagen aus Abb. 2 vergrößert auf Presspappe und schneiden Sie sie aus (siehe S. 18, Verwendung von Schablonen). Reißen Sie mit Hilfe der fertigen Schablonen die Teile mit geschweiften Formen auf dem Holz an und sägen Sie die Teile mit der Stichsäge an den Risslinien aus.

2. Sehen Sie sich nochmals den Abschnitt über die Vorbereitung des Standortes (siehe S. 23) und über das Ausheben der Pfostenlöcher (siehe S. 26) an. Heben Sie nach den Maßangaben in Abb. 1 auf Seite 112 Löcher für die acht Pfosten (A) aus. Stellen Sie die Pfosten in die Löcher; die oberen Pfostenenden müssen sich 32 cm über dem Erdboden befinden. Vergewissern Sie sich, dass die Pfosten senkrecht, fluchtgerecht und im richtigen Abstand voneinander stehen. Füllen Sie die Erde rund um die Pfosten auf und treten Sie den Boden ein wenig fest, damit er die Pfosten an Ort und Stelle hält.

3. Befestigen Sie die beiden Verbindungsstege (A-1) zwischen den Pfosten; die Stege müssen 29 cm unterhalb der Pfostenenden und bündig an den Außenkanten der Pfosten sitzen (siehe Abb. 3). Bohren Sie dazu schräg verlaufende Führungslöcher in die Stegenden und verbinden Sie Stege und Pfosten mit 65 cm langen Schrauben.

Zusammenbauen und Einsetzen der Stützrahmen

4. Bauen Sie als Nächstes die Stützrahmen (B) für die beiden Sitzflächen zusammen (siehe Abb. 1 und 3). Setzen Sie die Rahmenteile (B-1 und B-2) richtig aneinander, bohren Sie in die Verbindungsstellen Führungslöcher und drehen Sie an diesen Stellen 75 mm lange Schrauben ein. Befestigen Sie die Stützrahmen mit 75 mm langen Schrauben an den Pfostenenden; drehen Sie die Schrauben schräg durch die Rahmen in die Pfosten ein. Prüfen Sie jetzt, ob alle Pfosten und die Stützrahmen auch wirklich senkrecht stehen bzw. einen rechten Winkel bilden. Füllen Sie anschließend die restliche Erde in die Pfostenlöcher und treten Sie sie richtig fest, damit die Pfosten stabil stehen.

Bau der Rahmen für die Rückenlehnen

5. Abb. 1 und 3 zeigen, wie die Teile der Rückenlehne (C) zusammengehören. Bauen Sie zunächst einen Rahmen. Legen Sie dazu die drei Stabilisierungshölzer (C-4) entsprechend den Maßangaben in Abb. 3 auf eine ebene Fläche. Legen Sie anschließend sämtliche Rahmenteile (C-1 bis C-5) auf die Stabilisierungshölzer. Vergewissern Sie sich, dass alle Teile passgenau und rechtwinklig zueinander liegen und dass das untere Stabilisierungsholz (C-4) an der Unterkante des Rahmens 3,8 cm übersteht. Den Überstand brauchen Sie im nächsten Arbeitsschritt, wenn Sie den Rahmen der Rückenlehne am Stützrahmen für die Sitzfläche befestigen. Bohren Sie Führungslöcher vor und drehen Sie durch die oben liegenden Teile 65 mm lange Schrauben bis in die Stabilisierungshölzer. Wiederholen Sie diesen Arbeitsschritt und bauen Sie den zweiten Rahmen zusammen.

6. Setzen Sie einen fertigen Lehnenrahmen mittig auf einen der Stützrahmen für den Sitz (siehe Abb. 3) auf. Bohren Sie Führungslöcher vor und drehen Sie durch den Überstand am unteren Stabilisierungsholz (C-4) 75 mm lange Schrauben in die Rückseite des Stützrahmens. Schrauben Sie zum provisorischen Verstreben der Rückenlehne zwei etwa 60 cm lange Holzstücke mit dem Querschnitt 3,8 × 8,9 cm zwischen den Lehnenrahmen und den Stützrahmen der Sitzfläche. Befestigen Sie die Verstrebungen an der Innenseite der Rahmen, damit sie beim nächsten Arbeitsschritt nicht stören. Bauen Sie den zweiten Lehnenrahmen zusammen. Wiederholen Sie dazu den Arbeitsschritt.

Abb. 1: Plauderlaube

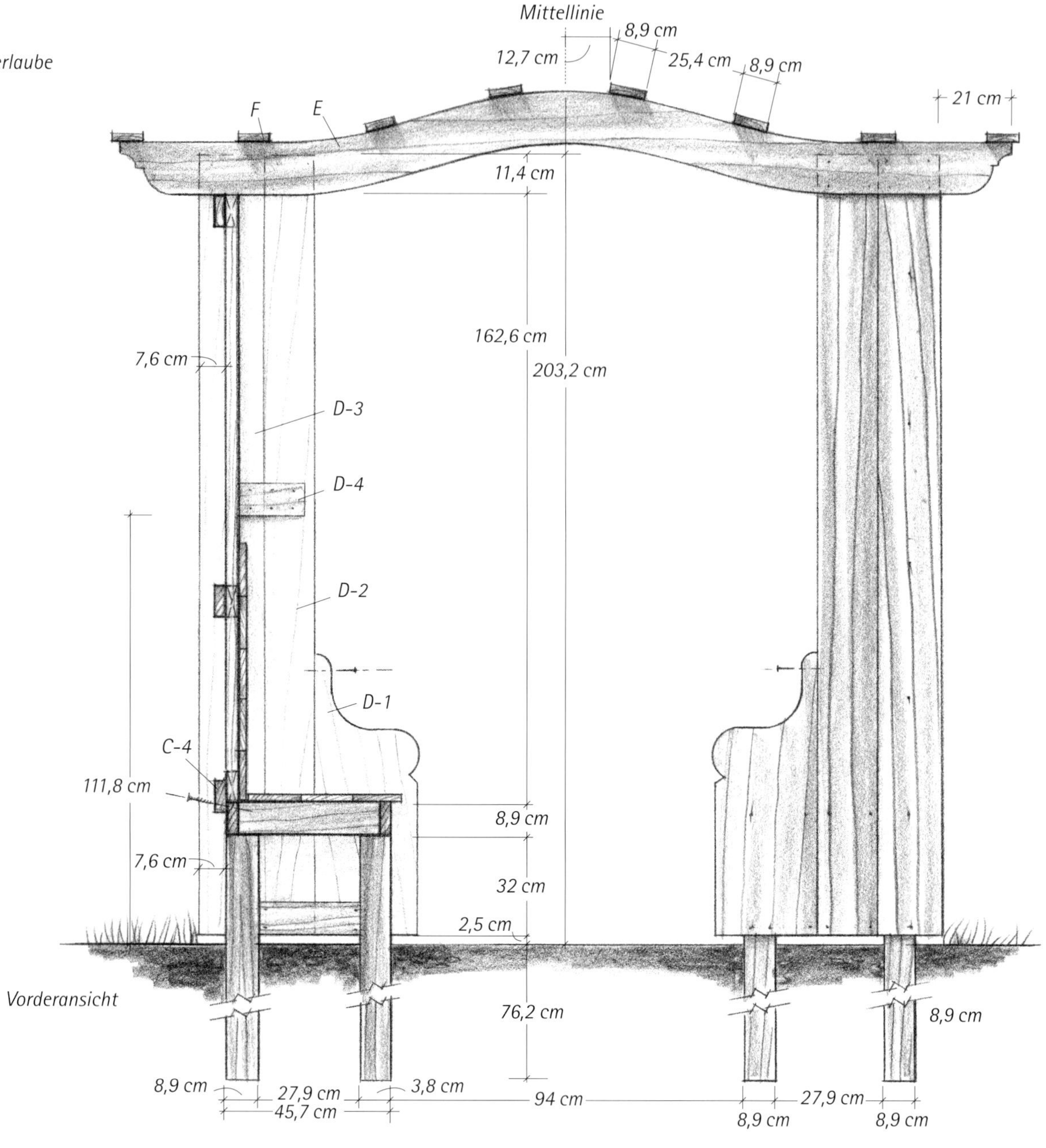

Mittellinie

8,9 cm

12,7 cm

25,4 cm

8,9 cm

21 cm

F   E

11,4 cm

7,6 cm

162,6 cm

203,2 cm

D-3

D-4

D-2

D-1

C-4

111,8 cm

8,9 cm

7,6 cm

32 cm

2,5 cm

Vorderansicht

76,2 cm

8,9 cm

8,9 cm

27,9 cm

3,8 cm

94 cm

27,9 cm

45,7 cm

8,9 cm

8,9 cm

Befestigen der Seitenwände

7. Beginnen Sie zunächst mit einer Seitenwand (D). Befestigen Sie zuerst das äußere Wandbrett (D-3) (siehe Abb. 1 und 3). Es muss an der Seite 7,6 cm über den Pfosten hinausreichen und mit der Unterkante des Verbindungssteges (A-1) abschließen. Das obere Ende muss 11,4 cm über den Lehnenrahmen hinausragen (siehe Abb. 1). Halten Sie das Wandbrett mit Bügelzwingen provi-

sorisch an Ort und Stelle und schrauben Sie es am Pfosten fest. Bohren Sie dazu Führungslöcher vor und drehen Sie durch das Brett 65 mm lange Schrauben in den Pfosten, den Verbindungssteg, den Stützrahmen für die Sitzfläche und in den Lehnenrahmen.

8. Setzen Sie die beiden übrigen Wandbretter (D-1 und D-2) an; ihre Unterkanten müssen mit der Unterkante des äußeren

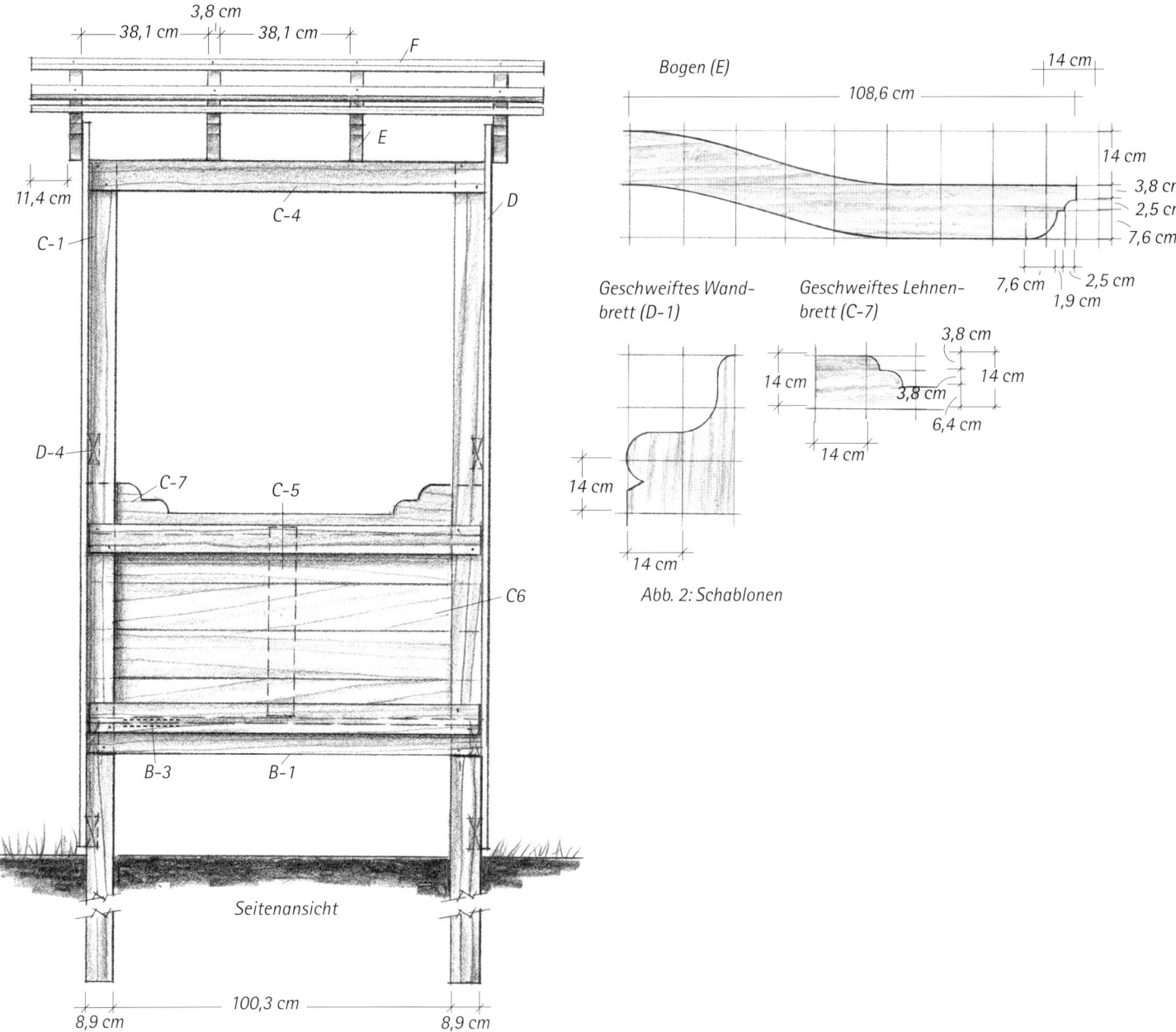

3,8 cm
38,1 cm **38,1 cm**

F

E

C-4

11,4 cm

C-1

D

D-4

C-7

C-5

C6

B-3 B-1

Seitenansicht

100,3 cm

8,9 cm 8,9 cm

Bogen (E)

14 cm

108,6 cm

14 cm

3,8 cm
2,5 cm
7,6 cm

7,6 cm 2,5 cm

1,9 cm

*Geschweiftes Wand-
brett (D-1)*

*Geschweiftes Lehnen-
brett (C-7)*

3,8 cm

14 cm
14 cm

3,8 cm

6,4 cm

14 cm

14 cm

14 cm

14 cm

Abb. 2: Schablonen

Wandbrettes (D-3) abschließen. Befestigen Sie diese Wandbretter wie oben beschrieben; bohren Sie Führungslöcher vor und befestigen Sie die Teile mit 65 mm langen Schrauben am Pfosten, am Pfostensteg und am Stützrahmen für die Sitzfläche. Schrauben Sie den oberen Teil des geschweiften Wandbrettes (D-1) fest (siehe Abb. 1). Bohren Sie dazu ein Führungsloch in die Schmalfläche des Brettes und drehen Sie an dieser Stelle eine 75 mm lange Schraube bis in die Schmalfläche des mittleren Wandbrettes (D-2).

9. Bringen Sie an der Innenseite der Wand 111,8 cm über dem Boden eine Stützleiste (D-4) an (siehe Abb. 1 und 3). Bohren Sie dazu Führungslöcher vor und befestigen Sie die Leiste mit 50 mm langen Schrauben an den Wandbrettern.

11. Zum Anbringen der Bögen brauchen Sie

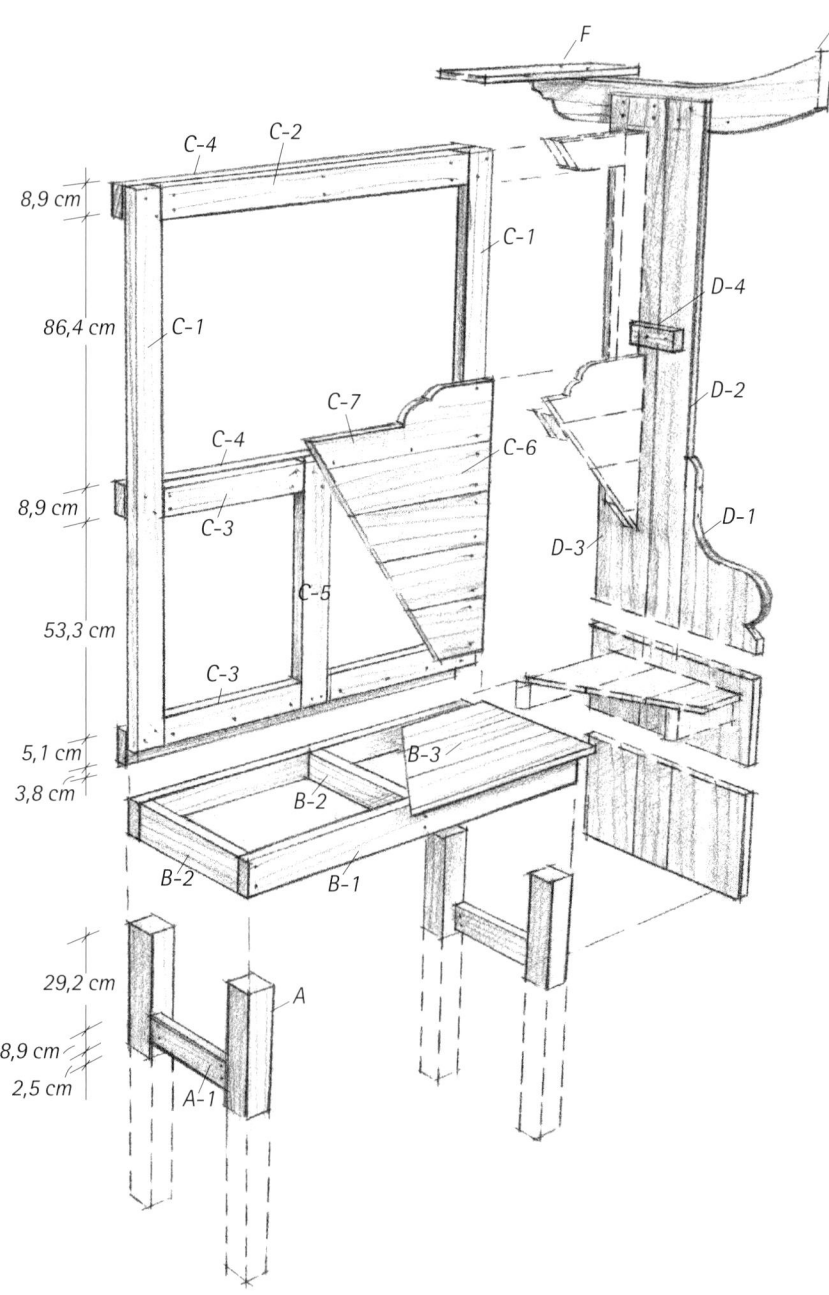

Abb. 3: Zusammenbau
der Laube

8,9 cm

86,4 cm

8,9 cm

53,3 cm

5,1 cm

3,8 cm

29,2 cm

8,9 cm

2,5 cm

C-4 C-2

C-1

C-1

D-4

C-7

D-2

C-4 C-6

C-3

D-1

C-5

D-3

C-3

B-3

B-2

B-2 B-1

A

A-1

F E

drehen Sie von der Innenseite der Seitenwände 50 mm lange Schrauben in den
Bogen ein. Befestigen Sie auf die gleiche
Weise auch den zweiten äußeren Bogen.
Setzen Sie danach die inneren zwischen
den beiden äußeren Bögen auf die Rahmen
der Rückenlehnen auf. Das Abstandsmaß
finden Sie in Abb. 2. Bohren Sie schräg
verlaufende Führungslöcher vor und drehen
Sie von den Bögen aus 75 mm lange
Schrauben in die Rahmen ein.

Befestigen der Dachstege
12. Abb. 1 und 3 zeigen, wie die Dachstege
(F) angeordnet werden. Bohren Sie an den
Stellen Führungslöcher vor und befestigen
Sie die Stege mit 65 mm langen Schrauben
an den Bögen.

Befestigen der Sitz- und Lehnenbretter
13. Ordnen Sie die Sitzbretter und die
Lehnenbretter (B-3, C-6 und C-7) wie in
Abb. 1 und 3 dargestellt auf beiden Seiten
der Laube an und befestigen Sie sie. Bringen
Sie, mit dem untersten beginnend, zunächst
die Lehnenbretter an. Bohren Sie Führungslöcher vor und befestigen Sie die Bretter
mit 50 mm langen Schrauben am Lehnenrahmen. Sind dann auch die Sitzbretter
verschraubt, belohnen Sie sich und Ihren
Helfer mit einem Plauderstündchen. Vielleicht brauchen Sie noch ein Tablett mit
kühlen Getränken und ein paar Kissen,
damit es noch gemütlicher wird? Überlegen
Sie, mit welchen Kletterpflanzen Sie die
Laube schmücken – mit herrlichen Prunkwinden, die der Sonne huldigen, oder mit
dem nachtblütigen Jasmin, der nach dem
Sonnenuntergang die Luft mit seinem lieb-
lichen Wohlgeruch erfüllt?

einen Helfer sowie eine Stufenleiter. Orientieren Sie sich an den Abbildungen 1 und 3.
Beginnen Sie mit einem der äußeren Bögen
(E). Setzen Sie den Bogen mittig an und befestigen Sie ihn so an der Außenseite beider
Seitenwände, dass seine Oberkante 2,5 cm
über den Oberkanten der Seitenwände liegt.
Klammern Sie den Bogen mit Bügelzwingen
fest, bohren Sie Führungslöcher vor und

RANKGERÜST AUS STANGEN

Dieses rustikale Gerüst ist eine ideale Kletterhilfe für Gemüse und Blumen. Richtig üppig wirkt ein Garten, wenn man mehrere solcher Rankgerüste in einer Gruppe zusammenstellt. Die Gerüste sind ganz einfach aufzubauen – fangen Sie also an, und stellen Sie gleich ein paar davon her.

Abb. 1: Rankgerüst aus Stangen

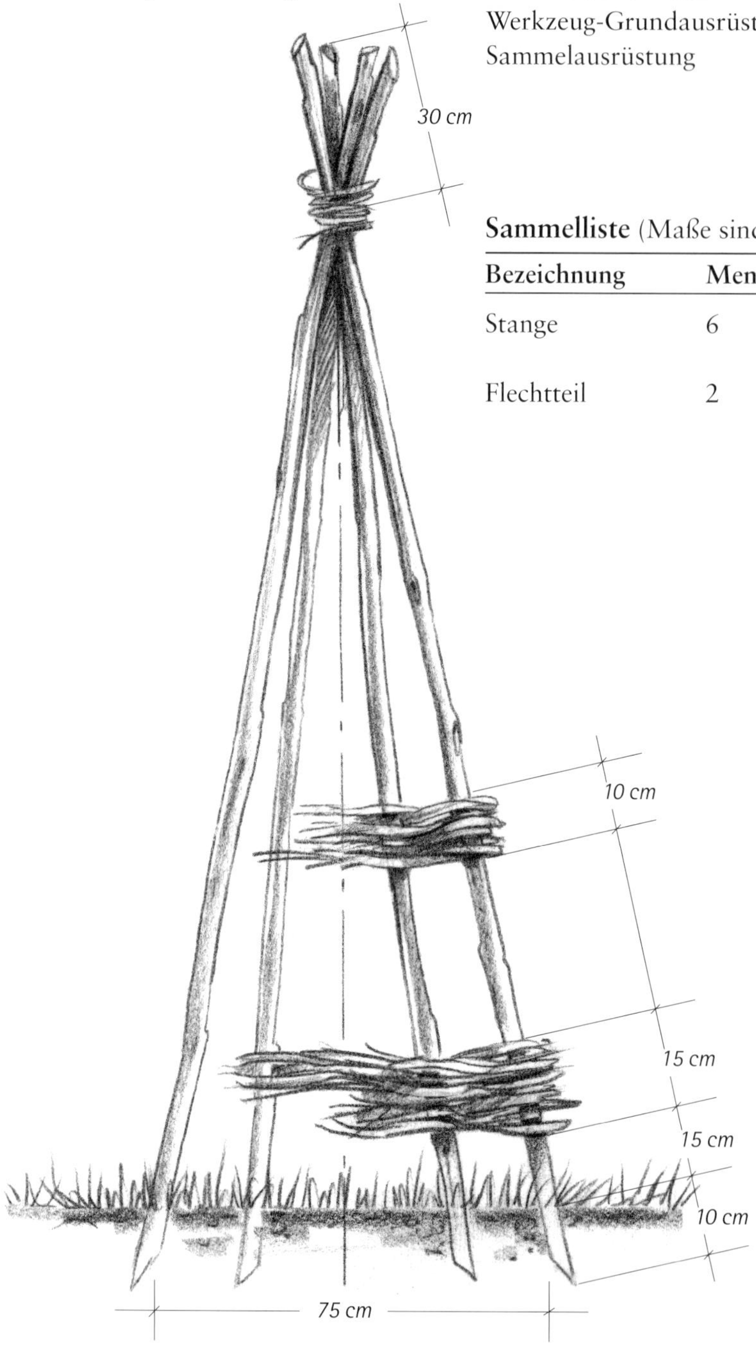

30 cm

10 cm

15 cm

15 cm

10 cm

75 cm

Das brauchen Sie:

Werkzeug-Grundausrüstung
Sammelausrüstung

Sammelliste (Maße sind ungefähre Angaben)

Bezeichnung	Menge	Abmessungen	Material
Stange	6	Durchmesser 4 cm, Länge 200 cm	Waldgrün oder getrocknet
Flechtteil	2	600 cm biegsame Triebe	Waldgrün

2. Räumen Sie den geplanten Standort frei und rechen Sie ihn glatt (siehe S. 23, Vorbereitung des Standortes).

3. Ziehen Sie auf dem Boden einen Kreis von 75 cm Durchmesser. Benutzen Sie als „Zirkel" ein Stück Bindfaden mit einem angespitzten Stock an dem einen und einem Bleistift am anderen Ende (siehe Abb. 2). Teilen Sie die Kreislinie in sechs etwa gleiche Abstände und markieren Sie diese.

Zusammenstellen der Stangen

4. Spitzen Sie die stärkeren Enden der sechs Stangen mit einem Messer oder einem Handbeil an. Stecken Sie die angespitzten Stangenenden an den markierten Stellen 10 cm oder tiefer und etwas schräg in Richtung Kreismittelpunkt in den Boden. Wenn Sie das Stangengerüst später bepflanzen, erhält es durch die Pflanzen mehr Standsicherheit.

5. Stellen Sie die Stangen so zusammen, dass sie sich etwa 30 cm unterhalb der oberen Enden kreuzen. Binden Sie sie an dieser Stelle mit einem rund 1 m langen Stück Draht zusammen, den Sie drei- oder viermal um die Stangen wickeln. Ziehen Sie den Draht mit der Zange straff, schneiden Sie die Enden nötigenfalls kurz und stecken Sie sie nach innen.

Anleitung
Vorbereiten des Standortes

1. Diese Anleitung ist für ein Rankgerüst von etwa 75 cm Durchmesser und 180 cm Höhe (siehe Abb. 1) gedacht. Soll das Gerüst kleiner oder größer werden, ändern Sie einfach die Maße und die Materialmenge.

Umflechten der Stangen

6. Verzieren Sie die Verbindungsstelle und kaschieren Sie damit gleichzeitig den Draht, indem Sie einen biegsamen Trieb locker um die zusammengebundenen Stangen wickeln. Stecken Sie die Enden des Triebes nach innen, so dass sie sich nicht lösen können.

7. Umflechten Sie die Stangen anschließend wie in Abb. 1 dargestellt oder nach Ihren Vorstellungen. Bringen Sie das erste Flechtteil 15 cm über dem Boden an. Befestigen Sie den Anfang des biegsamen Triebes mit einem 30 cm langen Stück Draht an einer der Stangen. Schlingen Sie den Trieb in einer lockeren Spirale abwechselnd vor und hinter den Stangen rund um das Gerüst, setzen Sie weitere Triebe an, bis das Flechtteil etwa 15 cm hoch ist. Stecken Sie die Enden nach innen in das Geflecht. Stellen Sie auf die gleiche Weise das zweite, etwa 10 cm hohe Flechtteil her. Lassen Sie das Rankgerüst nun über Ihre reichliche Ernte wachen.

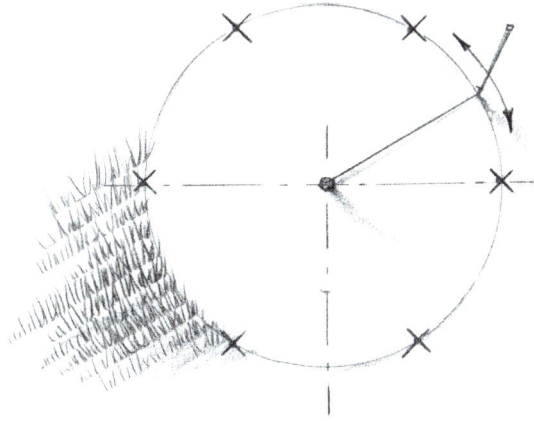

Abb. 2: Kreislinie mit Markierungen für die Stangen

Abwandlung
BAMBUS-TIPI

Entwurf von Will Hooker

Das leicht zu bauende Bambus-Tipi ist eine ideale Rankhilfe für Kletterbohnen. Als Baumaterial dienten hier die Halme der Bambussorte *Phyllostachys nigra* 'Henon', doch Sie können auch eine beliebige andere Art oder Sorte verwenden. Da das Gerüst nicht länger als eine Saison stehen soll, brauchen Sie die Bambusstangen nicht trocknen zu lassen. Gehen Sie wie beim Bau des Rankgerüsts auf Seite 116 vor. Sägen Sie Bambushalme von 6,5 – 9 cm Durchmesser auf eine Länge von 335 bis 365 cm. Legen Sie längs aufgespaltene Halme in Spiralen um das Gerüst und befestigen Sie sie mit Nägeln oder Draht an den einzelnen Stangen. Dekorieren Sie die Spitze des Tipis mit einem glänzenden oder leuchtend bunten Gegenstand und bringen Sie Kletterbohnensamen in den Boden. Das Tipi wird im Nu von den attraktiven Bohnenpflanzen überrankt sein.

HERZSPALIER

Auch wenn hier noch keine Rosen emporwachsen, ver-kündet das Herzspalier schon seine Botschaft. Das Spalier lässt sich ganz unkompliziert an-fertigen, denn Ober- und Unterteil werden ein-fach nur zusammengena-gelt. Beim Bauen wer-den Sie lernen, wie man waldfrisches Holz biegt und in Form bringt.

Das brauchen Sie:

Werkzeug-Grundausrüstung
Sammelausrüstung
Materialien und Hilfsmittel
- 2,5-mm-Bohrer zum Vorbohren für Drahtnägel der Größe 3,5×65 mm
- 2 Bewehrungsstäbe, Durchmesser 1,3 cm, Länge 120 cm
- 4 Holzklötze (Reste)
Kleineisenwaren
- 1 kg Drahtnägel, Größe 3,5×65 mm

Zur Beachtung: Die Längenangaben sind Zirkawerte; die Teile werden erst beim Bau des Spaliers zugeschnitten.

Anleitung

Anfertigen des rechteckigen Spalierteils

1. Das rechteckige Spalierteil ist 100 cm breit und 127 cm hoch; es besteht aus einem Gitter aus 25×25 cm großen Quadraten (siehe Abb. 1). Zeichnen Sie dieses Gitter mit Kreide auf eine Sperrholzplatte, einen asphaltierten Weg oder auf eine andere ausreichend große, ebene Fläche.

2. Legen Sie die fünf Senkrechtstäbe (A) auf das Gitter. Teilen Sie den mittleren Senkrechtstab in zwei Stücke; das Stück für den unteren Abschnitt des Spaliers muss am dritten Querstab von unten etwa 2,5 cm, das Stück für den oberen Abschnitt am zweiten Querstab von oben etwa 5 cm überstehen (siehe Abb. 1). Der obere Teil des Senkrechtstabes muss etwa 50 cm über den obersten Querstab des Gitters hinausragen. Lassen Sie die oberen Enden der übrigen vier Senkrechtstäbe am obersten Querstab des Gitters etwa 2,5 cm überstehen. Die unteren Enden werden später auf die richtige Länge gebracht.

3. Legen Sie die sechs Querstäbe (B) auf die Senkrechtstäbe. Sägen Sie den dritten Querstab von oben in zwei Stücke und lassen Sie diese an den beiden inneren Senkrechtstäben etwa 2,5 cm überstehen (siehe Abb. 1).

4. Bohren Sie in die Kreuzungsstellen Führungslöcher und verbinden Sie die Stäbe mit Drahtnägeln der Größe 3,5×65 mm. Schla-

Sammelliste

Buchstabe	Bezeichnung	Menge	Abmessungen	Material
A	Senkrechtstab	5	Ø 2,5 cm, Länge 150 cm	Waldgrün oder getrocknet
B	Querstab	6	Ø 2,5 cm Länge 125 cm	Waldgrün oder getrocknet
C	Herzhälfte	2	Ø 2 cm,	Waldgrün
D	Fächerteil	4	Ø 2 cm, Länge 75 cm	Waldgrün oder getrocknet
E	Bogenteil	1	Ø 2 cm, Länge 255 cm	Waldgrün

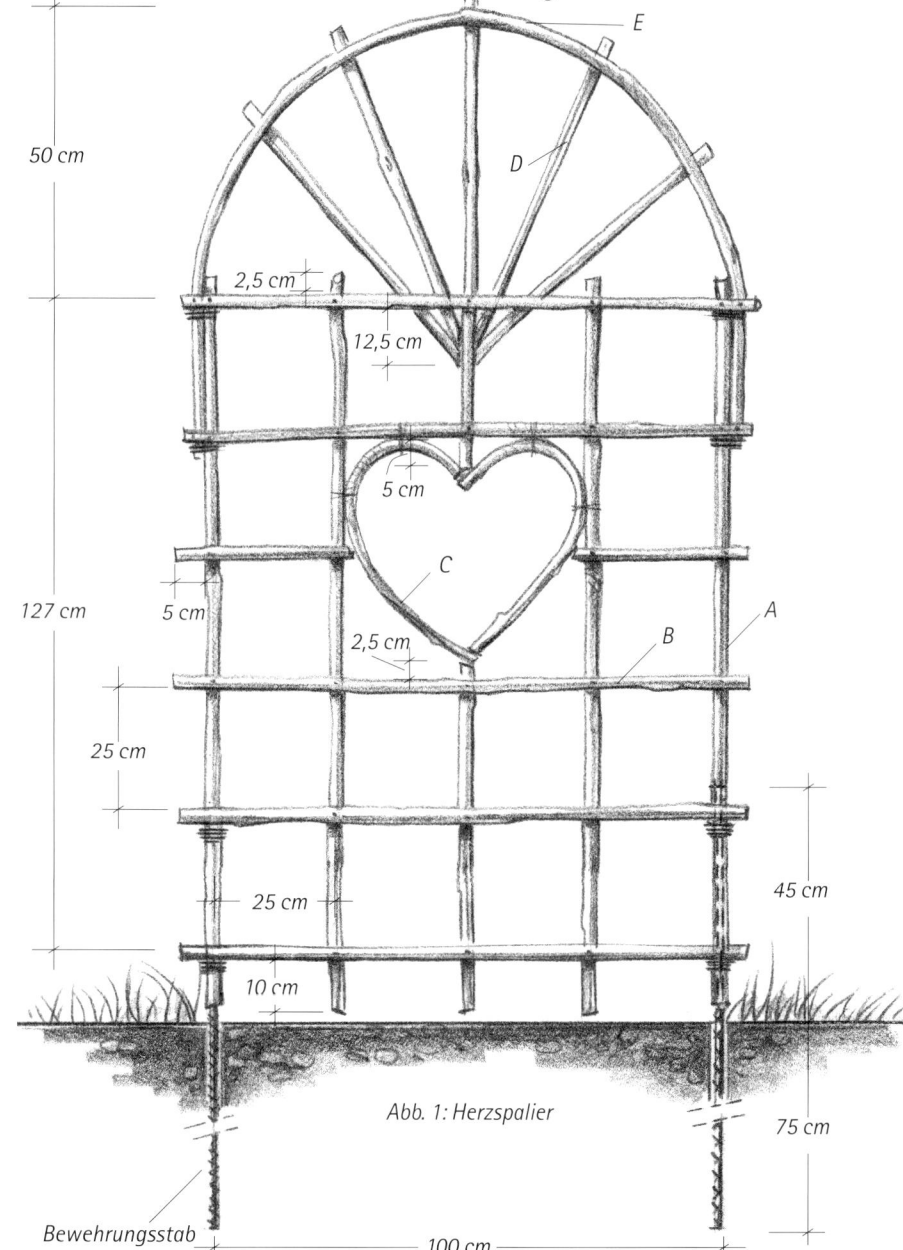

Abb. 1: Herzspalier

Die Clematis-Hybride 'Ernest Markham' ist ideal für die Anfänger unter den Gärtnern. Die schnell wachsende Kletterpflanze bringt im Sommer einen üppigen Flor magentafarbener Blüten hervor.

gen Sie die Nägel nur so weit ein, dass sie die Längs- und die Querstäbe zusammenhalten, ihre Spitzen aber nicht an der Rückseite der Kreuzungsstelle herausschauen. Dieser Hinweis gilt auch im Folgenden für alle Verbindungsstellen, die genagelt werden.

5. Bringen Sie die Stäbe für die beiden Herzhälften (C) in Form und beschneiden Sie die Enden mit der Langarmschere. Befestigen Sie die Herzhälften an den überstehenden Längs- und Querstäben. Bohren Sie dazu Führungslöcher vor und fixieren Sie die Teile mit Nägeln der Größe 3,5 × 65 mm. Binden Sie die Herzhälften dort, wo sie einen durchgehenden Längs- bzw. Querstab berühren, zusätzlich mit Draht fest (siehe Abb. 1).

6. Kürzen Sie die Enden der Querstäbe so weit, dass sie an den äußeren Senkrechtstäben etwa 5 cm überstehen. Sägen Sie anschließend die unteren Enden der Senkrechtstäbe etwa 10 cm unterhalb des unteren Querstabes ab.

Herstellen des Bogenteils

7. Legen Sie zu beiden Seiten des mittleren Senkrechtstabes die Fächerteile (D) so hin, dass die unteren Enden etwa 12,5 cm unterhalb des obersten Querstabes (siehe Abb. 1) und die oberen Enden in gleichmäßigen Abständen voneinander liegen. Schneiden Sie die Enden mit der Langarmschere schräg, damit sie genau an dem Senkrechtstab sitzen. Bohren Sie überall dort, wo die Fächerteile den obersten Querstab kreuzen bzw. am mittleren Senkrechtstab anliegen, Führungslöcher vor und befestigen Sie die Fächerteile mit Nägeln der Größe 3,5 × 65 mm nacheinander an den beiden Stäben.

8. Messen Sie von der Mitte des obersten Querstabes aus 50 cm an dem überstehenden mittleren Senkrechtstab sowie an den Fächerteilen ab und markieren Sie diese Stellen.

9. Binden Sie ein Ende des Bogenteils (E) knapp unterhalb des zweiten Querstabes mit Draht an einem der äußeren Senkrechtstäbe fest (siehe Abb. 1). Binden Sie das Bogenteil danach dicht unterhalb des obersten Querstabes nochmals mit Draht fest.

10. Biegen Sie nun das Bogenteil frei Hand zurecht; richten Sie die Form an den in Arbeitsschritt 8 angebrachten Markierungen aus. Sind Sie mit der Bogenform zufrieden, schneiden Sie das freie Ende in der erforderlichen Länge ab und binden es auf die gleiche Weise wie in Arbeitsschritt 9 mit Draht an dem anderen äußeren Senkrechtstab fest. Bohren Sie an jedem Kreuzungspunkt Führungslöcher vor und schlagen Sie an diesen Stellen Nägel der Größe 3,5 × 65 mm ein. Schneiden Sie die Enden der Fächerteile sowie den mittleren Senkrechtstab 2,5 cm oberhalb des Bogenteils ab.

11. Sind alle Verbindungsstellen genagelt, legen Sie das Spalier auf die vier Holzklötze. Schlagen Sie die Nägel jetzt ganz in die Stäbe ein, so dass die Nagelköpfe mit der Holzoberfläche abschließen (siehe dazu auch S. 39, Traditionelles Fächerspalier). Drehen Sie anschließend das Spalier um und schlagen Sie alle vorstehenden Nagelspitzen mit einem Hammer um. Das Durchnageln macht die Verbindung haltbarer.

Aufstellen des Spaliers

12. Markieren Sie auf dem Boden die Stellen, an denen die beiden äußeren Senkrechtstäbe stehen sollen. Schlagen Sie an diesen Markierungen die beiden Bewehrungsstäbe etwa 75 cm tief ins Erdreich ein, so dass diese noch etwa 45 cm über dem Boden stehen.

13. Stellen Sie das Spalier mit den beiden äußeren Senkrechtstäben an die Bewehrungsstäbe. Binden Sie die Bewehrungs- und die Senkrechtstäbe knapp unterhalb der beiden unteren Querstäbe mit Draht zusammen.

14. Ist der Standort für das Spalier ungeschützt, empfiehlt es sich, das Gerüst zusätzlich zu stabilisieren, damit es bei starkem Wind nicht umgeworfen wird. Befestigen Sie dazu an den Spalierseiten auf halber Höhe jeweils ein Stück Draht und binden Sie es an schräg in den Boden eingeschlagenen Pflöcken fest. Steht das Spalier dann sicher an seinem Platz, dekorieren Sie es mit Schleifenband und präsentieren es jemandem, den Sie ganz besonders mögen.

RAUTENSPALIER AUS BAMBUS

Entwurf von Anita Matos

Bauen Sie für Ihre kletternden Gemüsepflanzen ein Rautenspalier, an dem Gurken, Kürbisse und Tomaten Halt finden und die ganze Saison über so richtig prunken können. Mehrere Spaliere ergeben, zweckmäßig angeordnet, eine schützende Einfriedung.

Das brauchen Sie:

Werkzeug-Grundausrüstung

Sammelausrüstung

Zusätzliche Werkzeuge

☞ 2,5-mm-Bohrer zum Vorbohren für 30 mm und 50 mm lange Schrauben

Materialien und Hilfsmittel

☞ 2 Bewehrungsstäbe, Durchmesser 1,3 cm, Länge 120 cm

Kleineisenwaren

☞ 0,25 kg Holzschrauben für den Außenbau, Länge 30 mm

☞ 0,25 kg Holzschrauben für den Außenbau, Länge 50 mm

Sammelliste

2 Seitenstäbe aus Bambus, Durchmesser 2,5 – 4,5 cm, Länge 120 cm

3 Querstäbe aus Bambus, Durchmesser 2,5 – 4,5 cm, Länge 215 cm

11 lange Diagonalstäbe aus Bambus, Durchmesser 1,5 – 2,5 cm, Länge 185 cm

3 kurze Diagonalstäbe aus Bambus, Durchmesser 1,5 – 2,5 cm, Länge 120 cm

Ein Bambusspalier ist so stabil, dass daran auch schwere Gemüse wie die Gurkensorte 'Whopper' wachsen können.

Kirschtomaten sehen an Bambusstützen besonders reizvoll aus.

Zur Beachtung: Zum Zuschneiden von Bambus brauchen Sie eine Säge mit fein gezahntem Blatt, wie beispielsweise eine herkömmliche Zinkensäge oder eine japanische Feinsäge. Diese Werkzeuge eignen sich ausgezeichnet zum Sägen der faserigen, leicht splitternden Bambushalme. Für schwere Kletterpflanzen können Sie am Ende des Spaliers einen dritten „Pfosten" einsetzen, damit das Gerüst zusätzlich stabilisiert (siehe Foto) wird.

Anleitung

Zuschneiden der Teile

1. Schneiden Sie sämtliche Teile entsprechend den Maßangaben in der Sammelliste auf Länge.

2. Schlagen Sie einen der Bewehrungsstäbe mit dem Hammer in das untere Ende der beiden Seitenstäbe, um auf einer Länge von 90 cm die inneren Knotenmembranen zu entfernen und eine Art Muffe herzustellen.

3. Legen Sie die Seitenstäbe im Abstand von etwa 180 cm auf einer großen ebenen Fläche aus. Legen Sie 7,5 cm unterhalb der oberen Enden der Seitenstäbe einen, 7,5 cm oberhalb der unteren Enden den zweiten und genau dazwischen den dritten Querstab auf die Seitenstäbe. Die Querstäbe müssen an beiden Seiten etwa 15 cm überstehen. Bohren Sie dort, wo sich Querstäbe und Seitenstäbe kreuzen, Führungslöcher vor und drehen Sie an den Stellen 50 mm lange Schrauben ein.

Zur Beachtung: Der eventuell notwendige dritte Seitenstab wird jetzt eingefügt; er

muss von den Enden der Querstäbe etwa 10 cm Abstand haben (siehe S. 121, Foto).

4. Markieren Sie die Mitte der Querstäbe. An diesen Markierungen orientieren Sie sich später beim Anordnen der Diagonalstäbe zu einem Rautenmuster.

5. Legen Sie fünf lange und einen der kurzen Diagonalstäbe in einer Richtung in gleichmäßigen Abständen auf den Rahmen; ihre Enden sollten am oberen und unteren Querstab etwa gleich lang überstehen. Bohren Sie dort, wo die Diagonalstäbe den Rahmen kreuzen, Führungslöcher vor und verbinden Sie die Teile mit passenden Schrauben.

6. Drehen Sie das halb fertige Spalier um. Legen Sie die übrigen Diagonalstäbe in entgegengesetzter Richtung auf und komplettieren Sie so das Rautenmuster. Richten Sie die Stäbe ordentlich aus, bohren Sie an allen Kreuzungspunkten Führungslöcher vor und verschrauben Sie die Teile an diesen Stellen miteinander.

Aufstellen des Spaliers

7. Markieren Sie auf dem Boden die Stellen, an denen die Seitenstäbe die Erde berühren. Schlagen Sie dort die beiden Bewehrungsstäbe so weit ins Erdreich ein, dass sie noch 30 – 45 cm aus dem Boden ragen.

8. Jetzt brauchen Sie einen Helfer. Heben Sie das Spalier an und stecken Sie die Seitenstäbe auf die Bewehrungsstäbe auf.

9. Umwickeln Sie alle Kreuzungspunkte, die eine zusätzliche Stabilisierung brauchen, mit Bindedraht.

ZICKZACK-SPALIER AUS BAMBUS

Entwurf von Carol Stangler

Die zickzackför-
mig gewachsenen
Halme des Knoten-
bambus (Phyllostachys
aurea) erscheinen an
dem reizvollen Spalier
wie Blitzstrahlen.
Lassen Sie zarte
Schlingpflanzen daran
emporwachsen, die
das bemerkenswerte
Design richtig zur
Geltung bringen.

Die Helmbohne ist schön anzusehen und schmackhaft zugleich. Aus ihren duftenden Blütenständen entwickeln sich Schoten mit süßen, essbaren Kernen.

Das brauchen Sie:

Werkzeug-Grundausrüstung
Sammelausrüstung
Zusätzliche Werkzeuge
- 3-mm-Bohrer zum Vorbohren für 50 mm lange Schrauben
- Säge mit fein gezahntem Blatt

Materialien und Hilfsmittel
- 1 Bewehrungsstab, Durchmesser 1,3 cm, Länge 150 cm
- 2 Ziegelsteine

Kleineisenwaren
- 0,25 kg Holzschrauben für den Außenbau, Länge 50 mm

Zur Beachtung: Zum Zuschneiden von Bambus brauchen Sie eine Säge mit fein gezahntem Blatt, wie beispielsweise eine herkömmliche Zinkensäge oder eine japanische Feinsäge. Diese Werkzeuge eignen sich ausgezeichnet zum Sägen der faserigen, leicht splitternden Bambushalme. Finden Sie keine geeigneten Bambushalme, bauen Sie das Spalier aus trockenen Ästen, die interessante Formen aufweisen.

Sammelliste

9 zickzackförmige Halme des Knotenbambus als Senkrechtstäbe, Durchmesser 2,5 – 4,5 cm, unterschiedliche Länge von 180 bis 275 cm

3 zickzackförmige Halme des Knotenbambus als Querstäbe, Durchmesser 3 cm, Länge 95 cm, 135 cm und 155 cm

Anleitung

Vorbereiten des Mittelstabes

1. Suchen Sie unter den neun Senkrechtstäben den längsten und stärksten aus; er dient als Mittelstab (siehe Abb. 1). Schlagen Sie den Bewehrungsstab mit dem Hammer in das untere Ende des Mittelstabes um auf einer Länge von 90 cm die inneren Knotenmembranen zu entfernen und eine Art Muffe herzustellen.

Einflechten der Querstäbe

2. Legen Sie die Senkrechtstäbe auf einer großen, ebenen Fläche mit den zickzackförmigen Enden nach oben zu einem Fächer aus, dessen größte Breite 150 cm beträgt. Beginnen Sie mit dem Mittelstab und ordnen Sie die übrigen Stäbe von innen nach außen zu einer schönen Fächerform an.

3. Flechten Sie die Querstäbe nacheinander ein, indem Sie sie abwechselnd über und unter den Senkrechtstäben entlangführen (siehe Abb. 1).

4. Sind Sie mit der Anordnung der Stäbe zufrieden, sägen Sie die Bambusstäbe auf ihre endgültige Länge (siehe Abb. 1).

Verschrauben und Aufstellen des Spaliers

5. Bohren Sie an den Kreuzungspunkten von Senkrecht- und Querstäben Führungslöcher vor und drehen Sie an diesen Stellen 50 mm lange Schrauben ein. Sind alle Verbindungsstellen verschraubt, drehen Sie das Spalier um. Bohren Sie nun von der Rückseite aus Führungslöcher in die Verbindungsstellen und verschrauben Sie die Teile nochmals.

6. Markieren Sie am geplanten Standort die Mitte des Spaliers und schlagen Sie den Bewehrungsstab an dieser Stelle 45 – 60 cm tief ins Erdreich ein. Legen Sie zu beiden Seiten des Bewehrungsstabes einen Ziegelstein auf den Boden (siehe Abb. 1).

7. Heben Sie das Spalier an und stecken Sie den Mittelstab so weit auf den Bewehrungsstab, dass die unteren Enden der übrigen

Senkrechtstäbe von den beiden Ziegeln ge-
stützt werden. Zur Erhöhung der Standsicherheit können Sie das Spalier mit Draht
sowie passenden Haken und Dübeln an der
Mauer befestigen. Vielleicht überlegen Sie
bei einer Tasse grünem Tee, welche anderen
schmucklosen Flächen in Ihrem Garten
ebenfalls mit Bambusspalieren verschönert
werden können.

Die aus China stammende Trompetenblume Campsis
grandiflora *mit ihren pfirsichfarbenen Blüten sieht an
einem Bambusspalier phantastisch aus.*

Abb. 1: Zickzack-Spalier aus Bambus

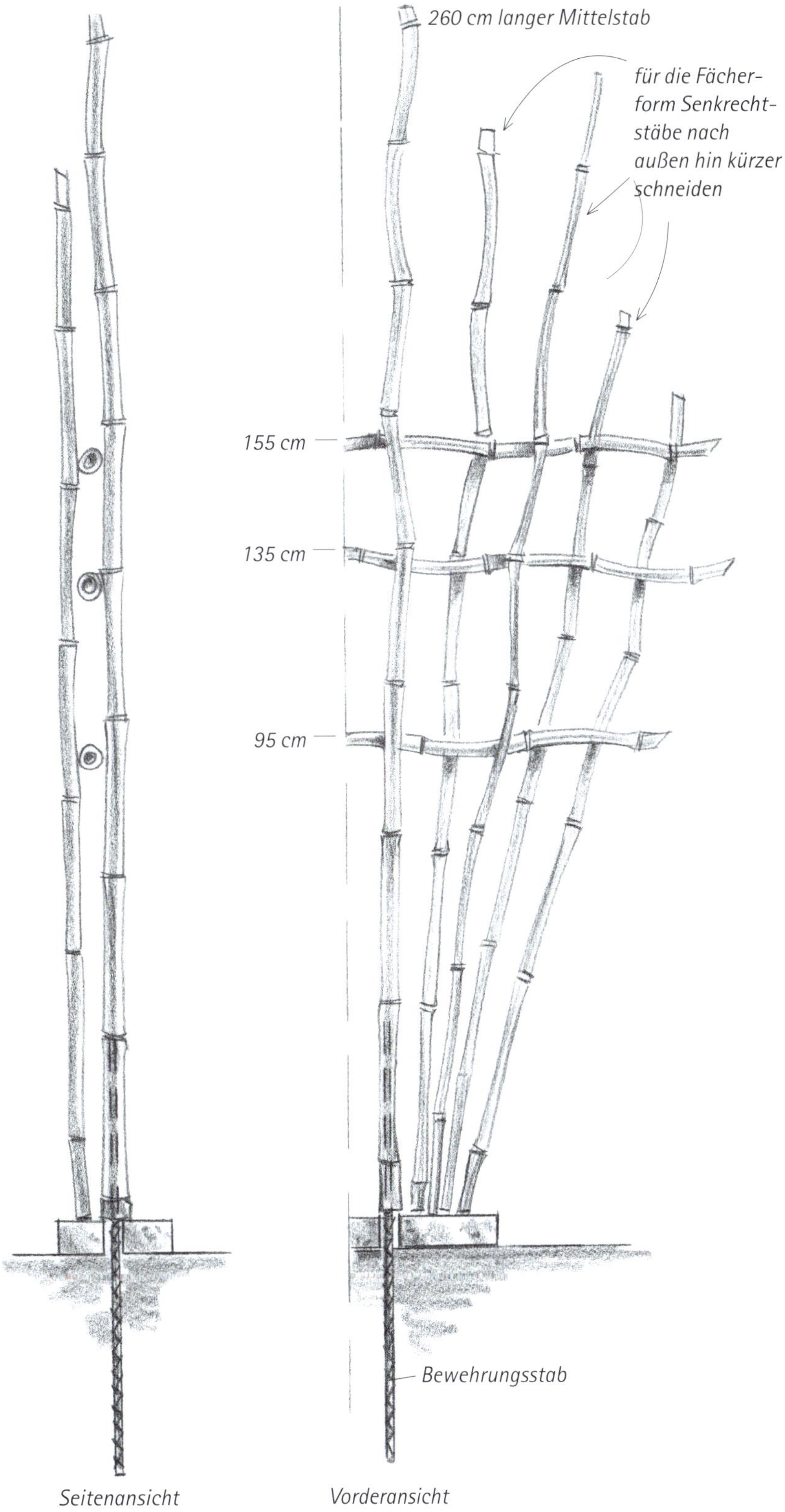

260 cm langer Mittelstab

*für die Fächer-
form Senkrecht-
stäbe nach
außen hin kürzer
schneiden*

155 cm

135 cm

95 cm

Bewehrungsstab

Seitenansicht

Vorderansicht

SPANISCHE WAND

Entwurf von Kevin Barnes

Hinter dieser praktischen spanischen Wand können Sie überall ungestört sitzen. Wollen Sie in Gesellschaft sein, klappen Sie die Wand einfach zusammen. Hat das Spalier einen festen Standort, stellen Sie rundum hübsche Blumentöpfe auf und lassen an den Stäben Kletterpflanzen emporranken.

Das brauchen Sie:

Werkzeug-Grundausrüstung
Sammelausrüstung
Materialien und Hilfsmittel
- ⚬ 1,5-mm-Bohrer zum Vorbohren für Nägel der Größe 2,5×40 mm und 3×50 mm
- ⚬ 2,5-mm-Bohrer zum Vorbohren für Nägel der Größe 3,5×65 mm
- ⚬ 4 Lederbänder, Abmessungen 5×30,5 cm, als Scharniere
Kleineisenwaren
- ⚬ Drahtstifte nach Bedarf, Größe 2,5×40 mm, 3×50 mm und 3,5×65 mm

Anleitung
Zuschneiden der Teile

1. Sägen Sie die Äste mit der Bügelsäge auf Länge. Da die angegebenen Maße nur Zirkawerte sind, macht es nichts aus, wenn die Teile etwas länger oder kürzer sind.

Anfertigen der drei Rahmen

2. Die Rahmen bestehen aus jeweils zwei Senkrechtstäben und vier Querstäben. Suchen Sie sich eine ebene Fläche und bauen Sie dort zunächst ein Wandteil. Legen Sie die beiden Senkrechtstäbe im Abstand von etwa 40 cm parallel zueinander auf Ihre Arbeitsfläche. Legen Sie zwei Querstäbe auf die Senkrechtstäbe; sie müssen etwa 15 cm unterhalb der oberen Enden der Senkrechtstäbe liegen und an den Seiten gleich lang überstehen. Messen Sie die beiden Diagonalen des Rahmens aus. Sind die Maße identisch, ist der Rahmen rechtwinklig. Bohren Sie Führungslöcher vor und schlagen Sie durch die Querstäbe Nägel der Größe 3,5×65 mm in die Senkrechtstäbe. Wiederholen Sie diesen Arbeitsschritt und bauen Sie die beiden anderen Rahmen zusammen.

3. Drehen Sie die Rahmen um, so dass die Querstäbe, die Sie soeben angenagelt haben, zuunterst liegen und legen Sie sie nebeneinander auf Ihre Arbeitsfläche. Ordnen Sie auf den Querstäben jeweils vier Füllstäbe an. Die unteren Enden der Füllstäbe müssen am

Sammelliste

6 gerade gewachsene trockene Äste als Senkrechtstäbe, Durchmesser 5 cm, Länge 200 cm
12 gerade gewachsene trockene Äste als Querstäbe, Durchmesser 2,5 cm, Länge 45 cm
12 verzweigte Füllstäbe, Durchmesser 1,5 – 2,5 cm, Länge mindestens 200 cm

unteren Querstab etwa 2,5 cm überstehen. Bohren Sie Führungslöcher vor und schlagen Sie Nägel der passenden Größe durch die Füllstäbe hindurch in die Querstäbe ein.

4. Legen Sie die restlichen sechs Querstäbe so auf die Senkrechtstäbe, dass sie genau über den auf der anderen Rahmenseite festgenagelten Querstäben liegen. Bohren Sie Führungslöcher vor und fixieren Sie die Querstäbe mit Nägeln der Größe 3,5×65 mm an den Senkrechtstäben.

Befestigen der Scharniere

5. Schneiden Sie mit dem Mehrzweckmesser vier Lederstreifen als „Scharniere" zurecht. Befestigen Sie am mittleren Rahmen etwa 15 cm unter dem oberen Querstab das eine Ende eines Lederstreifens mit zwei Nägeln der Größe 2,5×40 mm an einem der beiden Senkrechtstäbe. Nageln Sie den zweiten Lederstreifen ebenfalls etwa 15 cm unter dem oberen Querstab an den anderen Senkrechtstab. Befestigen Sie an diesem Senkrechtstab etwa 15 cm über dem unteren Querstab ein Ende des dritten Streifens und am anderen Senkrechtstab ein Ende des vierten Lederstreifens. Wickeln Sie die Lederstreifen anschließend um die Senkrechtstäbe des benachbarten äußeren Rahmens und legen Sie die freien Enden auf jene, die Sie bereits an den Senkrechtstäben festgenagelt haben. Befestigen Sie die Enden mit Nägeln der Größe 2,5×40 mm. Schlagen Sie diese Nägel etwas versetzt zu den anderen ein.

6. Stellen Sie die drei Rahmen im Zickzack auf, damit sie nicht umkippen. Holen Sie sich einen Stuhl heran und entspannen Sie sich bei einem Glas Limonade und einem guten Buch.

Erbsen auf der Veranda? Natürlich! Stecken Sie in einen Topf mit Erde ein paar Samen und lassen Sie die Erbsen an Ihrer spanischen Wand emporklimmen.

Dank der Scharniere aus Lederbändern können die Rahmen ganz nach Bedarf gestellt werden.

VIER-JAHRESZEITEN-PERGOLA

Bearbeiteter Entwurf von Olivier Rollin

Das brauchen Sie:

Werkzeug-Grundausrüstung
Sammelausrüstung
Ausrüstung zum Graben
Zusätzliche Werkzeuge
- 2,5-mm-Bohrer zum Vorbohren für 30 mm und 50 mm lange Schrauben
- 3-mm-Bohrer zum Vorbohren für 75 mm lange Schrauben
- 6-mm-Bohrer
- 25-mm-Spitzbohrer
- Kreissäge (optional)

Materialien und Hilfsmittel
- Latten für Bodenverstrebungen
- Vorgeschnittene Unterlagen oder dünne Holzstreifen zum Unterlegen, nach Bedarf
- 2 Leisten, Abmessungen 4×9×245 cm, möglichst gerade

Kleineisenwaren
- 0,25 kg Drahtstifte, Größe 3,5×65 mm
- 0,5 kg Holzschrauben für den Außenbau, Länge 30 mm
- 0,25 kg Holzschrauben für den Außenbau, Länge 50 mm
- 0,5 kg Holzschrauben für den Außenbau, Länge 75 mm
- 6 Ankerschrauben, Länge 150 mm, mit Unterlegscheiben

Diese monumentale Pergola, die den Charakter von Waldbäumen so richtig zur Wirkung bringt, sieht zu jeder Jahreszeit groß, stark und schön aus. Für den Fall, dass Sie für das gewölbte Oberteil keine perfekt geformten Stämme finden, zeigen wir Ihnen, wie Sie aus vorhandenen Stücken einen Bogen bauen können. Wir haben aus Spaß an der Sache zusätzlich einige Verzierungen angebracht.

Schnittliste

Buchstabe	Bezeichnung	Menge	Abmessungen	Material
A	Pfosten	8	Ø 10 – 12,5 cm, Länge mind. 300 cm, möglichst gerade gewachsen	Trocken
B	Querbalken	2	Ø 12,5 cm, Länge mind. 175 cm, möglichst gerade gewachsen	Trocken
C	Bogenteil	4	Ø 10 – 12,5 cm, Länge 150 cm, gekrümmt gewachsen	Trocken
D	Strebe	4	Ø 10 cm, Länge mind. 40 cm, beide Enden angeschrägt	Trocken
E	Seitenbalken	4	Ø 10 – 12,5 cm, Länge mind. 75 cm	Trocken
F	Dachsteg	3	Ø 9 cm, Länge mind. 75 cm	Trocken
G	Fächerstrebe	14	Ø 4 cm, Länge mind. 60 cm, möglichst gerade gewachsen	Trocken
H	Gebogenes Fächerteil	2	Ø 4 cm, Länge mind. 180 cm	Waldfrisch
I	Gitterstrebe	28	Ø 4 – 5 cm, Äste von mind. 120 cm Länge	Waldfrisch
J	Pfostensteg	24	Ø 4 – 5 cm, Länge mind. 15 cm	Trocken

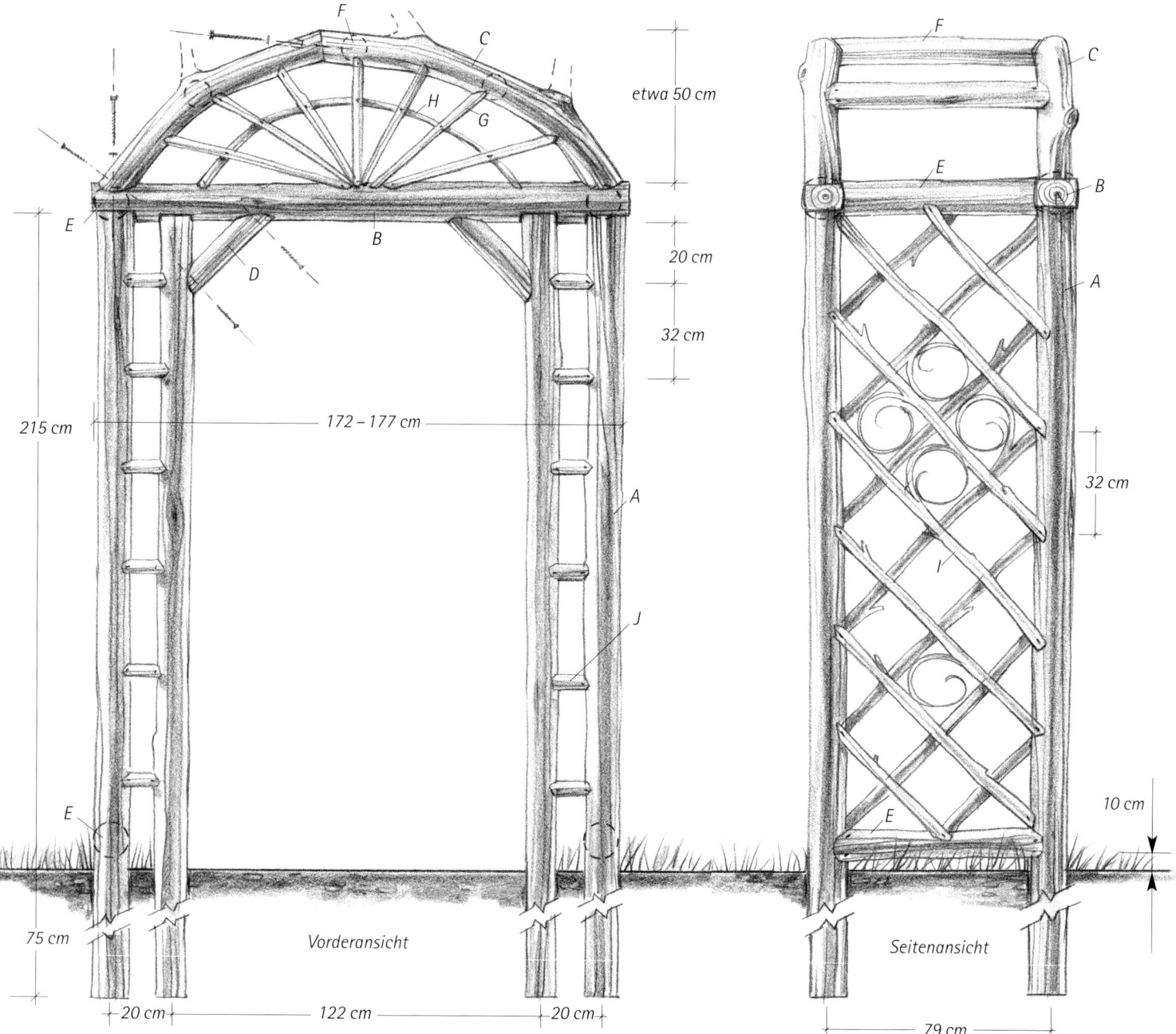

Abb. 1: Vier-Jahreszeiten-Pergola

F
C
H
G
B
D
E
A
J
etwa 50 cm
20 cm
32 cm
215 cm
172 – 177 cm
E
75 cm
20 cm
122 cm
20 cm
Vorderansicht

F
C
E
B
A
32 cm
I
E
10 cm
Seitenansicht
79 cm

Anleitung

Vorbereiten des Standorts und der Pfostenlöcher

1. Sehen Sie sich nochmals die Abschnitte über die Vorbereitung des Standortes (siehe S. 23) und über das Ausheben der Pfostenlöcher (siehe S. 26) an. Heben Sie die Pfostenlöcher nach den Maßangaben in Abb. 1 und 2 aus. Beachten Sie dabei, dass Sie für jeweils ein Pfostenpaar (A) nur ein Loch, für alle acht Pfosten also insgesamt vier Löcher brauchen.

Zuschneiden und Aufstellen der Pfosten

2. Sägen Sie die acht Pfosten (A) auf die in der Schnittliste angegebene Länge.

3. Lassen Sie sich bei den folgenden Arbeiten von jemandem helfen. Beginnen Sie mit dem Bau der Vorderseite. Stellen Sie ein Pfostenpaar in eines der vorderen Pfostenlöcher; Ihr Helfer steht währenddessen auf der Stufenleiter und hält die Pfosten. Die Pfosten müssen etwa lotrecht und, vom Mittelpunkt gemessen, 20 cm voneinander entfernt stehen; die oberen Pfostenenden brauchen nicht genau auf gleicher Höhe zu liegen. Eventuelle Höhenunterschiede können Sie später beim Ausarbeiten der Aussparungen im Querbalken ausgleichen.

4. Füllen Sie rund um die Pfosten Erde auf und treten Sie diese nur so fest, dass die Pfosten aufrecht stehen und nicht umkippen, dabei aber noch ein wenig verrückt werden können. Sie werden ihre Positionen später noch etwas ändern müssen.

5. Wiederholen Sie die Arbeitsschritte 3 und 4 mit dem zweiten vorderen Pfostenpaar.

Ausrichten der Pfosten

6. Nehmen Sie zum Ausrichten der Pfostenmittelpunkte und zum Halten der vier Pfosten eine gerade Leiste mit dem Querschnitt 4 × 9 cm zu Hilfe (siehe Abb. 2). Reißen Sie auf der Vorderseite der Leiste die Maße aus Abb. 2 an und bohren Sie an jeder Markierung ein Führungsloch für 75 mm lange Schrauben vor.

7. Während Ihr Helfer die Leiste an Ort und Stelle hält, drehen Sie 75 mm lange Schrauben in Leiste und Pfosten ein (siehe Abb. 2). Ziehen Sie die Schrauben nicht zu fest an, denn Sie müssen im nächsten Arbeitsschritt weitere kleine Änderungen vornehmen.

8. Richten Sie jetzt die Pfostenmittelpunkte in einer Linie aus. Drehen Sie dazu eine Schraube auf der nach Augenmaß festgelegten Mittellinie in die oberen Enden der beiden äußeren Pfosten ein und spannen Sie dazwischen eine Maurerschnur (siehe Abb. 2). Rücken Sie die inneren Pfosten unter der Schnur so zurecht, dass sie in einer Flucht mit den äußeren Pfosten stehen. Ziehen Sie nun alle Schrauben fest, die die Leiste an den Pfosten festhalten. Schieben Sie nach dem Ausfluchten nötigenfalls als Ausgleich dünne Holzstreifen zwischen Leiste und Pfosten.

9. Stellen Sie die vier Pfosten für die Rückseite der Pergola auf. Wiederholen Sie dazu die Arbeitsschritte 3 – 8.

10. Lesen Sie sich nochmals den Abschnitt über Verstrebungen (siehe S. 28) durch. Verankern Sie die vorderen Pfosten provisorisch im Boden. Bringen Sie die Latten dafür an den Pfosteninnenseiten an, damit sie bei den folgenden Arbeiten nicht im Weg sind.

Ausarbeiten der Aussparungen

11. Sägen Sie die Aussparungen an den Querbalken (B) aus. Beginnen Sie an den vorderen Pfosten (A). Messen Sie dazu zu-

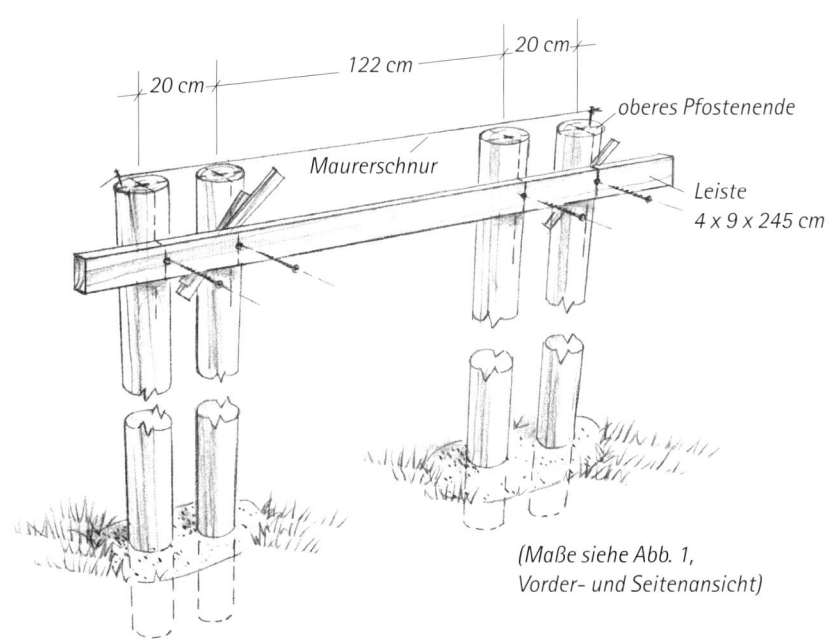

Abb. 2: Ausrichten der Pfosten

nächst den Abstand der äußeren Pfosten voneinander und sägen Sie einen Querbalken auf dieses Maß oder auch etwas länger zu. Legen Sie zusammen mit Ihrem Helfer den Träger mittig auf die vier Pfosten, so dass der Träger an beiden Seiten mit den äußeren Pfosten abschließt oder in der gleichen Länge übersteht. Drehen Sie den Träger in die günstigste Lage.

12. Markieren Sie jetzt an dem Querbalken mit Kreide die Stellen für die Aussparungen (siehe S. 19, Ausarbeiten von Aussparungen).

13. Legen Sie den Querbalken wieder auf den Boden. Arbeiten Sie die vier markierten Aussparungen 2,5 cm tief mit Fuchs-

schwanz und Beitel aus. Setzen Sie den Träger anschließend wieder auf die Pfosten und prüfen Sie den Sitz der Verbindungen. Legen Sie die Wasserwaage auf den Träger. Liegt dieser nicht ganz waagerecht, arbeiten Sie die Aussparungen mit dem Beitel wo weit nach, dass der Querbalken auf den Pfosten schließlich waagerecht liegt.

14. Nehmen Sie den fertigen Querbalken wieder ab und legen Sie ihn auf eine ebene Arbeitsfläche; die Aussparungen müssen zur Seite zeigen.

15. Versehen Sie auch den Querbalken für die Rückseite der Pergola mit passgenauen Aussparungen. Wiederholen Sie dazu die Arbeitsschritte 11 – 14.

Zusammenbauen der Bögen

16. Legen Sie die beiden Bogenteile (C) so auf einen der Querbalken, dass sie zusammen eine schöne Wölbung bilden. Die oberen Enden der Bogenteile müssen sich überlappen, die unteren Enden müssen auf den Enden des Querbalkens ruhen. Die Wölbung sollte in der Mitte eine Höhe von etwa 50 cm haben und so breit sein, dass sie die gesamte Länge des Querbalkens überspannt (siehe Abb. 1). Reißen Sie an den Überlappungen der beiden Bogenteile jeweils eine vertikale Linie für einen Gehrungsschnitt an. Führen Sie die Schrägschnitte mit dem Fuchsschwanz aus und prüfen Sie, ob die Verbindung genau passt. Sägen Sie jetzt noch nicht die unteren Enden zurecht.

17. Fixieren Sie die Gehrungsverbindung mit Bügelzwingen an einem Stück Holz und bohren Sie mit dem 25-mm-Spitzbohrer ein schräg verlaufendes Loch so weit in das erste Teil, dass Sie darin den Kopf der 150 mm langen Ankerschraube versenken können (siehe Abb. 1). Bohren Sie mit dem 6-mm-Bohrer durch das Senkloch hindurch ein Führungsloch in das zweite Bogenteil, das für die Ankerschraube ausreichend tief ist. Drehen Sie die Ankerschraube in die Verbindungsstelle ein und nehmen Sie danach die Bügelzwingen ab.

„Golden" ist im Herbst das richtige Attribut für diese Pergola, denn dann ist sie von Gold-Geißblatt und den Fruchtständen der sommerblühenden Gold-Waldrebe bedeckt.

18. Für die Verbindung des Bogens mit dem Querbalken müssen Sie in die Bogenenden je einen Geißfuß schneiden (siehe Abb. 3). Setzen Sie dazu den Bogen so auf den Träger, dass der höchste Punkt des Bogens etwa 50 cm Abstand von der Oberkante des Querbalkens hat und die unteren Enden den Träger überschneiden. Markieren Sie jetzt die Stellen, an denen die Bogenenden die Oberkante des Querbalkens berühren und sägen Sie die Enden rechtwinklig zu den Markierungen mit dem Fuchsschwanz zu.

19. Sägen Sie mit dem Fuchsschwanz anschließend jedes Bogenende von zwei Seiten bis auf halbe Breite im Winkel von 45° ein (siehe Abb. 3). Prüfen Sie den Sitz des Bogens auf dem Querbalken und arbeiten Sie die Verbindungsstelle ggf. noch etwas nach, bis die Bogenenden richtig auf dem Träger aufsitzen.

20. Stellen Sie auch den zweiten Bogen fertig. Wiederholen Sie dazu die Arbeitsschritte 16 – 19.

Befestigen der Querbalken und Bögen

21. Legen Sie einen der Querbalken (B) wieder auf das zugehörige Pfostenpaar. Bohren Sie mittig über den Enden der äußeren Pfosten mit dem 25-mm-Spitzbohrer je ein Senkloch in beide Enden des Trägers (siehe Abb. 1). Bohren Sie anschließend mit dem 6-mm-Bohrer durch die Trägerenden hindurch Führungslöcher in die Pfosten und befestigen Sie den Träger mit Ankerschrauben an den äußeren Pfosten.

22. Bohren Sie auf beiden Seiten des Querbalkens je ein schräg verlaufendes Führungsloch vor und drehen Sie an diesen Stellen eine 75 mm lange Schraube durch den Träger hindurch in die inneren Pfosten. Nehmen Sie die Hilfsleiste ab, füllen Sie die Pfostenlöcher mit Erde auf und stampfen Sie diese fest.

23. Befestigen Sie auch den zweiten Querbalken auf den Pfosten. Wiederholen Sie dazu die Arbeitsschritte 21 und 22.

24. Jetzt brauchen Sie wieder einen Helfer. Setzen Sie einen der Bögen auf den zugehörigen Querbalken. Bohren Sie in die Enden des Bogens je vier Führungslöcher und befestigen Sie den Bogen mit insgesamt acht 75 mm langen Schrauben am Träger (siehe Abb. 1).

25. Bauen Sie den zweiten Bogen an. Wiederholen Sie dazu Arbeitsschritt 24.

Zuschneiden und Befestigen der Streben

26. Die vier Streben (D) werden in zwei Arbeitsgängen mit dem Fuchsschwanz zurechtgesägt. Führen Sie zunächst an beiden Enden der Streben einen Schrägschnitt im Winkel von 45° aus; die größte Länge der Streben muss 40 cm betragen. Prüfen Sie den Sitz der Streben an den Pfosten und nehmen Sie die eventuell nötigen Veränderungen vor. Im zweiten Arbeitsgang sägen Sie an beiden Enden der Streben einen Geißfuß aus (siehe Abb. 3).

27. Während Ihr Helfer jeweils eine Strebe an den Innenpfosten und die Unterseite des Querbalkens hält, bohren Sie in deren Enden Führungslöcher und befestigen die Strebe mit 75 mm langen Schrauben an Pfosten und Träger.

Befestigen der Seitenbalken

28. Jetzt müssen die vier Seitenbalken (E) an der Pergola angebracht werden (siehe Abb. 1). Messen Sie dazu an einem der unteren Enden der Pergola den Abstand zwischen den beiden äußeren Pfosten aus und sägen Sie mit dem Fuchsschwanz einen Seitenbalken einige Zentimeter länger als dieses Maß zurecht. Achten Sie darauf, dass die Enden mit der Balkenlänge einen rechten Winkel bilden. Damit die Seitenbalken am Ende genau zwischen den Pfos-

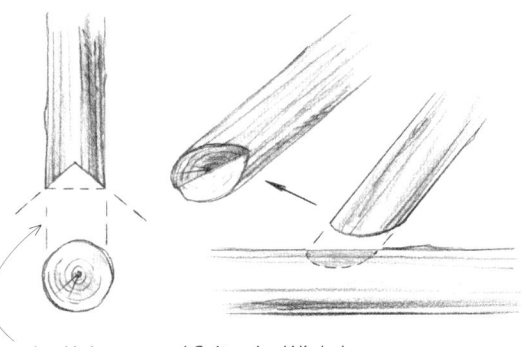

das Holz von zwei Seiten im Winkel von 45° mit dem Fuchsschwanz einsägen

Abb. 3: Geißfuß

ten sitzen, arbeiten Sie nach folgender Methode:

29. Sägen Sie mit dem Fuchsschwanz an einem Balkenende einen Geißfuß aus (siehe Abb. 3) und halten Sie den Balken dann an die Pfosten. Schätzen Sie nach Augenmaß ab, wie viel Material von dem anderen Ende weggenommen werden muss. Sägen Sie dieses Ende in der entsprechenden Länge nochmals rechtwinklig ab und sägen Sie dann den zweiten Geißfuß aus. Schieben Sie den Balken schräg zwischen die Pfosten und richten Sie ihn mit einigen Hammerschlägen waagerecht aus. Sitzt der Seitenbalken an Ort und Stelle, bohren Sie jeweils vier Führungslöcher in die Balkenenden und befestigen den Balken mit 75 mm langen Schrauben an den Pfosten. Bringen Sie den anderen Seitenbalken am gegenüberliegenden unteren Ende sowie die beiden Seitenbalken im oberen Teil der Pergola an. Wiederholen Sie dazu das Anpassen und Zuschneiden wie eben beschrieben.

Befestigen der Dachstege

30. Die beiden Bögen im oberen Teil der Pergola werden durch drei Dachstege (F) miteinander verbunden. Passen Sie die Teile an und befestigen Sie sie auf die gleiche Weise wie die Seitenbalken. Schneiden Sie die Dachstege etwas länger als nötig zu, sägen Sie dann an jedem Ende einen Geißfuß aus und schätzen Sie ein, ob die Stege richtig an den Bögen sitzen. Sägen Sie das gerade geschnittene Ende nochmals auf Länge und sägen Sie dann an diesem Ende einen Geißfuß aus. Bohren Sie Führungslöcher vor und befestigen Sie die Dachstege mit 75 mm langen Schrauben an den Bögen.

Befestigen der Fächerstreben

31. Komplettieren Sie die beiden Bögen mit den Fächerstreben (F) wie in Abb. 1 dargestellt. Setzen Sie die einzelnen Teile an die vorgesehene Position und markieren Sie die Stellen, an denen sich die Fächerstreben mit dem Bogen und dem Querbal-ken überschneiden. Sägen Sie die Teile mit dem Fuchsschwanz an den Markierungen schräg an. Haben Sie die Fächerstreben richtig angepasst, bohren Sie in die Enden schräg verlaufende Führungslöcher und befestigen sie mit 50 mm langen Schrauben an Bogen und Querbalken.

Einfügen der gebogenen Fächerteile

32. Markieren Sie nach Augenmaß auf der Rückseite der Fächerstreben, die Sie soeben angebracht haben, mit Bleistift oder Kreide die Mitte jedes Teils. An den Markierungen können Sie sich dann beim Einfügen der gebogenen Fächerteile (H) orientieren. Nehmen Sie sich zunächst einen Bogen vor. Legen Sie ein gebogenes Fächerteil hinter die Fächerstreben und biegen Sie es entsprechend den Markierungen zurecht. Halten Sie das gebogene Fächerteil mit Bügelzwingen an Ort und Stelle. Haben Sie das Teil H zu einem schönen Bogen geformt, sägen Sie dessen Enden mit der Bügelsäge bündig zum Querbalken ab. Bohren Sie Führungslöcher in das gebogene Teil und befestigen Sie es mit Nägeln der Größe 3,5×65 mm an den Fächerstreben und am Querbalken. Fügen Sie auf diese Weise das andere gebogene Fächerteil in den zweiten Bogen ein. Nehmen Sie die Bügelzwingen ab.

Einsetzen der Gitterstreben

33. Abb. 1 zeigt Ihnen die Anordnung der Gitterstreben (I) aus waldfrischem Holz. Die Streben kreuzen sich in der Mitte und werden im Winkel von etwa 45° an den Pfosten befestigt. Kennzeichnen Sie die Mitte der Seitenbalken (E) und markieren Sie an beiden Seiten der Pfosten alle 32 cm einen Punkt, an dem die Gitterstreben dann befestigt werden.
Zur Beachtung: Zum Anreißen des ersten Befestigungspunktes halten Sie das eine Ende einer Gitterstrebe im Winkel von etwa 45° in die Mitte des oberen Seitenbalken und das andere erst an den einen, dann an den anderen Pfosten und markieren die beiden Stellen.

34. Beginnen Sie mit dem Einsetzen der Gitterstreben am oberen Ende der Pergola. Schneiden Sie die Gitterstreben an den Enden mit der Langarmschere schräg zu, so dass die Streben möglichst passgenau an den Pfosten sitzen. Setzen Sie die erste Strebe mit einem angeschrägten Ende an die Mittenmarkierung, die Sie am oberen Seitenbalken angebracht haben, und mit dem unteren Ende an die erste Markierung auf dem zugehörigen Pfosten. Bohren Sie in die angeschrägten Enden Führungslöcher und befestigen Sie die Gitterstrebe mit 30 mm langen Schrauben an Balken und Pfosten.

35. Befestigen Sie an beiden Seiten der Pergola auch die übrigen Gitterstreben. Setzen Sie die Streben dabei abwechselnd an die Innen- und die Außenseite der Pfosten (siehe Abb. 1). Bohren Sie dort, wo sich die Gitterstreben kreuzen, Führungslöcher vor und fixieren Sie diese Verbindungsstellen mit 50 mm langen Schrauben.

Zur Beachtung: Die dekorativen Schlingen (siehe Abb. 1) müssen hergerichtet werden, bevor Sie die Gitterstreben anschrauben. Schneiden Sie ein Ende der Gitterstreben mit einem scharfen Messer oder Handbeil ein und heben Sie einen etwa 50 cm langen Span ab, ohne diesen am anderen Ende der Strebe abzuschneiden. Befestigen Sie die Gitterstrebe dann an der Pergola und formen Sie den Holzspan zwischen den sich kreuzenden Streben vorsichtig zu einer Schlinge. Binden Sie die Schlinge nötigenfalls mit einem Stück Draht an den Streben fest.

34. In Abb. 1 sehen Sie, wie die Pfostenstege (J) an den vorderen und hinteren Pfostenpaaren eingesetzt werden müssen. Sie können dafür die in Arbeitsschritt 32 angebrachten Pfostenmarkierungen benutzen. Schrägen Sie die Enden der Stege wieder an, damit sie richtig zwischen den Pfosten sitzen; benutzen Sie diesmal aber den Fuchsschwanz dazu, da das Holz trocken ist. Bohren Sie anschließend Führungslöcher in die Enden und befestigen Sie die Stege mit 30 mm langen Schrauben an den Pfosten. Beenden Sie Ihre Arbeit und erfreuen Sie sich zu jeder Jahreszeit von Neuem am Anblick der Pergola.

Diese Pergola wurde von der Natur für die Winterzeit mit den Fruchtständen der Gold-Waldrebe geschmückt.

PERGOLA AUS KNORRIGEN ÄSTEN

Entwurf von Joel Cole

Das brauchen Sie:

Sammelausrüstung

Ausrüstung zum Graben

Zusätzliche Werkzeuge

❧ 3-mm-Bohrer zum Vorbohren für 75 mm lange Schrauben

❧ Kettensäge (optional)

Materialien und Hilfsmittel

❧ Latten für Bodenverstrebung

Kleineisenwaren

❧ 0,75 kg Holzschrauben für den Außenbau, Länge 75 mm

Schnittliste

Buchstabe	Bezeichnung	Menge	Abmessungen	Material
A	Pfosten	4	Ø 12,5 – 15 cm, Länge 305 cm	Waldfrisch oder trocken
B	Auflagestange	4	Ø 9 – 10 cm, Länge 168 cm	Waldfrisch oder trocken
C	Dachstange	4	Ø 7,5 – 9 cm, Länge 168 cm	Waldfrisch oder trocken
D	Rahmenstange	4	Ø 7,5 – 9 cm, Länge 147 cm	Waldfrisch oder trocken
E	Seitenstange	12	Ø 4 – 5 cm, Länge 137 cm	Waldfrisch

Starke Äste, die schon Stammdicke haben, verleihen dieser robusten Pergola eine urtümliche Schwere. Lassen Sie die unterschiedlichsten Pflanzen von diesem Gerüst Besitz ergreifen, damit sein wild-natürliches Aussehen das ganze Jahr über erhalten bleibt.

Anleitung

Zuschneiden der Teile

1. Sägen Sie sämtliche Teile mit dem Fuchsschwanz (bei trockenem Holz), mit der Bügelsäge (bei waldfrischem Holz) oder mit der Kettensäge auf die angegebenen Längen. Sie können für alle Teile mit Ausnahme der Seitenstangen (E) entweder waldfrisches oder trockenes Material verwenden; für die Seitenstangen, die nachher grob miteinander verflochten werden, empfiehlt sich waldfrisches, biegsames Material.

Ausheben der Pfostenlöcher und Aufstellen der Pfosten

2. Lassen Sie sich bei dieser Arbeit von jemandem helfen. Schauen Sie sich nochmals den Abschnitt über die Vorbereitung des Standortes (siehe S. 23) und über das Ausheben der Pfostenlöcher (siehe S. 26) an. Heben Sie die Pfostenlöcher nach den Maßangaben in Abb. 1 aus.

3. Stellen Sie anschließend die Pfosten (A) in die Löcher und richten Sie sie senkrecht aus. Verstreben Sie die Pfosten richtig. Sollten die oberen Enden nicht in einer Höhe stehen, ist das kein Problem, da leichte Abweichungen den Charme dieses rustikalen Projekts nur noch erhöhen.

Anbringen des Daches

4. Hier brauchen Sie wieder Helfer sowie eine oder zwei Stufenleitern. Zunächst wer-

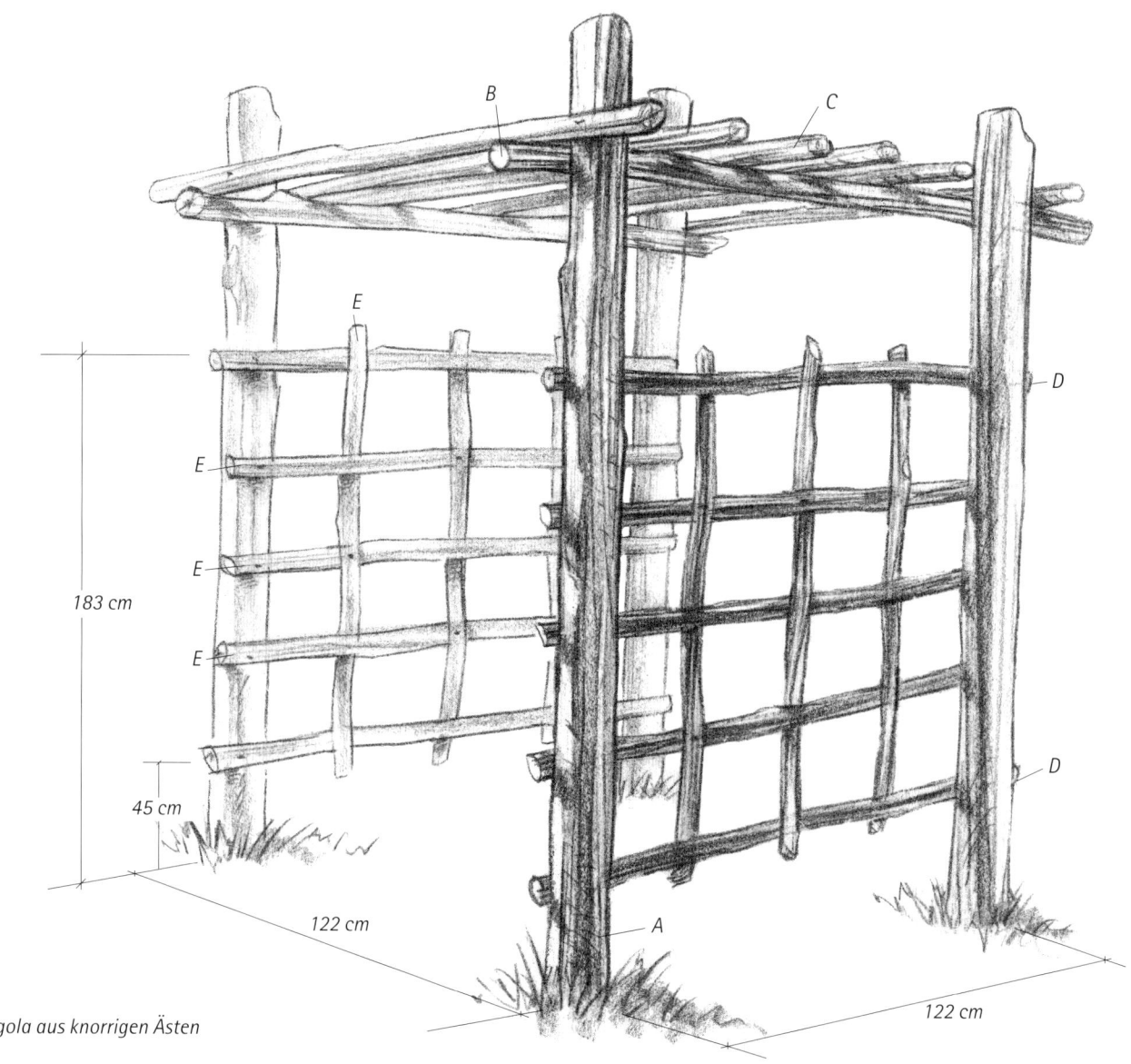

B

C

E

E

E

E

183 cm

45 cm

122 cm

D

D

A

122 cm

Abb.1: Pergola aus knorrigen Ästen

den die unteren Auflagestangen (B) befestigt. Messen Sie dazu von den oberen Enden der vier Pfosten jeweils 15 cm ab und markieren Sie die Stellen an den Pfosteninnenseiten. Setzen Sie dann eine Auflagestange an den markierten Stellen an zwei Pfosten; die Stangenenden müssen etwa 15 cm überstehen. Bohren Sie je Verbindungsstelle zwei schräg verlaufende Führungslöcher vor und drehen Sie von der Unterseite der Auflagestange je zwei 75 mm lange Schrauben in die beiden Pfosten. Befestigen Sie an der anderen Pergolaseite die zweite untere Auflagestange und verstärken Sie anschließend die Verbindungen, indem

Sie Auflagestangen und Pfosten an diesen Stellen über Kreuz mit 120 cm langen Bindedrahtstücken umwickeln. Ziehen Sie den Draht mit der Zange straff, damit er die Hölzer fest zusammenhält.

5. Legen Sie die beiden übrigen Auflagestangen (B) vor bzw. hinter den Pfosten quer auf die beiden unteren Stangen (siehe Abb. 1). Die Enden der Stangen müssen seitlich etwa 15 cm überstehen. Bohren Sie an den Verbindungsstellen schräg verlaufende Führungslöcher in die oberen Auflagestangen und befestigen Sie diese mit 75 mm langen Schrauben an den Pfosten und den unteren Auflagestangen.

6. Legen Sie die vier Dachstangen (C) quer auf die beiden unteren Auflagehölzer (B); ihre Enden müssen an den Auflagehölzern etwa 15 cm überstehen. Rücken Sie die Dachstangen so, dass sie in gleichmäßigen Abständen zwischen den beiden oberen Auflagehölzern liegen. Bohren Sie an den Verbindungsstellen schräg verlaufende Führungslöcher und drehen Sie durch die Sparren 75 mm lange Schrauben in die unteren Auflagebalken.

Fertigstellen der Seiten

7. Befestigen Sie an beiden Seiten der Pergola je zwei Rahmenstangen wie in Abb. 1 dargestellt. Messen Sie dazu an allen vier Pfosten zunächst 45 bzw. 183 cm ab und markieren Sie diese Stellen. Legen Sie eine Rahmenstange an zwei der unteren Markierungen an die Pfosten und lassen Sie die Stange von Ihrem Helfer an dieser Stelle halten. Bohren Sie schräg verlaufende Führungslöcher vor und drehen Sie durch die Enden der Rahmenstange hindurch jeweils zwei 75 mm lange Schrauben in die Pfosten. Wiederholen Sie den Arbeitsschritt an dieser Pergolaseite mit der oberen Rahmenstange, die in 183 cm Höhe angeschraubt werden muss. Befestigen Sie auf die gleiche Weise auch die beiden Rahmenstangen der anderen Pergolaseite.

8. Nehmen Sie sich zunächst wieder eine Seite vor. Fügen Sie sechs Seitenstangen (E) in grobem Flechtmuster zwischen die Pfosten und die Rahmenstangen ein (siehe Abb. 1). Bohren Sie in die Enden der Seitenstangen Führungslöcher und befestigen Sie die Stangen mit 75 mm langen Schrauben an den Pfosten und den Rahmenstangen. Bohren Sie zur Stabilisierung der Pergolaseiten überall dort, wo die Seitenstangen über Kreuz liegen, Führungslöcher vor und drehen Sie in die Verbindungsstellen 75 mm lange Schrauben ein. Stellen Sie auch die zweite Pergolaseite fertig. Hängen Sie als schönen Schmuck Blumentöpfe an stabilen Haken an die Pergola oder binden Sie Glockenspiele o. ä. an die Dach- oder Auflagestangen.

WEINSTÖCKE

Der Weinstock gehört zu den ältesten Kulturpflanzen; er wurde bereits vor etwa 4000 Jahren im Nahen Osten angebaut. Die Gärtner der Jungsteinzeit ließen die Reben, die von Natur aus am Boden entlangrankten, an Pfählen emporwachsen um aus den Früchten reichlich Saft gewinnen zu können. Zwei an den Enden gegabelte Stützen mit einer quer darüber gelegten Stange erwiesen sich als die ideale Rankhilfe für die Reben, und daraus entwickelte sich dann die moderne Pergola.

Um selbst Wein anzubauen und Trauben zu ernten, brauchen Sie nicht gleich einen Weinberg. Eine auf die Gartengröße abgestimmte, stabile Pergola reicht fürs Erste völlig aus. Den Bau der Weinpergola kann man durchaus zum Familienprojekt machen. Stellen Sie fest, welche Rebsorten in Ihrer Gegend am besten gedeihen (Sie werden staunen, wie viele dafür in Frage kommen), pflanzen Sie die Reben im Frühjahr, verschneiden Sie sie während der sommerlichen Wachstumsphase, ernten Sie im Herbst die Früchte und lassen Sie die Stöcke dann Winterruhe halten.

Die goldgelben Trauben der Sorte 'Niagara' sind süß und saftig. Hat der Rebstock erst einmal Fuß gefasst, muss er noch gelegentlich gegossen werden.

Rebstöcke brauchen einen vollsonnigen Standort und hohe Temperaturen um voll ausreifen zu können. Setzen Sie sie in gut drainiertem Boden nicht zu tief in große Pflanzlöcher, in denen sich die Wurzeln richtig ausbreiten können. Schneiden Sie die Triebe unmittelbar nach dem Pflanzen auf zwei Augen zurück, wählen Sie während der Wachstumsperiode den stärksten Trieb aus und lassen Sie ihn an einem Pergolapfosten emporranken.

Die Triebe des Rebstockes kann man auch unverschnitten wachsen lassen. Sie tragen dann weniger Trauben, bilden dafür aber ein schönes Schattendach.

RUNDBOGEN FÜR VISIONÄRE

Entwurf von J. Dabney Peeples

Das brauchen Sie:

Werkzeug-Grundausrüstung

Sammelausrüstung

Ausrüstung zum Graben

Materialien und Hilfsmittel

- 1,5-mm-Bohrer zum Vorbohren für Nägel der Größe 3×50 mm
- 2,5-mm-Bohrer zum Vorbohren für Nägel der Größe 3,5×65 mm
- 3-mm-Bohrer zum Vorbohren für Nägel der Größe 4×75 mm
- Ziegelstein oder einen anderen schweren Gegenstand
- 4 Bewehrungsstäbe, Durchmesser 1,3 cm, Länge 120 cm

Kleineisenwaren

- 0,5 kg Drahtstiftsortiment mit den Größen 3×50 mm, 3×60 mm, 3,5×65 mm, 3,5×70 mm und 4×75 mm

Sammelliste

4 Senkrechtstreben, Durchmesser 6,5 cm,
    Länge 245 cm, trocken

14 Sprossen, Durchmesser 2,5 – 4 cm,
    Länge 60 cm, trocken

2 Querstreben, Durchmesser 2,5 – 4 cm,
    Länge 60 – 90 cm, trocken

schmalere Äste zum Ausfüllen, trocken

Zur Beachtung: Als Material eignen sich Äste von Rhododendronbüschen oder anderen Gehölzen. Pflanzen Sie an den Rundbogen ein Klettergewächs Ihrer Wahl.

Anleitung

Sammeln und Zuschneiden der Teile

1. Suchen Sie für die Senkrechtstreben vier trockene Äste von bogenförmigem Wuchs. Damit Sie einschätzen können, wie stark die Senkrechtstreben gebogen sein müssen, stellen Sie sich einen Bogengang vor, dessen paarweise aneinander gestellte Senkrechtstreben eine Breite von 1,20 m ergeben. Sägen Sie die Äste mit dem Fuchsschwanz auf die erforderliche Länge.

Zusammenbauen der Seiten

2. Suchen Sie sich eine ebene Arbeitsfläche wie z. B. einen Picknicktisch oder eine auf Sägeböcke gelegte Sperrholzplatte. Bauen Sie erst eine, dann die andere Seite zusammen. Legen Sie die stärkeren unteren Enden zweier Senkrechtstreben im Abstand von etwa 60 cm parallel zueinander auf die Arbeitsfläche. Lassen Sie die nicht aufliegenden Enden nötigenfalls über den Rand der Arbeitsfläche hängen, damit die Stelle, an der Sie gerade arbeiten, stabil und relativ flach liegt. Die bogenförmigen Enden müssen in die gleiche Richtung zeigen.

3. Messen Sie, etwa 10 cm oberhalb der unteren Enden beginnend, an beiden Senkrechtstreben 40,5 cm große Abstände ab und markieren Sie die Stellen. Legen Sie an

Sie brauchen schon etwas Weitblick und Phantasie um einen solchen Rundbogen zu bauen, denn es kann Jahre dauern, bis die Kletterpflanzen daran ihr zauberhaftes Aussehen erlangt haben. An diesem naturhaften Rundbogen aus Rhododendronästen schimmern die silbrigen Blätter der Ölweide (Elaeagnus), deren Triebe so erzogen wurden, dass sie inzwischen über das ganze Gerüst wachsen.

Die Hardenbergia *ist ein blühendes Unikum. Sie können ihre hübschen herabhängenden Blütenbüschel vom Spätwinter bis ins zeitige Frühjahr bewundern.*

der ersten Markierung eine Sprosse mittig quer über die beiden Senkrechtstreben. Bohren Sie an den Kreuzungspunkten Führungslöcher vor und befestigen Sie die Sprosse mit Nägeln der passenden Länge an den Senkrechtstreben. Die Nägel müssen fest in beiden Teilen sitzen, ohne jedoch mit den Spitzen an der Rückseite herauszuschauen. Nehmen Sie nötigenfalls den Ziegelstein zu Hilfe um die Teile an Ort und Stelle zu halten und beim Einschlagen der Nägel gegenzuhalten. Sind Sie im Zusammennageln starker, biegsamer Hölzer ungeübt, bitten Sie Ihren Helfer die Äste festzuhalten, während Sie die Nägel einschlagen. Treten die Nagelspitzen an der einen oder anderen Stelle doch aus dem Holz heraus, schlagen Sie sie mit dem Hammer um. Befestigen Sie auch die übrigen sechs Sprossen an dieser Seite des Rundbogens, so dass sich am Ende eine Art Leiter mit einem Sprossenabstand von jeweils rund 40 cm ergibt. Die letzte Sprosse muss am obersten Punkt der Senkrechtstrebe sitzen.

4. Bauen Sie auch die andere Seite des Rundbogen zusammen. Wiederholen Sie dazu die Arbeitsschritte 2 und 3.

Verbinden der Seitenteile und Einfügen der Querstreben

5. Drehen Sie zusammen mit Ihrem Helfer die beiden fertigen Teile auf die Seite, so dass sich die oberen Enden der Senkrechtstreben und die beiden obersten Sprossen berühren und die unteren Enden etwa 1,20 m Abstand voneinander haben. Schneiden Sie drei 90 cm lange Bindedrahtstücke zurecht und verbinden Sie die oberen Enden der Seitenteile miteinander. Wickeln Sie einen Draht um die beiden Sprossen in der Mitte des Rundbogens und verbinden Sie mit den beiden anderen Drähten die bogenförmigen Enden der Senkrechtstreben. Wickeln Sie die beiden Drähte um die Sprossen herum und verflechten Sie die Enden der Senkrechtstreben mit ihnen.

6. Stabilisieren Sie die Verbindungen im oberen Teil des Rundbogens mit Hilfe der beiden Querstreben. Beginnen Sie an der nach oben zeigenden Seite. Messen Sie von oben 40 cm ab und markieren Sie die beiden Senkrechtstreben entsprechend. Legen Sie eine Querstrebe mittig auf die Markierungen, bohren Sie dort, wo die Querstrebe die Senkrechtstreben kreuzt, Führungslöcher vor und nageln Sie die Querstrebe fest. Steht die Querstrebe an den Senkrechtstreben allzu weit über, trennen Sie die überflüssigen Zentimeter mit dem Fuchsschwanz ab. Drehen Sie den Rundbogen vorsichtig um und befestigen Sie an der anderen Seite die zweite Querstrebe.

Ausfüllen der Konstruktion

7. Richten Sie zusammen mit Ihrem Helfer den Rundbogen auf und füllen Sie die Seiten und den oberen Teil des Rundbogens mit den kleineren Ästen aus. Wenn Sie die Äste geschickt anordnen und sie bis auf den Boden reichen lassen, sieht der Rundbogen schließlich wie an seinem Standort gewachsen aus. Bohren Sie an den Verbindungsstellen Führungslöcher vor und befestigen Sie die Fülläste mit Nägeln der passenden Größe an den Senkrecht- und den Querstreben.

Aufstellen des Rundbogens

8. Räumen Sie den vorgesehenen Standort frei und rechen Sie ihn glatt und sauber (siehe S. 23, Vorbereitung des Standortes).

9. Lassen Sie sich beim Aufstellen des Rundbogens am geplanten Standort von Ihrem Helfer assistieren. Schlagen Sie dicht neben den Senkrechtstreben die vier Bewehrungsstäbe mit dem Vorschlaghammer so weit ins Erdreich ein, dass sie noch 30 bis 45 cm über den Boden ragen; sie sollen den Rundbogen stabilisieren und standsicher machen. Binden Sie zum Schluss die Senkrechtstreben mit Bindedraht an den Bewehrungsstäben fest. Setzen Sie am Fuß des Rundbogens Kletterpflanzen in die Erde und warten Sie auf den Beginn des Zaubers.

Danksagung

Helfende Hände kann man gut gebrauchen, wenn man eine Pergola oder ein Spalier baut; absolut unentbehrlich sind Helfer aber, wenn man ein Buch macht. Wir hatten glücklicherweise viele davon:

RANDY RAE, Fachberater, ein Meister der Holzbearbeitung und des geschliffenen Wortes, der unsere unfertigen Vorstellungen mit allen Hilfsmitteln seines Handwerks in ein ordentliches Buch verwandelte.

CELIA NARANJO, Grafik, die das Buch mit ihrer besonderen Begabung gestaltete, sowie SHANNON NELSON, Assistentin des Art Department, deren Hilfe von unschätzbarem Wert war.

VERONIKA ALICE GUNTER, Lektorin, deren heiterer Enthusiasmus jede Phase dieses Buches begleitete; Korrekturenleserin DIANA WEINER, vor der sich kein Kommafehler verstecken kann; die Lektoratsmitarbeiter RAIN NEWCOMB, DANA LADE, ANNE WOLFF HOLLYFIELD und NATHALIE MORNU, die tapfer und gründlich recherchierten und uns dennoch die ganze Zeit auf festem Boden hielten; sowie die Produktionsassistenten HANNES CHAREN und MEGAN KIRBY, die bewiesen, dass Zusammenarbeit Spaß macht.

Tief empfundene dankbare Anerkennung gilt folgenden Personen:

Für die großzügige Bereitstellung ihrer Fotografien

JACKSON & PERKINS, (800) 292-4769, www.jacksonandperkins.com, Rosenfotos auf S. 33 (Kletterrose 'Cecile Brunner') und S. 93 (Rose 'Dream Weaver')

MONROVIA GROWERS, (888-Plant It), www.monrovia.com, Rosen- u.a. Blumenfotos auf S. 33 (außer Foto oben rechts), 51, 64, 77, 87, 90, 93 (Weiße Banksrose), 98, 104, 110, 120, 139 und 142

PARK SEED COMPANY, (800) 845-3369, www.parkseed.com, Gemüsefotos auf S. 122, 124 und 127

DR. ROBERT E. LYONS, Direktor des J.C. Raulston Arboretum der North Carolina State University, Raleigh, US-Bundesstaat North Carolina, S. 117

DR. THOMAS G. RANNEY, Professor für Gartenbauwissenschaft der North Carolina State University, Fletcher, US-Bundesstaat North Carolina, S. 125

Für ihr fachmännisches Können

THOMAS STENDER, www.stenderdesign.com

OTTO ZAHN, Ausbilder für Holzbearbeitung und Holzverarbeitung, Edwards Air Force Base, US-Bundesstaat California

Für ihre Ratschläge zum Thema Gartenbau

WOMEN'S GARDEN CLUB von Ashville, US-Bundesstaat North Carolina, Evelyn Wyatt, Vorsitzende

PEGGY PINEAU, Nova Scotia, Kanada, Rosengärtnerin, www.oldheirloomroses.com

TIM RITZ, Ritler Ridge Vineyards, Candler, US-Bundesstaat North Carolina, (828) 665-7405

Designer

ANTIQUE ROSE EMPORIUM in Mitteltexas ist ein Gartenbaubetrieb mit Versandhandelsabteilung, der sich der Natur und dem Charme alter Gartenrosen verschrieben hat. Die Mitarbeiter des Betriebes entwerfen und verschönern viele Konstruktionen und Rankgerüste um ihre Rosen richtig zur Geltung zu bringen. (800) 441-0002, www.weareroses.com

KEVIN BARNES aus Ashville, US-Bundesstaat North Carolina, stellt rustikale Möbel für den Innen- und den Außenbereich sowie dekorative Gegenstände her und gestaltet Ruhezonen in der freien Natur. (828) 232-0953, kpaulbarnes@aol.com

JOEL COLE aus Weaverville, US-Bundesstaat North Carolina, ist leidenschaftlicher Gärtner und Künstler, der die meisten Anregungen für seine kreativen Pläne aus seinem Garten holt. (828) 658-3057, joelcole@juno.com

DR. WILL HOOKER ist Professor für Landschaftsgärtnerei an der North Carolina State University, Raleigh, US-Bundesstaat North Carolina, und Künstler, der insbesondere mit Bambus arbeitet. Will_Hooker@ncsu.edu

ANITA MATOS ist Gärtnermeisterin und lebt in Puerto Rico.

J. DABNEY PEEPLES DESIGN ASSOCIATES, INC. in Easley, US-Bundesstaat South Carolina, gehört zu den führenden Landschaftsgestaltungsbetrieben im Südosten der USA und liefert häufig Beiträge zu Büchern des Verlages Lark Books. (864) 859-6570)

CAROL STANGLER aus Asheville, US-Bundesstaat North Carolina, arbeitet als Künstlerin vor allem mit Bambus. Sie ist Autorin des Buches *The Craft & Art of Bamboo* (Verlag Lark Books, 2001). Frau Stangler ist zu erreichen im Bird Tribe Studio, (828) 254-0023, CStangler@aol.com

MARK STROM ist ein bekannter Holzhandwerker, Bildhauer und Künstler und lebt in Asheville, US-Bundesstaat North Carolina. (828) 258-1445

JANE WILSON ist Künstlerin, Gestalterin und Gärtnerin in Black Mountain, US-Bundesstaat North Carolina. Sie stammt aus einer Familie, die in den Appalachen lebte und alle ihre Gebrauchsgegenstände selbst herstellte. Ihr Spezialgebiet ist Textilkunst, insbesondere die Gestaltung von Wandteppichen. (828) 280-1782.

Register